Erik Esterbauer
Elementare Beziehungen
Band 1

Orff – Forschung und Diskurse

herausgegeben von Anna Maria Kalcher

Band 4

Elementare Beziehungen

Das pädagogische Instrument zur Einschätzung der Beziehungsqualität (EBQ-P-Instrument) und seine Anwendung im inklusiven Musik- und Tanzunterricht

Band 1

Das EBQ-P-Instrument
Praxis: Grundlagen, Merkmallisten, Anwendungshinweise

von
Erik Esterbauer

zeitpunkt musik
Reichert Verlag 2024

Bibliografische Information der Deutschen Nationalbibliothek
Die Deutsche Bibliothek verzeichnet diese Publikation in der Deutschen Nationalbibliografie; detaillierte bibliografische Daten sind im Internet über http://dnb.dnb.de abrufbar.

Gedruckt auf säurefreiem Papier
(alterungsbeständig – pH 7, neutral)

Dr. Ludwig Reichert Verlag Wiesbaden
Tauernstraße 11, 65199 Wiesbaden
info@reichert-verlag.de, www.reichert-verlag.de
ISBN: 978-3-7520-0817-3 (Print)
eISBN: 978-3-7520-0306-2 (E-Book)
https://doi.org/ 10.29091/9783752003062
Paket Band 1 + 2 ISBN: 978-3-7520-0876-0 (Print)

INHALTSVERZEICHNIS

Pädagogisch fruchtbar ist nicht die pädagogische Absicht, sondern die pädagogische Begegnung.

Martin Buber,
aus *Reden über Erziehung* (1953)

1. Vorwort von Karin Schumacher

Schon der Titel „Elementare Beziehungen" verweist auf die Interdisziplinarität dieser Arbeit. Der Autor, ein Elementarer Musik- und Bewegungspädagoge mit vorangegangener Ausbildung zum Psychologen, adaptiert ein Beobachtungs- und Einschätzungsinstrument, das die Beziehungsfähigkeit des Menschen in den Mittelpunkt stellt. Dieses Instrument wurde zum Wirkungsnachweis musiktherapeutischer Arbeit mit tiefgreifend entwicklungsgestörten Kindern, speziell Kindern mit Autismus, entwickelt. In einem einzeltherapeutischen Setting wird nicht nur die Beziehungsfähigkeit des Kindes, sondern auch die des/der Therapeuten/in analysiert.

Der Autor adaptiert nun dieses Instrument für den pädagogischen, speziell inklusiven Musik- und Tanzunterricht in Gruppen. Seine langjährige praktische Erfahrung hat gezeigt, dass das Zusammenspiel unterschiedlich begabter und beeinträchtigter Menschen nur dann möglich ist, wenn deren sozio-emotionaler Entwicklungsstand berücksichtigt wird. Warum? Weil pädagogisches Vorgehen meist die Fähigkeit voraussetzt, eine gestellte Aufgabe mit- und nachmachen zu können. Ist diese Fähigkeit nicht gegeben, fehlt die „Joint Attention", wird das gemeinsame Lernen nicht möglich sein. Um aber alle Mitspielenden einer Gruppe zu erreichen, muss das methodische Vorgehen angepasst werden.

Der Autor erläutert das sogenannte „**EBQ-P**-Instrument" (**E**inschätzung der **B**eziehungs**q**ualität in musik**p**ädagogischen Kontexten) und zeigt, wie durch die Beobachtung und Interpretation entsprechender Verhaltensmerkmale eine differenzierte Analyse der Beziehungsfähigkeit und -qualität des Zusammenspiels der Spielenden möglich ist.

Eine weitere Besonderheit dieses Werkes ist die Erweiterung des bisherig nonverbalen (körperlichen, stimmlichen und instrumentalen) durch den sprachlichen Ausdruck. Diese neu entwickelte Sprachskala fokussiert nicht nur die sprachlichen Fähigkeiten an sich, sondern die zwischenmenschliche Beziehungsqualität, die sich auch in verbalem Ausdruck und Kommunikation einschätzen lässt.

Dieses Buch möge alle erreichen, die nach einer Grundlage für ihr methodisches Vorgehen im inklusiven Kontext suchen und das Beziehungsgeschehen im Blick haben. Ziel sollte wirkliche Inklusion und nicht „Addition" von regulär entwickelten Personen und Menschen mit Beeinträchtigungen sein. Nur dann können Musik und Tanz ein gemeinsames Erleben, ein echtes Gefühl von Gemeinsamkeit von Nicht-ausgeschlossen-Sein herbeiführen.

Berlin, 22.10.2023
Karin Schumacher
Entwicklerin des EBQ-Instruments

2. Vorbemerkung

Eine umfassende Arbeit wie die vorliegende hat oft eine besondere Geschichte im Hintergrund und natürlich spezielle Bedingungen, die zu ihrem Werden beigetragen haben. Die Historie dieser Arbeit beginnt vor ca. 10 Jahren, als die Universität Mozarteum Salzburg intern über Ideen zu Forschungsprojekten nachdachte, die mit Qualifizierungsstellen verbunden werden sollen. Auch am Orff-Institut, der Ausbildungsstelle für Elementare Musik- und Tanzpädagogik der Universität Mozarteum, wird eine solche Idee geboren, die sich mit der Anwendung des *EBQ-Instruments*, einem Beobachtungs- und Einschätzungsverfahren zur Beziehungsqualität, in der Musik- und Tanzpädagogik befassen sollte. Die Ausschreibung der Qualifizierungsstelle ermöglichte es mir, meine Kompetenzen aus 20 Jahren Arbeit und Forschung im Bereich klinischer Psychologie, Neuropsychologie, Kinder- und Jugendförderung, psychosozialer Rehabilitation und Begleitung von Menschen mit Behinderungen mit jenen der Elementaren Musik- und Bewegungspädagogik zu verbinden.

Obwohl mir bis zu diesem Zeitpunkt das EBQ-Instrument noch nicht bekannt war, hatte die Verbindung von Daniel Sterns Modell der Selbstempfindungen mit musiktherapeutischen Arbeitsweisen und einem videobasierten Beobachtungsverfahren mein Interesse geweckt und ein Konzept entstehen lassen, dessen Ergebnis schließlich in eine Habilitationsschrift mündete. Da die praktische Anwendung ein zentrales Anliegen dieses Forschungs- und Habilitationsprojektes war, liegt die Habilitationsschrift nun in einer bearbeiteten Fassung in zwei Bänden, einem Praxisteil und einem Theorie- und Forschungsteil, vor.

Schon zum damaligen Zeitpunkt erschien mir die wichtigste Aufgabe, das EBQ-Instrument in seiner Gesamtheit für den musikpädagogischen Gebrauch in inklusiven Settings zu adaptieren. Erst nach einer gründlichen Bearbeitung und der daraus folgenden Neuausgabe eines *EBQ-P-Instruments* (Einschätzung der Beziehungsqualität in musikpädagogischen Kontexten) sind weitere Studien, wie z. B. Wirkungsüberprüfungen möglich, die schließlich zu einer breiten Verwendung des *EBQ-P-Instruments* beitragen sollen.

An dieser Stelle möchte ich auf meine wichtigsten Begleiter*innen hinweisen, welche die gedankliche Formung, aber letztlich auch praktische Ausübung meiner Arbeit am Orff-Institut mitbeeinflusst oder auch direkt Impulse für diesen mehrjährigen Entstehungsprozess des *EBQ-P-Instruments* gegeben haben. Zuvorderst ist hier meine – nun ehemalige – Kollegin Shirley Salmon zu nennen, die mir bereits als Masterstudent wichtige Impulse, sowohl praktisch als auch theoretisch, gegeben hatte. Als Quereinsteiger in das universitäre Arbeitsleben habe ich zahllose Dinge von ihr lernen können, aber auch als Forschender und Begleitender in vielen Lehrveranstaltungen, in der Zusammenarbeit und der gemeinsamen Gestaltung von Tagungen, Projekten und Vorträgen oder als Mitverantwortlicher im Fachbereichsteam für Inklusion und Diversität am Orff-Institut. Auch ihre profunde Kenntnis des EBQ-Instruments hat mir in vielen Diskussionen neue Ideen, besondere Hinweise, Korrekturen und Unterstützung eingebracht. Vieles wäre ohne diesen vitalen Prozess des wissenschaftlichen Diskurses, der organisatorischen Kooperation und der transdisziplinären Praxis nicht möglich gewesen.

Mit ebenso großem Dank sei auch Michel Widmer erwähnt, dessen vielfältige Aktivitäten und Kenntnisse ich bereits als Student, später auch als Kollege schätzen gelernt hatte. Die offene Art, die klare gesellschaftspolitische Haltung, die interessanten Modellentwürfe sowie das gemeinsame Spiel – innerhalb und außerhalb des Orff-Instituts – haben meine Art zu lehren und zu lernen geprägt und meinen Blick auf Inklusion erweitert.

Besonders wichtig für diese Arbeit war der Kontakt und die Zusammenarbeit mit Karin Schumacher, die mir in vielen Gesprächen immer wieder den Blick geschärft, Details auseinandergesetzt, Impulse gegeben hat und mit ihrer eigenen Kenntnis der Elementaren Musik- und Bewegungserziehung die besonderen Möglichkeiten des EBQ-Instruments aufgezeigt hat. Ihre Offenheit diesem Projekt gegenüber und ihre Bereitschaft sich immer wieder intensiv auf die Thematik meiner Arbeit einzulassen, haben viele Grundsatzfragen, aber auch besondere Spezialfragestellungen geklärt. Ebenso möchte ich auch Claudine Calvet, der zweiten Entwicklerin des EBQ-Instruments und Silke Reimer, der dritten Autorin des EBQ-Buches für ihre Unterstützung danken.

Für das vorliegende Buch war auch die intensive Zusammenarbeit mit Anne-Katrin Jordan, sowohl für den Aspekt der Sprachskala, aber letztlich auch für das methodische Design, eine unterstützende Inspirationsquelle. Besonders interessant für die Aufbereitung dieser Arbeit war schließlich auch der Austausch mit Charlotte Fröhlich, die parallel eine eigene Anwendungsmöglichkeit des EBQ-Instruments im schulischen Bereich erarbeitete. In einer guten Zusammenschau konnten wir die Ähnlichkeiten und Unterschiede unserer beiden Systeme ordnend strukturieren und haben versucht, für die kommende Leserschaft die Divergenzen zu (er)klären sowie die Anwendungsunterschiede aufzuzeigen. Somit lassen sich beide Versionen in den jeweiligen Settings zufriedenstellend durchführen.

Weiters möchte ich Anna Maria Kalcher, der Herausgeberin dieser Buchreihe *Orff – Forschung und Diskurse* für ihre Unterstützung sowie allen Kolleg*innen am Orff-Institut danken, insbesondere dem MTSI/MTID-Team, und schließlich jenen des Department Musikpädagogik.

Zum erfolgreichen Abschluss einer großen wissenschaftlichen Arbeit sind aber nicht nur kollegiale Kontakte von Bedeutung, sondern auch ein Grundnetz von privaten Beziehungen, die diese besondere Arbeit erst ermöglichen. So war das Entstehen dieses Buches als Ergebnis eines jahrelangen Forschungsprozesses erst möglich durch die Unterstützung, Geduld und Nachsicht meiner Frau Christa und unserer Tochter Iris. Ihnen möchte ich besonders herzlich danken.

Bevor sich nun diese Schrift in all ihren Facetten auffächert, sei noch darauf verwiesen, dass der Versuch, allen behandelten Themen, Feldern, Theorien und Arbeitsgebieten gerecht zu werden bzw. die wichtigsten Aspekte für die Darstellung dieses Forschungsprozesses hier aufzubereiten, oftmals keinen vertiefenden Blick erlaubt haben. Diesen haben die zitierten Autor*innen durch ihren speziellen Fokus bewerkstelligen können und sollten bei Interesse deshalb auch konsultiert werden. Der Versuch einen guten Überblick zu schaffen, um die Hintergründe und Prozesse, die diese Arbeit geleitet haben, nachvollziehen zu können und die Funktion, die das adaptierte EBQ-P-Instrument im musik- und tanzpädagogischen Bereich in inklusiven Settings erfüllen kann, stellt für diese Arbeit den Kerngedanken dar.

3. Einleitung

„Die Kunst ist eine Sprache, die Verborgenes aufdeckt, Verschlossenes aufreißt, Innerstes fühlbar macht, die mahnt — erregt — erschüttert — beglückt." Mit diesen Worten geht Nikolaus Harnoncourt der Frage „Was ist Wahrheit?" in seiner Rede zum 75-Jahr-Jubiläum der Salzburger Festspiele nach (Harnoncourt, 1995, S. 21).

Die Kunst – und hier insbesondere die Musik – hat die Möglichkeit den Menschen unmittelbar anzusprechen, ohne zusätzliche Mittel, Erklärungen oder Zwischenprozesse, und dadurch auch innerste Wirkungen zu erzielen. Irmgard Merkt, eine deutsche Musikpädagogin geht noch einen Schritt weiter und behauptet:

> „Über die Künste, d.h. über den nichtsprachlichen und emotionalen Teil des Lebens, werden die sozialen und emotionalen Seiten des Daseins erlebt. Das Soziale wird über die Prinzipien des Künstlerischen erlernt und erfahren: Genau dieses ist unerlässlich für das Funktionieren einer demokratischen Gesellschaft." (Merkt, 2012, S. 30)

Wie diese Verbindungslinien entstehen und ausgeformt werden zwischen dem Künstlerischen, dem Sozialen und dem Gesellschaftlichen ist seit jeher eine Grundfrage in der Auseinandersetzung mit den Künsten und ihrer Bedeutung für das menschliche Dasein.

Wenn Merkt das Künstlerische und das Soziale in gewissem Maße als sich gegenseitig bedingend beschreibt, ja sogar das Soziale durch das Künstlerische erworben werden kann, so ist der Gedankenschritt zur Idee des Elementaren bzw. der Elementaren Musik nicht sehr groß. Wilhelm Keller, Pionier der musikpädagogischen Arbeit mit Menschen mit Behinderungen, erläutert in einem Interview mit der Zeitschrift *Intervalle* aus dem Jahr 1973, seine Idee des Elementaren:

> „Der Begriff ‚elementar' hat eine zweifache Bedeutung: Wie seine etymologische Herkunft aus der Buchstabenfolge ‚L-M-N' (‚El-em-en'), die in der Mitte des Alphabets liegt, anzeigt, bedeutet er zunächst ‚mittelpunkthaft'; zweitens wird er im Sinne von ‚urstofflich' (lateinisch ‚elementarius') verwendet. ‚Elementare Musik' kann demnach als ‚Urstoffliche Musik, die im Zentrum musikalischer Entwicklungs- und Entfaltungsmöglichkeiten jedes Menschen wurzelt', verstanden werden. Sie kann sich in jedem Lebensalter und auf jeder Bildungsstufe äußern (…)." (W. Keller, zit. nach Widmer, 2021, S. 35)

Dieses Elementare, das unabhängig von Diversitätskategorien existiert, im Menschen anzusprechen, hervorzuholen bzw. sich entwickeln zu lassen, ist – nicht nur, aber auch – durch pädagogisches Wirken möglich und die Kernidee Elementaren Musizierens bzw. die Kernaufgabe von Elementarer Musik- und Bewegungserziehung.

Lange vor dem Aufbau der Pädagogik als eigene Wissenschaft, wurde diese als „Kunstlehre", als Lehre von der Erziehungskunst bezeichnet (Brezinka, 1978, S. 11). Gegen Ende des 18. Jahrhunderts wurde die Pädagogik als eigenständiges Studienfach eingeführt und als Wissenschaft zwischen Philosophie und Psychologie stehend definiert. Johann Friedrich Herbart schreibt 1841:

> „Pädagogik (...) hängt ab von der praktischen Philosophie und Psychologie. Jene zeigt das Ziel der Bildung, diese den Weg, die Mittel und die Hindernisse". (Herbart 1841/1914, zit. nach Brezinka, 2015, S. 284)

Der Erziehungswissenschaftler Wolfgang Brezinka betont unter dieser Prämisse, dass neben der Erforschung von Erziehungshandeln, vor allem die beabsichtigten Ziele und die Eignung der Mittel sowie die beabsichtigten und nicht-beabsichtigten Wirkungen des erzieherischen Tuns zu den Kernfragen der Pädagogik zählen (Brezinka, 1990).

> „Die beiden wichtigsten Fragen von Lehrern und anderen Erziehern lauten: *Was* soll (oder will) und kann ich in meinen konkreten Schülern an Wissen und Können hier und jetzt sowie in Zukunft erreichen? *Wie* soll und kann ich vorgehen, damit die beabsichtigte Wirkung wahrscheinlich eintritt und nachteilige Wirkungen meines erzieherischen Handelns ausbleiben? Gesucht und benötigt wird also *Kausalwissen über die Bedingungen des Erfolgs und Misserfolgs* von Erziehung und Unterricht in konkreten Verhältnissen. Diese Verhältnisse sind ungeheuer komplex, individuell verschieden, weitgehend unbekannt und unerkennbar." (Brezinka, 2015, S. 284)

Diese Fragen sind es also, die wesentlich in der hier vorliegenden Arbeit vor dem Hintergrund der Elementaren Musik- und Bewegungserziehung behandelt werden. Anders als bei Brezinka werden die angesprochenen Verhältnisse aber nicht als unerkennbar angenommen, trotz aller Komplexität, sondern in einem definierten Bereich – hier in jenem von Beziehungsfähigkeit – als beobachtbar, beschreibbar und einschätzbar. Wie individuell dies letztlich sein kann – und mit welcher Wirkkraft diese Möglichkeiten und Fähigkeiten, Beziehung aufzubauen, auch später noch Einfluss ausüben – lässt sich in täglichen Erfahrungen aus der inklusiven Unterrichtspraxis zeigen. Die Unmittelbarkeit dieses Beziehungserlebens führt uns also ebenso in einen elementaren Bereich – man könnte hier also von *Elementaren Beziehungen* sprechen.

3.1. Das EBQ-Instrument in der musikpädagogischen Praxis

Die Fähigkeit zur interpersonellen Beziehungsaufnahme und zur damit in Verbindung stehenden Affektregulation entwickelt sich typischerweise im ersten Lebensjahr eines Menschen. Sind diese Prozesse durch verschiedenste inter- oder extrapersonale Einflüsse nicht gänzlich ausgereift, wirken sie sich auf jede Beziehungskonstellation, also auch auf jene im Unterricht, aus und bleiben ein Leben lang in Bewegung bzw. Entwicklung. Insofern ist es für diese Arbeit von Belang, sich detailliert mit der Entwicklung von Beziehungsfähigkeit, die mit den Selbstempfindungen einhergeht, auseinanderzusetzen sowie diese Erkenntnisse mit weiteren interdisziplinären Thematiken zwischen Entwicklungspsychologie und Musikpädagogik zu verknüpfen.

Um den Bereich der Beziehungsfähigkeiten erfassen zu können und überprüfbare Aussagen dazu zu erhalten, wurde im Bereich der Musiktherapie das hier betrachtete Beobachtungsinstrument zur **E**rfassung der **B**eziehungs**q**ualität (EBQ-Instrument) (Schumacher, Calvet & Reimer, 2013, 2024[1]) entwickelt. Im therapeutischen Kontext konnte gezeigt werden, dass die intermodale Verknüpfung aller Wahrnehmungsbereiche, eine gelingende Affektregulation, ein entwickeltes Körperempfinden und die Erfahrung von Selbstwirksamkeit jene Voraussetzungen sind, um eine zwischenmenschliche Beziehung herstellen zu können. Erst ab diesem Stadium kann eine Person in die Auseinandersetzung mit einer anderen treten und eigenes Erleben teilen sowie auch Inhalte, Aufgaben oder gemeinsame Aktivitäten aufnehmen. Ab diesem Zeitpunkt ist in einem typischen Entwicklungsverlauf die gemeinsame Aufmerksamkeit – Joint Attention – ausgebildet, die für den Bereich der Pädagogik für viele Prozesse grundlegend ist (Esterbauer, Salmon & Schumacher, 2018; Seemann, 2011a). Schumacher weist darauf hin, dass eine Aufforderung zum Mit- oder Nachmachen manchmal zu schnell erfolgt und so eine Überforderungssituation geschaffen wird. Dabei entspricht die Annahme, dass symbolische Fähigkeiten wie innere Vorstellungen, Bilder und Sprache bereits entwickelt sind, oft nicht dem tatsächlichen Entwicklungsstand (Schumacher, 2012).

Man könnte nun annehmen, dass derartig grundlegende Prozesse, die in einer typischen Entwicklung in der Frühphase des Lebens stattfinden – und so bis zu einem Alter von 2 bis 4 Jahren reichen – eigentlich abgeschlossen sein sollten. Der Säuglingsforscher und Psychoanalytiker Daniel Stern (2007, S. 25) erklärt dazu:

> „Diese Selbstempfindungen werden nicht als sukzessive Phasen, die einander ablösen, betrachtet. Jede dieser Selbstempfindungen bleibt, nachdem sie sich herangebildet hat, das ganze Leben über in vollem Umfang lebendig. Alle Selbstempfindungen wachsen weiter und bestehen gleichzeitig. (…) Jede neue Selbstempfindung definiert einen neuen Bereich der Bezogenheit. Obwohl diese Bereiche der Bezogenheit qualitative Veränderungen des sozialen Erlebens zur Folge haben, stellen sie keine Phasen dar; sie sind vielmehr Formen des sozialen Erlebens, die das ganze Leben hindurch gewahrt bleiben.“ (Stern, 2007, S. 57–58)

1 Im Dezember 2023 ist die dritte, aktualisierte Auflage des Buches zum EBQ-Instrument erschienen. Das EBQ-Instrument und auch beinahe der gesamte Text sind unverändert geblieben. Lediglich sind aktuelle Entwicklungen, wie die bevorstehende Veröffentlichung einer Sprachskala oder die vorliegende Adaptierung zum EBQ-P-Instrument sowie neue Veröffentlichungen ergänzt worden. Anstatt einer beiliegenden DVD gibt es nun die Videos als Online-Materialien zum Abrufen. Das Impressum des Buches verwendet die Jahreszahl 2024, weshalb auch hier – im Gegensatz zu den meisten Online-Suchdiensten, die Dezember 2023 anführen – diese Angabe verwendet wird.

In der üblichen pädagogischen Praxis und den darauf aufbauenden didaktischen Methoden und daraus folgenden Aufgabenstellungen wird oftmals von der bereits erfolgten Entwicklung aller von Daniel Stern beschriebenen Ebenen der Beziehungsqualität ausgegangen, zumindest aber von einer vorhandenen Fähigkeit zur gemeinsamen Aufmerksamkeit (Joint Attention). In spezifischen manchmal auch problematischen Situationen lässt sich nun erkennen, dass einzelne darunterliegende Ebenen nur zum Teil oder in „brüchiger Weise“ ausgebildet sind, was eine andere Form der Intervention und des pädagogischen Handelns nötig macht. Auch daraus lässt sich schließen, dass es sich bei diesen Beziehungsqualitäten nicht um aufeinanderfolgende Stufen, sondern um Ebenen handelt, die aktualisiert werden können und somit in unterschiedlichem Ausmaß vorhanden sein können.

Aus den Ergebnissen des Forschungsprojekts „Shared Moments“ der Universität Bergen (Research Health, GAMUT, Norwegen) in Zusammenarbeit mit der Universität der Künste Berlin, bei dem videographierte Musiktherapiestunden von über 100 Kindern mit Autismus (bzw. Autismus-Spektrum-Störung) analysiert wurden, kann man ableiten, dass die Entstehung einer (therapeutischen) Beziehung nur dann ermöglicht wird, wenn sich die therapierende Person musikalisch als auch emotional auf die kindlichen Äußerungen einstellt und weiterführende Spielideen bzw. musikalische Angebote vom aktuellen Entwicklungsstand des Kindes ausgehen (Mössler et al., 2017).

Darauf aufbauend wurde die Grundhypothese dieser Arbeit entwickelt, dass auch für eine pädagogische Beziehung im inklusiven Setting diese Übereinstimmung der Beziehungsqualitäten von Lehrperson und Lernenden von immenser Bedeutung ist (Esterbauer, 2016). Obwohl man im Vergleich zum musiktherapeutischen Feld, in dem tiefgreifende Selbstempfindungsstörungen viel eher auftreten, in der Musik- und Tanzpädagogik mit Personen arbeitet, die ein einigermaßen gefestigtes Selbstempfinden aufweisen, wird deutlich, dass auch hier eine weitere Entwicklung möglich und zum Teil auch notwendig ist. Charlotte Fröhlich verweist auf das Wissen über die Selbstempfindungen als wichtigen Hintergrund für die Lehrpersonen:

> „Als Ressource hilft dieses Wissen engagierten Pädagogen, zu beobachten, wie viel Spielraum sich das Kind gibt. Diese Ressource ermöglicht Rückschlüsse auf den Lernweg, den das Kind bei seiner Selbstbildung, bei seinem Weltzugang, bei der Eroberung seines Spielraums einschlägt. Sie ermöglicht auch ein Verstehen, wenn der Lernprozess an bestimmten Stellen stockt. Eine Musikpädagogik, die dem elementaren Begegnungserlebnis mit Musik verpflichtet ist, könnte folglich durch die Säuglingsforschung und die Musiktherapie wertvolle Hinweise gewinnen. Beides befähigt Lehrpersonen, sich in die individuellen Begegnungsweisen der Kinder unterstützend einzuklinken. (...) Eine Musikpädagogik, welche die Leiblichkeit und damit die unmittelbare Begegnung mit den Zeitkünsten als übergreifendes Prinzip gelten lässt, kann die musiktherapeutische Arbeit von Schumacher und Calvet in Verbindung mit der schulischen Bindungsforschung als Grundlage der Beziehungsgestaltung nutzen und kulturelle Teilhabe initiieren.“ (C. Fröhlich, 2022, S. 52, 61)

Welche Vorteile kann also die Verwendung des EBQ-Instruments in der inklusiven musik- und tanzpädagogischen Praxis bieten?

In erster Linie ermöglicht das neu adaptierte pädagogische EBQ-P-Instrument eine Einschätzung der Beziehungsfähigkeit der in den Lernprozess involvierten Personen und der darauf abzustimmenden „pädagogischen Beziehungsqualität“. Dies betrifft sowohl die Art der möglichen Kontaktaufnahme sowie der beziehungsmäßigen Gestaltung der sozialen, emotionalen und kognitiven Inhalte der Lern-, Erfahrungs- oder Erlebniseinheiten. Durch diese Einschätzung wird den Lehrpersonen die Auswahl adäquater Inhalte für die heterogenen Fähigkeiten und (Lern-)Bedürfnisse wesentlich erleichtert. So lassen sich die für die Lernenden geplanten Lern- bzw. Erfahrungsinhalte und die für jede*n adäquate Lehrmethode an die jeweiligen Bedingungen anpassen.

Im Fokus der Anwendung des EBQ-P-Instruments für den inklusiven Musikunterricht stehen vor allem die diversen Möglichkeiten der Schüler*innen in Bereichen der Aufmerksamkeit, der Beziehungsfähigkeit, der intellektuellen Ressourcen oder auch der Motivationsfähigkeit. Insbesondere sollte auch der Blick auf diejenigen Schüler*innen gerichtet werden, die weniger gut erreichbar, konzentrationsfähig oder gruppenfähig sind. Der Umgang mit heterogenen Entwicklungsphasen der Lernenden im inklusiven Unterrichtssetting kann durch die Beiziehung und Anwendung des EBQ-P-Instruments unterstützt werden, und so eine Situation ermöglichen, in der die Lehrperson jedem Kind gerecht werden kann. Das EBQ-P-Instrument im pädagogischen Kontext sollte aber nicht auf die Anwendung im Kindes- bzw. Jugendalter beschränkt sein, sondern auch für Erwachsene – vor allem in inklusiven Gruppen – verwendet werden können.

Ein weiterer zentraler Aspekt der Arbeit mit dem EBQ-P-Instrument ist die kritische Betrachtung der eigenen pädagogischen Arbeit. Das EBQ-P-Instrument ermöglicht eine Selbstreflexion der Lehrenden auf den unterschiedlichsten Ebenen wie Inhalt, Didaktik, Emotionen, Sozialverhalten, Wahrnehmung, Interpretation von Verhalten etc. Das EBQ-P-Instrument kann in diesem Sinne dazu beitragen, einen den Möglichkeiten und Fähigkeiten der Lernenden entsprechenden Unterricht bzw. angemessene Angebote durchzuführen und die je individuellen Lernschritte in adäquater Weise an die aktuellen Bedürfnisse anzupassen.

Die Anwendung des EBQ-P-Instruments lässt sich schließlich auch in Sinne einer Wirkungsüberprüfung von künstlerisch-pädagogischen Angeboten bzw. Aufgabenstellungen einsetzen. So ließe sich mittelfristig mit Hilfe des EBQ-P-Instruments ein Handlungsleitfaden für die pädagogische Praxis kreieren, der darlegt, welche Beziehungsqualitäten für welche Aufgabenstellungen notwendig sind, welche Beziehungsqualitäten auf welche Weise gestärkt bzw. verändert werden können und für welches Entwicklungsniveau der Teilnehmenden welche Angebote am geeignetsten sind (Esterbauer, 2019, 2020a).

4. Beziehung und Beziehungsfähigkeit

Versucht man die Thematik „Beziehung“ darzustellen, gelangt man schon am Anfang in ein Dilemma, welchen Weg man hier einschlagen soll. Beinahe jeder Lebensbereich, und somit auch jedes für Wissenschaft als Forschungsfeld interessante Gebiet, bietet eigene Herangehensweisen, wenn nicht Interpretationen für die Beschreibung von Beziehung.

Beziehung, verstanden als Verbindung oder Verhältnis von zwei oder mehreren Entitäten, wäre ein Versuch dies möglichst umfassend zu definieren.

Im vorliegenden Fall sind es sowohl die zwischenmenschlichen Beziehungen, die von Interesse sind, aber auch die Beziehung zur eigenen Person und die Art des Verhältnisses zu bestimmten Objekten, wie sie beispielsweise Musikinstrumente darstellen können.

Wenn im Online-Lexikon der Psychologie des Spektrum Verlags eine *soziale Beziehung* auf Kontakt und Kommunikation basierend beschrieben wird, deren Intensität und Art und Weise sehr unterschiedlich ausfallen können, so wäre dies auch für die vorliegende Arbeit eine adäquate Arbeitsdefinition (Spektrum Akademischer Verlag, 2000a). Im Eintrag zu *Zwischenmenschliche Beziehungen* präzisiert das Lexikon:

> „Eine zwischenmenschliche Beziehung wird daher expliziert als die Gesamtheit der Interdependenzen des Erlebens und Verhaltens beider beteiligter Menschen. (…) Viele Ansätze in Form von Theorien und Modellen zur Analyse von Beziehungen widmen sich ausdrücklich dem Austausch in den zwischenmenschlichen Prozessen (…). Zur Eigenheit zwischenmenschlicher Beziehungen gehört, dass sie nicht statisch sind, sondern flexibel.“ (Spektrum Akademischer Verlag, 2000b, o.S.)

4.1. Beziehung als ein In-die-Welt-Kommen

„Im Anfang ist die Beziehung“, lautet ein oft zitierter Satz von Martin Buber[2] (Buber, 1923/1979, S. 25). Auch wenn Buber dies vermutlich noch nicht auf die frühesten Momente des beginnenden Lebens bezogen hat, gilt es wohl und gerade schon für diese Zeit. Taktile Körperkontakte, die das heranwachsende Kind bereits intrauterin wahrnehmen kann, bilden die erste Form der Beziehung bzw. die erste Form der Kontaktaufnahme zu sich selbst, und später auch zu etwas, was *nicht es selbst* ist. Diese ersten Körperkontakte, die nach der Geburt durch Wiegen, Getragen- und Gehaltensein, durch Stillen, Streicheln, Pflegen zwischen dem Säugling und den Bezugspersonen intensiviert werden, stellen eine zentrale Voraussetzung für

2 Dieses Zitat wird oft in der abgewandelten Form „Am Anfang war Beziehung“ verwendet und in diesem Wortlaut fälschlicherweise auch Martin Buber zugeschrieben. Der korrekte Satz findet sich in Bubers bekanntestem Werk „Ich und Du“, das erstmals 1923 erschien, gleich zweimal – auf S. 25 und S. 36.

die Entwicklung von Bindungssicherheit dar, wie zahlreiche Forschungen zeigen konnten (siehe dazu auch Kapitel 6.4). Dieses Verständnis macht deutlich, dass die Fähigkeit zur körperlichen, nonverbalen Interaktion schon lange vor der sprachlichen Kommunikation auftritt und gleichzeitig prägend auf die Entwicklung anderer Kommunikationsformen wirkt.

Das Verständnis nonverbaler Kommunikation im Beziehungskontext lässt sich aber noch differenzierter betrachten, insbesondere wenn man phänomenologische Überlegungen miteinbezieht. Denn der Köper bzw. das Empfinden der taktilen Reize über die Haut befindet sich in einem Schwingungsverhältnis zu dem, was sich – phänomenologisch ausgedrückt – als leibliches Spüren beschreiben lässt, womit nichts anderes gemeint ist, als das Dechiffrieren von Berührungen in Empfindungen,[3] also die Reaktion, ob ein körperlicher Kontakt als angenehm, liebevoll, schmerzhaft etc. empfunden wird oder nicht. Diese Unterscheidung in körperliche und leibliche Empfindungen findet in der deutschen Sprache auch durch unterschiedliche Bezeichnungen ihren Ausdruck. Etymologisch leitet sich das Wort *Leib*, vom althochdeuten „*lip*" ab, was soviel wie „Leben" meint. Damit wird bereits sprachlich deutlich, dass Spüren und leibliches Empfinden quasi *die* Voraussetzungen für menschliches Leben überhaupt sind, und der Mensch über Gestik und Mimik mit einem reichen Repertoire ausgestattet ist, sich nonverbal auszudrücken. Zwar lernt der heranwachsende Mensch im Laufe der Entwicklung dieses nichtsprachliche Ausdrucksrepertoire gezielt einzusetzen und beispielsweise die sprachliche Kommunikation durch verstärkende oder abschwächende Gesten zu unterstützen, doch Mimikanalysen konnten zeigen, dass beispielsweise künstlich erzeugtes Lachen weniger Gesichtsmuskultur aktiviert, wie spontane Empfindungs-Reaktionen (siehe Fuchs, 2013, S. 30).

Die Fähigkeit von Säuglingen, mimische Ausdrücke spontan zu imitieren, zeigt, dass diese vorsprachliche Kommunikation wechselseitig stattfindet. Weitere Forschungen konnten zudem belegen, dass diese spontanen Nachahmungen für die Empathie-Entwicklung essentielle Bedeutung haben (Fuchs, 2013). Zudem geben Beobachtungen von nachgeahmten Gesten Hinweise darauf, dass Säuglinge offenbar über eine Art angeborenes Körperschema verfügen, das es ihnen ermöglicht, den eigenen gespürten Körper als mit den Aktionen des wahrgenommenen Körpers verwandt wahrzunehmen.

Durch diese Formen des Nachahmens entwickeln Säuglinge schon im Alter von wenigen Monaten ein kommunikatives System, das auf der Basis emotionaler Resonanz zwischen Kind und Bezugspersonen eine wichtige Rückkoppelungsfunktion für die Entwicklung von Wahrnehmung und Affektabstimmung hat [an dieser Stelle sei schon auf die Theorie der Selbstentwicklung von Stern (2007) hingewiesen, die noch ausführlich behandelt wird]. Häufig werden diese ersten ges-

3 In diesem Zusammenhang ist auch die Idee eines Haut-Ichs von Didier Anzieu (1991, S. 60) zu beachten: „Unter Haut-Ich verstehe ich ein Bild, mit dessen Hilfe das Ich des Kindes während früher Entwicklungsphasen – ausgehend von seiner Erfahrung der Körperoberfläche – eine Vorstellung von sich selbst entwickelt als Ich, das die psychischen Inhalte enthält."

tischen Interaktionsformen durch die Bezugspersonen stimmlich begleitet, indem eine scheinbar übertriebe Dynamik und Rhythmik der Sprache eingesetzt wird. Im Zuge der weiteren Entwicklung lernen Kinder, die gezeigten oder geäußerten (Gefühls-)Ausdrücke mit wiederkehrenden Situationen zu verbinden und ein Grundgefühl dafür zu entwickeln, über eine gemeinsame emotionale Welt miteinander verbunden zu sein.

Dieser nonverbale Verstehensprozess scheint dem zu entsprechen, was Maurice Merleau-Ponty (1966) mit dem Begriff der „Zwischenleiblichkeit" (intercorporéité) beschrieb. Diese Zwischenleiblichkeit ist bestimmend für die Beziehungen, die wir aufnehmen. Broschmann und Fuchs (2020, S. 466) führen dazu aus:

> „Der Austausch von Blicken, der mimische und gestische Ausdruck ebenso wie die Intonation und Prosodie unserer Sprache erzeugen eine zwischenleibliche Resonanz und ermöglichen damit eine vorsprachliche, präreflexive Form der Empathie (…)."

In ähnlicher Form hat Martin Buber mit dem Begriff des „Zwischen" jenes Feld der Beziehung beschrieben, das vor einer Differenzierung von Ich und Du liegt (Fuchs, o. J.) (hier schließt sich nach Fuchs die Säuglingsforschung direkt an).[4]

Dieses phänomenologische Konzept der Zwischenleiblichkeit lässt sich mitunter mit Hilfe der sogenannten „Spiegelneuronen" erklären (Rizzolatti, Luppino & Matelli, 1998; Rizzolatti, Fogassi & Gallese, 2001). Diese Neuronen werden einerseits dann aktiv, wenn wir selbst eine Handlung ausführen (z. B. Nachahmen einer Geste, Greifen nach einem Finger), andererseits aber auch dann, wenn wir die gleiche Handlung bei einem anderen Menschen wahrnehmen. Dabei scheint sich ein tieferes Verständnis herauszubilden, welche Effekte das Imitieren von Gesten, Bewegungen oder auch Lauten hat und somit, *was es heißt,* diese Geste oder Bewegung auszudrücken bzw. auszuführen. Kinder, auch schon im sehr frühen Alter, signalisieren ihrem Umfeld zudem den Wunsch zur Wiederholung von Gesten, Handlungen, Worten, später dann von Spielen etc. Dieser Wunsch gründet im intuitiven Verständnis, dass die eigene Entwicklung notwendigerweise durch Wiederholungen gefördert wird.

4.2. Grenzbestimmungen des Beziehungsbegriffes

Im Fall der vorliegenden Arbeit ist es nötig eine klare Eingrenzung des Beziehungsbegriffs vorzunehmen und auf die für den weiteren Verlauf relevanten Aspekte zu beschränken. Für die folgenden Ausführungen steht eine entwicklungspsychologische und kommunikationswissenschaftliche Sicht im Vordergrund.

In den ersten beiden Lebensjahren wird die Beziehungsfähigkeit eines Menschen grundgelegt, was sich nach Joachim Bauer (2019, S. 27) vor allem durch Spiegelung und Resonanz vollzieht.

---

4 Zur Thematik der Zwischenleiblichkeit und der Bewegung sei verwiesen auf Eberlein (2016).

> „Indem die ersten Bezugspersonen, allen voran die Eltern, auf die spontanen Lebensäußerungen des Säuglings über Monate hinweg immer wieder kontingent und spiegelnd reagieren, bildet sich im Kleinstkind eine Ahnung, und dann zunehmend ein Wissen, dass es auf seiner Seite so etwas wie ein Selbst und ‚da draußen' so etwas wie signifikante Andere gibt.
>
> Der sich im Säugling vollziehende Prozess der Grundlegung eines Selbst setzt dyadische und kontingente Interaktionen voraus: Der Säugling kann sich durch die ihm zuteilwerdende Rückspiegelung nur dann erkannt und ‚gesehen' fühlen, wenn sich die Reaktion der Bezugsperson aus der Situation heraus unmittelbar auf eine Regung des Säuglings bezieht (Kontingenz), und wenn der Säugling spürt, dass er (oder sie) ganz persönlich gemeint ist, was Zweiseitigkeit, also eine dyadische Situation voraussetzt."

Beziehung lässt sich also als ein wechselseitiges Phänomen beschreiben, bei dem ein gegenseitiger Austausch stattfindet. Die grundlegenden Aspekte, wie ein Mensch seine Beziehungen – und hier nicht nur zwischenmenschlicher Art, sondern in seinem Verhältnis zur Welt an sich und deren Phänomenen – gestaltet, werden, wie schon angeführt, in den ersten Lebensmonaten und -jahren ausgebildet und geprägt. Darauf aufbauend entwickelt sich im weiteren Verlauf die Fähigkeit aktiv die Formungen von Beziehungen zu beeinflussen. So erläutert Joachim Bauer, dass beim Menschen die „zentrale Motivation auf Zuwendung und gelingende mitmenschliche Beziehungen gerichtet" (Bauer, 2014, S. 9) ist. Vor allem Resonanz und Kooperation seien zutiefst menschliche Wesenszüge.

4.2.1. Beziehungskompetenz

Joachim Bauer (2014) beschreibt im Weiteren fünf Komponenten, die für eine gelingende Beziehungsgestaltung erforderlich sind, und bezeichnet diese als *Beziehungskompetenz*:

1. *Sehen und gesehen werden.* Menschen möchten als Personen wahrgenommen werden. Aufmerksamkeit und Interesse anderer erhöhen den eigenen Selbstwert und ermöglichen das Gefühl von Zugehörigkeit.
2. *Gemeinsame Aufmerksamkeit gegenüber etwas Drittem.* Die einfachste Form der Verbindungaufnahme besteht in der Anteilnahme an den Interessen einer anderen Person. Dafür ist die Ausbildung einer als gemeinsame Aufmerksamkeit (Joint Attention) beschriebenen Fähigkeit nötig (siehe dazu auch Kap. 6.5.3).
3. *Emotionale Resonanz.* Die Fähigkeit und Bereitschaft, sich auf die emotionale Befindlichkeit eines anderen einzustellen und das eigene Verhalten entsprechend auszurichten, wird als emotionale Resonanz bezeichnet. Das Bedürfnis zu diesem wechselseitigen Austausch ist angeboren und zeigt sich in der Funktionsweise der Spiegelneuronen im Gehirn.
4. *Gemeinsames Handeln.* Das gemeinsame Tun erweist sich als Faktor mit hoher beziehungsstiftender Relevanz.
5. *Wechselseitiges Verstehen von Motiven und Absichten.* Dies stellt sich meist erst dann ein, wenn die vier vorangehenden Elemente bereits vorhanden sind. Mo-

tive, Absichten und Ähnliches zu erkennen, ermöglicht es anderen Menschen, neue Potenziale für diese Beziehung zu entfalten.
(Vgl. Bauer, 2014, S. 193–195)

In einem typischen Entwicklungsverlauf erwirbt ein Mensch diese Kompetenzen in den ersten Lebensjahren. Ist die Entwicklung durch verschiedenste Faktoren beeinträchtigt, ist auch eine nur unvollständige Ausbildung der Beziehungskompetenzen möglich. Für inklusiven Unterricht ist die Beachtung und Betrachtung dieser Fähigkeiten von großer Bedeutung, da die Beziehungsmöglichkeiten, die einem Kind zur Verfügung stehen, als Grundlage jeglichen Lernens dienen.

4.2.2. Beziehungsfähigkeit

Die kompakte Beschreibung, die Werner Stangl für die Bezeichnung *Beziehungsfähigkeit* findet, nämlich „die Kompetenz, mit anderen Menschen Kontakt aufzunehmen und diese aufgebaute Beziehung zu ihnen auch zu erhalten“ (Stangl, 2022, o. S.), lässt sich für die vorliegende Arbeit als grundlegend anwenden.

Zumeist begegnet man diesem Begriff im Kontext von Paarberatung und -therapie, weniger oft im Bereich der Pädagogik. Im Regelfall wird die Beziehungsfähigkeit für pädagogische Aktivitäten vorausgesetzt. Besondere Bereiche wie die Heilpädagogik setzen an den Grenzzonen der Beziehungsfähigkeit an, und die Entwicklung zu inklusiven Systemen erfordert es schließlich, sich auch im pädagogischen Bereich mit dieser Thematik auseinanderzusetzen.

4.2.2.1. Beziehungsqualitäten

Ein besonderes Modell, diese Beziehungsfähigkeiten zu beschreiben, liegt in dem für diese Arbeit als Basis dienenden Konzept der Beziehungsqualitäten vor, wie es von Karin Schumacher und Claudine Calvet, in Anlehnung an Daniel Stern, beschrieben wurde und als Grundlage für die Entwicklung des EBQ-Instruments diente. Die Ausformung dieses Konzepts und dessen theoretische Grundlagen werden im Kapitel 6.1. ausführlich behandelt.

An dieser Stelle ist vor allem einer Verwechslung von Begrifflichkeiten zuvorzukommen, die sich aufgrund von alltagspsychologischen Zuschreibungen oder durch die Verwendung der Begrifflichkeit in angrenzenden Kontexten mit unterschiedlichen Konnotationen ergibt.

Beziehungsqualität wird in den meisten Fällen als Güte der Gesamtheit von interaktionalen Verbindungen mit einem anderen Menschen verstanden. Mitte der 1970er Jahre entwickelte Spanier (1976) eine Skala, mit der die „dyadische Anpassung“ von Paaren mittels eines Kontinuums von gut bis schlecht gemessen werden sollte. Dies war Ausgangspunkt für eine Vielzahl weiterer ähnlicher Studien und einer gesamten Theoriebildung aus unterschiedlichen Fachdisziplinen und Ansätzen.

Im pädagogischen Bereich wird der Begriff der Beziehungsqualität eher selten verwendet, meist wird von „Lehrer-Schüler-Verhältnis“ gesprochen. Eine der wenigen Publikationen, die explizit mit der Verwendung des Begriffs *Beziehungsqualität* arbeitet, sich aber in die Forschungstradition des Lehrer*innen-Schüler*innen-Verhältnisses einreiht, ist die Dissertation von Michael Glüer (2013), der hierin ein Beobachtungsinstrument (Schüler-Lehrer-Beziehungsmaß – SLBM) entwickelt, um die Beziehung in empirischer Weise zu erfassen.

4.2.2.2. Beziehungsqualitäten und ihre Erfassung im EBQ-Instrument

Der in der vorliegenden Arbeit verwendete Begriff von Beziehungs*qualität* bezieht sich auf eine davon abweichende Grundlage und entspricht im Grunde genommen der Beschreibung von Beziehungs*fähigkeit*. Anhand der Theorie der Entwicklung der Selbstempfindungen von Daniel Stern werden sieben unterschiedliche Qualitäten von Beziehungsfähigkeit unterschieden (ausführlich dargestellt in Kapitel 6.1). Es handelt sich also durchaus um unterschiedliche Ausprägungen von Fähigkeiten, die von einander abgrenzbar sind, und nicht um ein Kontinuum von Gütevariablen einer Beziehung.

„Das EBQ-Instrument fokussiert die Art und Weise, wie Beziehung zu sich (Körper und Stimme), zu Objekten (Musikinstrumente) und zum Anderen (Musiktherapeut) aufgenommen wird.“ So die Kurzbeschreibung die Schumacher, Calvet und Reimer (2013, S. 36) verwenden, um die Breite des Beziehungsbegriffs im EBQ-Instrument zu verdeutlichen. Dieser Definition sehr ähnlich klingt die Ausformulierung von Ribke und Dartsch (2002, S. 11) zum grundlegenden Beziehungsverständnis in der Elementaren Musikpädagogik:

> „Der Mensch kann in der Elementaren Musikpädagogik Verbindungen eingehen, die ihm Beziehungen auf drei Ebenen ermöglichen. Als erste Verbindung ist die von Mensch und Musik zu nennen, als zweite die von Mensch und Mensch und als dritte die vom Menschen zu sich selbst.“

Das Medium der Musik wird hier als Beziehungskomponente begriffen, die auch in weiterer Folge als beziehungsstiftend wahrgenommen werden kann. So spricht Karin Schumacher vom „Einschwingvorgang im gemeinsamen Tun“,[5] das wieder Anklänge an Merleau-Pontys Zwischenleiblichkeit andeutet. Ob sich dieses gemeinsame Tun verwirklichen lässt, hängt schließlich von der gerade aktuell verfügbaren bzw. erlebbaren Beziehungsqualität ab. Ist die Beziehungsqualität noch nicht so weit entwickelt, dass ein gemeinsames Miteinander entsteht, lassen sich im musikalischen Tun immer wieder „synchrone Momente“ herstellen, die für die Etablierung von Beziehung eine wichtige Rolle spielen.[6] Wie der Säugling oder später auch das Kleinkind durch seine Bezugspersonen wiederholt mit Momen-

5 Aus einem Gespräch mit Karin Schumacher im Herbst 2018 in Salzburg.
6 Ebenso aus dem Gespräch mit Karin Schumacher 2018.

ten synchronen Verhaltens und Erlebens „versorgt" wird, so lässt sich auch in musiktherapeutischen und musikpädagogischen Kontexten Synchronizität herstellen, um diese wichtige Erfahrung erlebbar zu machen. Ein synchroner Moment ist dabei als eine exakte zeitliche Übereinstimmung von Rhythmus, Intensität und Form zu verstehen. Das Medium, die Klanglichkeit und zum Teil auch die gewählte Ausdrucksform können aber voneinander abweichen.

Das Synchronisierungsverhalten ist eine Fähigkeit, die bereits sehr bald nach der Geburt beobachtbar ist und das ganze Leben anhält. In den ersten Lebensmonaten wird dieses Verhalten mit den Bezugspersonen „eingeübt" und entwickelt. Neuronal ist diese Synchronisierungsbestrebung auf die bereits erwähnten Spiegelneuronen zurückzuführen. In der Musiktherapie von Menschen mit Autismus-Spektrum-Störung, deren Sozialverhalten beeinträchtigt ist, wird vor allem auf diese synchronen Momente wert gelegt, die neue Erfahrungen vermitteln sollen (Schumacher & Calvet, 2008). Synchronizitätserfahrungen lassen sich auch in späteren Lebensaltern auffinden, vor allem in nonverbalen Aspekten eines Gesprächs (Interaktionssynchronizität; Bernieri & Rosenthal, 1991; siehe dazu auch Knappe, o. J.).

Abschließend ist an dieser Stelle nochmals festzuhalten, dass die Verwendung des Begriffs Beziehungsqualität sich auf die unterschiedlichen Möglichkeiten der Beziehungs*fähigkeit* bezieht – von einem Nicht-zu-Stande-Kommen bzw. einer Verweigerung des Kontakts bis hin zu einem ganzheitlichen emotionalen Austausch. Es handelt sich also nicht immer um einen dialogischen Prozess, sondern auch um die vielen Vorstadien, bevor ein dialogischer Austausch erst möglich wird.

4.3. Beziehungsfähigkeit im künstlerischen Bildungskontext

Vor dem konzeptionellen und historischen Hintergrund der Elementaren Musik- und Tanzpädagogik als auch entsprechender wissenschaftlicher Belege aus der Lehr-Lernforschung und der Pädagogischen Psychologie wird von der grundsätzlichen Wirksamkeit spezifischer musik- und tanzpädagogischer Interventionen auf die Beziehungsfähigkeit und Beziehungsbereitschaft von Kindern mit zusätzlichem Unterstützungsbedarf ausgegangen (Salmon, 2016). Diese Idee könnte auch für einen durch Elemente der Elementaren Musik- und Tanzpädagogik angereicherten Musikunterricht in der Schule sinnvoll sein, vor allem in Situationen in denen die angebotenen Inhalte und Methoden die Schüler*innen nicht erreichen bzw. Aufnahme- oder Lernblockaden vorhanden sind oder „nicht-aufgabenspezifisches Verhalten" den Unterricht beeinträchtigt. In diesem Fall ist eine Anpassung der Unterrichtsmethodik an die gegenwärtigen Bedürfnisse und Kapazitäten der Schüler*innen bzw. Teilnehmenden erforderlich. Vor allem der Beziehungsaspekt spielt in diesem Zusammenhang eine wesentliche Rolle. Um grundsätzliche Aussagen über die Qualitäten von Beziehungsfähigkeit tätigen zu können und somit auch eine adäquate Anpassung der Unterrichtsmethodik zu gewährleisten, wäre ein aussagekräftiges Instrumentarium hilfreich.

Um eben diese Faktoren von Beziehungsfähigkeit einschätzen und in der Folge flexibel darauf reagieren zu können, wurde für den Bereich der Musiktherapie das Beobachtungs- und Einschätzungsverfahren des EBQ-Instruments (**E**inschätzung der **B**eziehungs**q**ualität) entwickelt, welches die aktuell wahrnehmbare Beziehungsqualität erfassen lässt und die Passung zwischen Therapeut*in und Patient*in aufzeigt.

Aufgrund der klaren Struktur, der guten Anwendbarkeit und der für den musiktherapeutischen Prozess hohen Aussagekraft des EBQ-Instruments, erschien es ein vielversprechendes Projekt zu sein, dieses Verfahren auch für den musikpädagogischen Bereich nutzbar zu machen.

5. Die Einschätzung der Beziehungsfähigkeit mit dem EBQ-Instrument

Bevor das pädagogische EBQ-P-Instrument detailliert dargestellt wird, soll im Vorfeld die ursprüngliche Version des musiktherapeutischen EBQ-Instruments und dessen Anwendungsbereiche als Grundlage kurz betrachtet werden.

5.1. Das musiktherapeutische EBQ-Instrument

Das musiktherapeutische Instrument zur **E**inschätzung der **B**eziehungs**q**ualität (EBQ-Instrument) ist ein Beobachtungs- und Einschätzungsverfahren aus dem Bereich der Musiktherapie, das die zwischenmenschliche Beziehung in den Mittelpunkt seiner Analyse stellt. Es nimmt die Art und Weise, wie Beziehung zu sich (Körper und Stimme), zu Objekten (Musikinstrumente, Klangerzeuger) und zum Anderen (Therapeut*in) aufgenommen und hergestellt wird, in den Blickpunkt.

Das Ziel der Arbeit mit dem EBQ-Instrument ist es, mit Hilfe bestimmter Merkmale die beobachtbaren Phänomene, wie zwischenmenschliche Beziehungsfähigkeit zutage tritt, einschätzen und damit möglichst nachvollziehbar bestimmen zu können (Schumacher et al., 2013, S. 36), um zu überprüfen, ob der therapeutische Zugang und der angebotene Beziehungsmodus auch dem Klienten bzw. der Klientin entspricht.

In den 1990er Jahren wurde durch die Zusammenarbeit der Musiktherapeutin Karin Schumacher mit der Entwicklungspsychologin Claudine Calvet[7] diese neuartige Methode entwickelt, die eine entwicklungspsychologische Fundierung der musiktherapeutischen Erfahrungen mit Kindern, die an einer tiefgreifenden Entwicklungsstörung – im Speziellen an Autismus[8] – leiden, ermöglichte.

Karin Schumacher, Absolventin der Musikhochschule Wien und des Orff-Instituts der damaligen Hochschule Mozarteum Salzburg, wurde in den 1980er Jahren beauftragt, den Studiengang Musiktherapie an der Universität der Künste in Berlin aufzubauen. Ergebnisse aus ihrer langjährigen Arbeit als Musiktherapeutin und Hochschulprofessorin bildeten die Grundlage für die Entwicklung des EBQ-Instruments (Schumacher, 1994, 2001, 2002, 1999/2004).

7 Vormals Calvet-Kruppa.

8 Zum Zeitpunkt der Entwicklung des EBQ-Instruments war es üblich von Autismus und dessen verschiedenen Unterformen zu sprechen. In der heutigen Diagnostik (mit ICD-11 und DSM-5) werden diese Subtypen nicht mehr unterschieden, sondern der Terminus Autismus-Spektrum-Störung verwendet mit unterschiedlichen Symptomen, Ausprägungen und Schweregraden, ohne klare Abgrenzungen von Subtypen.

Claudine Calvet befasste sich zunächst mit frühen Interaktionsstörungen in Mutter-Kind-Beziehungen bei Kindern mit Down-Syndrom (Calvet-Kruppa, 2001; Calvet-Kruppa, Ziegenhain & Derksen, 2005; Rauh & Calvet, 2004), und begann später, die musiktherapeutische Arbeit Karin Schumachers regelmäßig mit Video aufzuzeichnen und gemeinsam mit ihr zu analysieren, um insbesondere auch die nonverbalen Interaktionsaspekte gezielter erfassen zu können. Besonders in Hinblick auf den Bereich der inklusiven Musikpädagogik ist dies ein wichtiger Aspekt, da Kommunikation in diesem Bereich zu einem erheblichen Teil (auch) nonverbal stattfindet.

Das EBQ-Instrument wurde schrittweise entwickelt und als Ausgangspunkt stellte Karin Schumacher in ihrer Dissertation zunächst den Umgang mit Musikinstrumenten und somit den instrumentalen Ausdruck des Kindes dar, was zur Entwicklung der Skala zur **i**nstrumentalen **B**eziehungs**q**ualität (IBQ) führte (Schumacher, 1999/2004). Darauf folgte die Untersuchung des stimmlich-vorsprachlichen Ausdrucks, die die Entwicklung der Skala zur **v**okalen **B**eziehungs**q**ualität (VBQ) ermöglichte (Schumacher & Calvet-Kruppa, 1999). Da in der musiktherapeutischen Praxis auch Kinder behandelt werden, die sich weder instrumental noch vokal äußern können, wurde die Skala zur Einschätzung der **k**örperlich-**e**motionalen **B**eziehungs**q**ualität (KEBQ) entwickelt (Schumacher & Calvet-Kruppa, 2001). Von besonderer Wichtigkeit für die weitere Anwendung des EBQ-Instruments und die Wirksamkeitsforschung in der Praxis sollte sich die vierte Skala erweisen. Da die Beziehungsfähigkeit des Kindes auch im Kontext der therapeutischen Interventionen analysiert werden sollte, wurde schließlich 2005 die Skala zur Einschätzung der **t**herapeutischen **B**eziehungs**q**ualität (TBQ) entwickelt, die den Therapeuten bzw. die Therapeutin und deren Interventionstechniken hinsichtlich von Beziehungsphänomenen betrachtet (Schumacher & Calvet-Kruppa, 2008).

Für die Entwicklung des EBQ-Instruments wurde die pränatale Sinnesentwicklung als Ausgangspunkt gewählt aufgrund der Erkenntnisse, dass die Fähigkeit zu einer geordneten Wahrnehmung als grundlegend für die weitere Entwicklung von Beziehungsfähigkeit anzusehen ist. In der musiktherapeutischen Praxis erzeugen Musik-, Bewegungs- und Sprachspiele, die von der aktuellen Situation eines jeden Kind ausgehend entwickelt werden, ein sogenanntes „koordiniertes Reizklima“ (Schumacher, 1994) und unterstützen dabei, die einzelnen Sinneseindrücke zu integrieren, wobei die Propriozeption (Eigenwahrnehmung des Körpers) hierbei von besonderer Bedeutung ist. Durch körperliche, stimmliche bzw. musikalische Interventionen stellt der Therapeut bzw. die Therapeutin Kontaktmöglichkeiten zum Körper des Kindes her und versucht dessen Sinneswahrnehmungen miteinander zu verknüpfen. Dadurch werden Aktivitäten wie Wiegen und Getragen-Werden sowie frühe Mutter-Kind-Spiele zu einer Grundvoraussetzung für die Entwicklung der zwischenmenschlichen Beziehungsfähigkeit (vgl. Schumacher et al., 2013, S. 8).

Zur wissenschaftlichen Absicherung im Sinne testspezifischer Gütekriterien wurde eine Reliabilitätsanalyse des Beobachtungsinstruments durchgeführt, zu der über 80 Rater*innen aus Deutschland, Österreich und Schweden in der Anwendung der Einschätzungsskalen geschult wurden, um dann die zu jeder Skala vorgegebenen Videosequenzen einzuschätzen. Dadurch konnte die Verlässlichkeit des EBQ-Instruments nachgewiesen werden (Schumacher, Calvet & Stallmann, 2005, S. 75).

5.2. Anwendungsbereiche des therapeutischen EBQ-Instruments

5.2.1. Das EBQ als Methode in der Musiktherapie von autistischen Störungen

Das EBQ-Instrument wurde ursprünglich als Beobachtungsmethode für die Evaluation und Planung von Musiktherapie bei Kindern mit autistischen Störungen entwickelt. Die Veröffentlichungen von Karin Schumacher zeichnen hier auch den Entstehungs- und Entwicklungsverlauf des EBQ-Instruments nach (Schumacher & Calvet-Kruppa, 1999; Schumacher, 1999; Schumacher & Calvet-Kruppa, 2001, 2008). Neben dem Grundlagenwerk zum Aufbau und zur Anwendung des EBQ-Instruments (Schumacher et al., 2013) bieten diese Veröffentlichungen einen genauen Einblick in die Anwendung bei Menschen mit Autismus. Hier sei insbesondere auch auf die Neuauflage einer Fallstudie verwiesen (Schumacher, 1994, 2017).

5.2.2. Schwerste Mehrfachbehinderung

Silke Reimer, eine der Mitautorinnen der aktuellen Grundlagenpublikation zum EBQ-Instrument, hat sich in ihrer Dissertation mit der Anwendung des EBQ-Instruments bei Menschen mit schwerster Mehrfachbehinderung auseinandergesetzt (Reimer, 2016).

Dabei widmet sie sich insbesondere dem Thema „Affektregulation“, indem der körperlich-emotionale Ausdruck schwerst mehrfachbehinderter Erwachsener differenziert untersucht wird und musiktherapeutische Interventionen beschrieben werden, die eine Affektregulierung ermöglichen.

Da sprachliche Äußerungen von Menschen mit schwerster Mehrfachbehinderung meist nicht möglich sind, kann durch die Beachtung von körperlichen und mimischen, aber auch lautlichen Äußerungen auf dysregulierte Affekte geschlossen werden. Hierbei treten oftmals auch stereotype, selbststimulierende und selbstverletzende Verhaltensweisen sowie Unruhe und Anspannung auf, die eine weitere Kontaktaufnahme mit der Umwelt verhindern. Erst durch entsprechende Interventionen lässt sich wieder eine ausgeglichene Affektlage herstellen.

Methodisch verfolgt Reimer den Weg einer Adaptierung bzw. Differenzierung der bereits im EBQ-Instrument vorliegenden Modi, durch eine dem neuen Anwendungsfeld angepasste Erfassung und Beschreibung von Beobachtungsschwerpunkten und insbesondere der dazugehörigen Merkmale.

Die Ergebnisse von Reimer zeigen, dass sich eine entwicklungspsychologisch orientierte Interventionsmethodik (gegründet auf den Beobachtungen mit dem EBQ-Instrument) positiv auf die Affektlage und damit auf die Kontakt- und Beziehungsfähigkeit schwerst mehrfachbehinderter Menschen auswirkt. Dabei sind es vor allem Interventionen, die das Körperempfinden aktivieren und die eine Integration der dysregulierten Affekte ermöglichen (Bergmann, Sappok & Reimer, 2015; Reimer, 2016).

5.2.3. Psychotherapie und Psychosomatik

Bereits im Jahr 2009, also noch vor der endgültigen Publikation des EBQ-Instruments, wurde die Übertragung des Beobachtungssystems auf den Bereich der psychischen Erkrankungen erprobt. Um das EBQ-Instrument in diesem Bereich anzuwenden, wurden Adaptierungen bzw. „Neufassungen" einzelner Modi der Skalen erstellt. Für die Evaluation des EBQ-Instruments wurde zudem ein Vergleich mit dem Verfahren der Operationalen Psychodynamischen Diagnostik (in der Fassung des OPD-2), als auch mit dem Inventar zur Erfassung interpersonaler Probleme (IIP) durchgeführt (Körber, 2009). Körber führt als Fazit an, dass bezogen auf die Stichprobe die Anwendbarkeit der EBQ-Skalen gezeigt werden konnte und sowohl interessante Übereinstimmungen als auch gegenseitige Ergänzungen der Verfahren festzustellen waren.

Eine weitere Anwendung des EBQ-Instruments im Grenzbereich zur Psychotherapie wurde von Kupski und Schultz-Venrath am Beispiel von Personen, die an einer Borderline Persönlichkeitsstörung (BPS) erkrankt sind, durchgeführt. Da die Störung der Affektregulation bei BPS einen zentralen Faktor darstellt, kann das EBQ-Instrument hier wertvolle Beobachtungen liefern. Auch ein schwer gestörtes Körperbild und neurobiologische Aspekte lassen sich mittels der KEBQ-Skala im Rekurs auf das Beziehungsverhalten beschreiben. Kupski und Schultz-Venrath weisen darauf hin, dass eine Affektabstimmung oft durch Synchronisationserfahrung möglich ist. Ebenso ist die Erfahrung einer Kanalisierung und Gestaltung der eigenen Affekte z. B. durch musikalische Spielideen von großer Bedeutsamkeit (Kupski & Schultz-Venrath, 2014, 2017).

5.2.4. Psychiatrie

Auch im Bereich der Erwachsenenpsychiatrie wurde eine Dissertation verfasst, die die Anwendung des EBQ-Instruments neben weiteren Verfahren vorstellte. Am Beispiel eines an Schizophrenie erkrankten Patienten weist Hanna Skrzypek darauf hin, dass die KEBQ-Skala um Beobachtungsschwerpunkte und die TBQ-Skala um musiktherapeutische Interventionen, die für erwachsene schizophrene Patienten geeignet sind, erweitert werden sollte, um noch klarere Aussagen machen zu können (Skrzypek, 2017, 2019).

5.2.5. Neurologie

Für den Bereich der Neurologie finden sich vor allem für demenzielle Krankheitsbilder verschiedene Forschungen mit dem EBQ-Instrument. Die Forschergruppen um Britta Warme und Dorothea Muthesius haben sich intensiv mit den Möglichkeiten des EBQ-Instruments in der Musiktherapie bei Demenzkranken auseinandergesetzt.

In ihrer Diplomarbeit untersuchte Britta Warme u. a. die Anwendbarkeit des EBQ-Instruments in diesem Bereich. Dabei weist sie auf folgende Punkte hin: die Verfügbarkeit aller Kontaktmodi als auch die demenzielle Symptomatik von Verlangsamung, Erinnerungsstörungen, Desorientiertheit, Identitätsverlust und Affektlabilität fordern sehr hohe Flexibilität. Weiters hält sie fest, dass die Modi der Beziehungsqualität zum Teil sehr schnell wechseln können. Bei Gruppeninterventionen, die hier untersucht wurden, ist es weiters von Bedeutung, dass nicht der in der Gruppe am meisten angebotene Kontaktmodus die Vorgansweise in der Therapie bestimmt, sondern die Gruppendynamik und die Affektlage der einzelnen Personen. Warme konnte überdies alle im EBQ-Instrument beschriebenen Beziehungsqualitäten nachweisen. Zusätzlich war festzustellen, dass die Sprache einen besonderen Stellenwert in der Therapie einnahm und der Wechsel zur Sprache von allen Modi aus stattfand, jedoch die Modi 4, 5 und 6 seltener auftraten (Warme, 2005, 2007).

In einer aktuellen Publikation setzen sich Muthesius und Sonntag schließlich mit therapeutischen Fehlerquellen auseinander, die anhand des EBQ-Instruments erkannt werden können. Vor allem Fehlinterventionen in den Modi 0 bis 3 werden hier hervorgehoben, da diese eher demenzspezifisch sind, als die höheren Modi, wo sich Fehlerquellen auch in anderen Therapieformen, wie Psychotherapien, finden lassen (Muthesius & Sonntag, 2019).

Warme und Steinert (2011) beschreiben ein sich veränderndes Beziehungsverhalten in den drei Stadien der Demenz (leichte, mittelgradige und schwere). Dabei ist zum Beispiel ein Rückzug aus dem Beziehungsgeschehen ab der mittleren Phase zu bemerken, da dort die dialogischen Fähigkeiten abnehmen und höhere Beziehungsqualitäten seltener auftreten.

In einer aktuellen Dissertation von Inga Auch-Johannes wird das EBQ-Instrument mit folgenden Ergebnissen ebenso als Forschungsinstrument eingesetzt:

> „Aber während deren [der Patient*innen, Anm. d. Verf.] demenzielle Erkrankung im Lauf des Behandlungsjahrs voranschritt und sich z. B. die kognitiven und sprachlichen Fähigkeiten verschlechterten, verbesserte sich parallel dazu ihr Beziehungsverhalten in der Musiktherapie oder blieb zumindest über diesen Behandlungszeitraum stabil. Es konnten durch die musiktherapeutische Behandlung neue Beziehungsqualitäten wiederbelebt werden, sodass die Patienten von ihrem einseitigen Beziehungsverhalten

> wie Apathie oder festgefahrenem Affekt ablassen und wieder verschiedene Modi der Kontakte erleben konnten. (…) Dabei sind sie in der Lage, sich während musikalischer Improvisationen auch (wieder) dialogisch zu verhalten und höher ausgebildete Beziehungsmodi wie Interaktivität (EBQ-Modus 5) oder Interaffektivität (EBQ-Modus 6) zu erreichen.“ (Auch-Johannes, 2020, S. 155–156)

Im Gegensatz zu Warme (2005) konnte Auch-Johannes im Forschungsprojekt *Klangbrücken* in der Einzelmusiktherapie eine hohe Kontinuität des angebotenen Modus beobachten, was sie auf das Setting der Therapie zurückführte (Warme führte eine Gruppentherapie durch). Auch-Johannes schränkt aber ein, dass ein Nachweis der Übertragbarkeit des EBQ-Instruments auf die Patient*innengruppe der Menschen mit Demenz in der Untersuchung nicht getätigt wurde:

> „Muthesius, Sonntag, Warme und Falk (2010) beziehen bei der Beschreibung des EBQ die therapeutischen Interventionen auf die Arbeit mit Menschen mit Demenz, und es lässt sich sagen, dass es die bestehenden Erfahrungen und Beschreibungen sind, die die Anwendung des EBQ auf das Klientel der Menschen mit Demenz passend erscheinen lassen. Die Ergebnisse unseres Forschungsprojektes liefern einen Baustein zur möglichen Übertragbarkeit. Weitere Studien, z. B. mit einer größeren Anzahl an Patienten und Patientinnen, könnten weitere Erkenntnisse bringen.“ (Auch-Johannes, 2020, S. 163)

5.2.6. Pädagogik

Neben diesen im medizinischen Feld erprobten Anwendungen im musiktherapeutischen Kontext ist das EBQ-Instrument auch bereits in der Pädagogik, in Schulen und speziell in Inklusionsklassen bzw. auch außerschulischen Musikgruppen verwendet worden. Im Grenzbereich zwischen Musiktherapie und Musikpädagogik haben Fragkouli (2012) als auch Jordan (2018) mit dem therapeutischen EBQ-Instrument gearbeitet. Jordan ging der Frage nach, ob sich das EBQ-Instrument zum Einsatz in musiktherapeutischen Forschungsprojekten in Schulen eignet. Dabei ist aber weiterhin mehr die therapeutische Anwendung im Fokus, da bei dieser Untersuchung die Videos keine Unterschiede zu üblichen Einzel-Musiktherapiesettings aufwiesen. Kritisch betrachtet wurde dabei auch der Aufwand, der beim Einsatz des EBQ-Instruments entsteht und ob nicht andere Verfahren bzw. Forschungsdesigns zu ähnlichen Ergebnissen führen würden. Jedenfalls konnten aber durch die Anwendung des EBQ-Instruments für den Therapieverlauf wichtige Aussagen zur Beziehungskompetenz des Kindes und den therapeutischen Interventionen erhoben werden, auch unabhängig von sprachlichen Fähigkeiten.

Eine Forschungsarbeit von Shirley Salmon (2012) beschreibt den erstmaligen Einsatz des EBQ-Instruments im pädagogischen Bereich, hier im Speziellen in einer Gruppenkonstellation mit Erwachsenen mit Behinderungen verschiedener Ausprägung. Ziel dieser Forschung war es, die Gruppenfähigkeit von einzelnen Teilnehmer*innen festzustellen und zu überprüfen, ob das methodische Vorgehen der Lehrperson der Beziehungsfähigkeit des Menschen mit Behinderungen entspricht. Salmon weist daraufhin, dass das übliche Vorgehen im Bereich der Pädagogik möglicherweise eine Überforderung für manche Teilnehmenden darstellt, wenn ihre Beziehungsfähigkeit es nicht ermöglicht, verschiedene Aktionen, Motive oder Spielweisen nachzumachen bzw. zu imitieren. Dies hat in Folge weitreichende Konsequenzen für die Planung, Durchführung und die weitere methodische Herangehensweise. Mittels der Anwendung des EBQ-Instruments konnten neben der Feststellung der Beziehungsfähigkeit, der Gruppenfähigkeit und der Passung des methodischen Vorgehens auch erhoben werden, ab wann welche Musikinstrumente als Ausdrucksmittel erkannt und gespielt werden können. In der Studie, bei der drei Erwachsene mit Behinderungen verschiedener Ausprägung beobachtet wurden, konnten nur Beispiele aus der Partner*innenarbeit, nicht aber aus Gruppenkonstellationen, beforscht werden. Salmon leitet daraus aber auch Vorschläge für die Arbeit in der Gruppe ab, die jedoch überprüft und adaptiert werden müssen. Im Beiheft der zu dieser Studie erschienenen DVD (Salmon & Kallós, 2010) resümiert Pauls (2010, S. 5) die Möglichkeiten des Einsatzes des EBQ-Instruments folgendermaßen:

> „In diesem Kontext sind auch die Einblicke in die Praxis der Ermittlung von *Beziehungsqualitäten* besonders bemerkenswert. Musik- und TanzpädagogInnen, sowie TherapeutInnen haben somit erstmalig ein Instrumentarium zur Verfügung, das ihnen die Qualität der Beziehungsfähigkeit zuverlässig anzeigt und sie somit besser befähigt werden, angemessen spezifisch, behutsam und individuell zu arbeiten." (Pauls, 2010, S. 5)

Salmon führt in den abschließenden Überlegungen aus, dass ein Langzeitvergleich von besonderem Interesse wäre, um auch Entwicklungsschritte zu dokumentieren. Die Relevanz und Anwendbarkeit des EBQ-Instruments vor allem im Bereich inklusiver Gruppen in musikpädagogischen bzw. musik- und tanzpädagogischen Kontexten sollte aufgrund ihrer Ergebnisse weiter erforscht werden.

Eine weitere Variante der Anwendung des EBQ-Instruments im pädagogischen Setting wurde von Charlotte Fröhlich (2017, 2022) durchgeführt. In ihrer Untersuchung an jeweils acht Schulklassen in Basel und im Land Brandenburg wurden Videos von Kindern aus inklusiven Klassen über einen Zeitraum von 10 Wochen erstellt. Die Kinder improvisierten zu zweit ein bis zwei Minuten an Perkussionsinstrumenten, zumeist an Djemben, und erhielten im Anschluss jeweils ein kurzes Feedback. Dabei orientierte sich das Feedback nicht an einem Leistungsanspruch, sondern beschrieb den Kindern die gestalterischen Spezifika ihres Musizierens und ihre Bezogenheit aufeinander während der Improvisation. Dadurch entstand eine im inklusiven Musikunterricht praktikable Vorgehensweise, die gleichzeitig den unterschiedlichen musikalischen und sozialen Vorbedingungen gerecht werden konnte.

Die Videoaufnahmen dienten der Einschätzung der Beziehungsqualität, welche weitgehend nach den Kriterien des EBQ-Instruments durchgeführt wurde. Es zeigte sich, dass die Kinder in dem relativ freien Rahmen und während der

10 Wochen ihre Ausdrucksqualitäten und die Bezogenheit im Spiel deutlich weiterentwickeln konnten. Im Verlauf der Studie wurden die Skalen und Modi des EBQ-Instruments modifiziert, so dass die Beschreibungen nun auf die Anwendung bei Improvisationen in Bildungsstätten zugeschnitten sind. Die von Charlotte Fröhlich entwickelte Skala der pädagogischen Beziehungsqualität (als Ersatz für die Skala der therapeutischen Beziehungsqualität – TBQ) zielt vor allem auf die Form des Feedbackgebens in der speziellen Situation der Improvisationsaufgabe ab und wurde nach einer gemeinsamen Beratung als *Pädagogisch-rückmeldende Beziehungsqualität* (PrBQ) definiert, um die unterschiedliche Anwendung zu verdeutlichen und einer Verwechselung bzw. Gleichsetzung mit der hier erarbeiteten Skala der pädagogischen Beziehungsqualität (PBQ) vorzubeugen.

Diese Varianten der Übertragung des EBQ-Instruments in den Bereich der Pädagogik können als Vorläufer bzw. auch alternative Wege zur vorliegenden Arbeit gesehen werden, die sich insbesondere die Adaptierung und somit Erstellung des EBQ-P-Instruments für die Bereiche der inklusiven Musikpädagogik bzw. Elementaren Musik- und Tanzpädagogik zur Aufgabe gestellt hat.

6. Theoretische Grundlagen des pädagogischen EBQ-P-Instruments

Das EBQ-P-Instrument ist eine grundlegende Adaptierung und Erweiterung des musiktherapeutischen EBQ-Instruments von Karin Schumacher und Claudine Calvet. Da das EBQ-Instrument für die musiktherapeutische Arbeit konzipiert und ausgearbeitet wurde, waren grundlegende Änderungen bzw. Erweiterungen nötig, damit es auch im musikpädagogischen Bereich angewendet werden kann. Dies betrifft zum einen die Einschätzung des Entwicklungsniveaus und der Beziehungsfähigkeit der Lernenden als auch die unterschiedlichsten pädagogischen, didaktischen und beziehungsrelevanten Aspekte der Pädagog*innen.

Durch den Einsatz eines adaptierten EBQ-P-Instruments können inhaltliche und methodische Entscheidungen von Lehrenden im (Elementaren) Musik- und Tanzunterricht hinsichtlich ihres Einflusses und ihrer Wirkung auf die Beziehungsqualität von Personen in heterogenen Lerngruppen einer kritischen, empirischen Betrachtung unterzogen werden. Diese Vorgangsweise soll Aufschluss über erfolgreiche methodische Maßnahmen in künstlerisch-pädagogischen Kontexten geben (Esterbauer, 2020a, 2020b).

Das therapeutische EBQ-Instrument wurde als Ergebnis einer entwicklungspsychologischen Sicht auf das Störungsbild des Autismus entwickelt. Auch das pädagogische EBQ-P-Instrument orientiert sich vor allem am theoretischen Konzept der Entstehung des Selbst bzw. der Selbstempfindungen des Säuglingsforschers Daniel N. Stern (1985), unter besonderer Berücksichtigung der sozio-emotionalen Entwicklung. Aus diesem Grund wird dieses Konzept hier ausführlich dargestellt. Auch wenn meist vom Erleben eines Säuglings die Rede ist, kommt der Entwicklung und Ausbildung der Selbstempfindungen für eine inklusive Perspektive eine besondere Bedeutung zu, da dadurch die Beziehungsgestaltung direkt beeinflusst wird und sich die Selbstempfindungen über die gesamte Lebensspanne (weiter)entwickeln können.

Das Konzept Sterns wurde weiters ergänzt durch Ergebnisse aus der Bindungsforschung (Ainsworth, Blehar, Waters & Wall, 1978; Bowlby, 1969, 1951/1995, 1988/2018; Crittenden, 1996; K. Grossmann & Grossmann, 2012; Main, Hesse & Hesse, 2011; Schumacher & Calvet-Kruppa, 2008), durch das Konzept der Verhaltensorganisation (Als, 1986), das Modell der Emotionsregulierung (Sroufe, 1997), Erkenntnisse der Säuglingsforschung (Dornes, 1993, 2001) und der Neurowissenschaften (Hüther, 2004, 2009b, 2009c). Auch der „Care Index“ (Crittenden, 1979–2005) zur Einschätzung der Eltern-Kind-Interaktionen hatte Einfluss auf die Entwicklung der Skalen des EBQ-Instruments.

6.1. Daniel Sterns entwicklungspsychologisches Selbstkonzept

Der amerikanische Psychiater und Psychoanalytiker Daniel Norman Stern (1934–2012) gilt als einer der führenden Experten der empirischen Säuglingsforschung. In seinen Arbeiten kombinierte er ein auf psychoanalytischen Theorien aufbauendes Verständnis der Persönlichkeit mit empirischen Ergebnissen aus experimentellen Forschungen.

> „Eine Konstante in Sterns Arbeit besteht darin, das kognitive Kind (das Bild, das mittels experimenteller Untersuchungen gewonnen wird), und das affektive Kind (das Bild, das mittels klinischer Untersuchungen gewonnen wird), zueinander in Beziehung zu setzen, um dadurch zu einer ganzheitlichen Sicht des realen Kindes zu gelangen." (Arfelli Galli, 2017, S. 54)

Psychische Vorgänge lassen sich bei Säuglingen, Kleinkindern aber auch bei verbal beeinträchtigten Menschen nur schwer erfassen, da sie sich nicht sprachlich äußern können und somit ein bedeutender Zugangsweg zu ihrem Inneren nicht möglich ist. Daniel N. Stern stellte daher Überlegungen und Hypothesen zur Erforschung des subjektiven Erlebens von Säuglingen auf, vor allem, was ihre sozialen Beziehungen betrifft. Die Kernaussage seiner Forschungen liegt in der Bedeutung des subjektiven Erlebens für das Empfinden und Entwickeln eines Selbst. Mit dem Begriff des „Selbst" wird in der Psychologie eine innerpsychische Struktur bezeichnet, die einerseits relativ stabil ist, aber trotzdem Veränderungen zulässt.

> „Das Selbst besteht aus einem semantischen System, das alle selbstbezogenen Wissens- und Gedächtnisrepräsentationen in hochstrukturierter Form (Selbstkonzept, Selbst, Struktur) sowie deren Bewertungen durch die Person (Selbstwert) beinhaltet. (...) Das Selbst ist ein flexibles, dynamisches System, es entwickelt sich sowohl in Abhängigkeit des situativen Kontextes (aktualgenetisch) als auch über die gesamte Lebensspanne (ontogenetisch)." (Mößle & Leopthien, 2014, S. 1389)

Stern nimmt an, dass bereits im präverbalen Stadium ein Selbstempfinden des Säuglings vorhanden ist und dies auch als Organisationsprinzip des Menschen wirkt. Dieses Selbstempfinden zeigt sich in Empfindungen (als einfaches nicht-reflexives Gewahrsein) der Urheberschaft, der körperlichen Kohäsion und einer zeitlichen Kontinuitätserfahrung. Erst wenn diese präverbalen, existenziellen Selbstempfindungen organisiert sind, kommen Selbstreflexion und Sprache hinzu (Stern, 2007, S. 18–20).

Für die Herausbildung des Selbst stellen Erfahrungen und die mit diesen verbundenen emotionalen Bewertungen eine besondere Rolle dar. Als gespeicherte Erinnerungen werden sie zu „generalisierten Repräsentationen" verknüpft und infolge zu „zentralen Elementen der Selbststruktur" (Fröhlich-Gildhoff, 2009, S. 32–33).

In dieser entwicklungspsychologischen Theorie des Selbsterlebens („Sense of Self“) beschreibt Stern, dass der Motor für die Entwicklung des Säuglings aus seiner Fähigkeit zu empfinden sowie seiner Fähigkeit sich mit seiner Umwelt auseinanderzusetzen besteht.

Säuglinge beginnen von Geburt an (vermutlich bereits vor der Geburt), ein sich herausbildendes, „auftauchendes“ Selbst zu erleben. Neugeborene sind also bereits in der Lage, Selbstorganisationsprozesse wahrzunehmen, was darauf schließen lässt, dass es keine völlige Undifferenziertheit zwischen dem Selbst und einem Anderen gibt, wie in manchen, vor allem psychoanalytischen, Theorien angenommen wurde. Das Wahrnehmungsvermögen des Säuglings ist bereits sehr *differenziert, was es ihm möglich macht*, auf äußere soziale Vorgänge *selektiv* zu reagieren (Stern, 1985).

> „Auch wenn das Neugeborene aus biologischer Sicht noch als unreif gilt, wird es aus psychologischer Sicht bereits als Persönlichkeit betrachtet, die mit den notwendigen Kompetenzen für ihre Weiterentwicklung ausgestattet ist, z. B. die Fähigkeit, die komplementären Verhaltensweisen beim Erwachsenen zu wecken und zu nutzen.“ (Rauh, 2002, S. 142–143)

Unter anderem sind es vor allem die Interaktionen mit primären Bezugspersonen, die die Entwicklung deutlich beeinflussen. Hier spielen die Ausdrucksdimensionen der Affekte in Hinsicht auf die Bezugspersonen eine wichtige Rolle. Das Neugeborene lernt, dass, wenn es schreit, die Bezugsperson kommt und sich ihm zuwendet. Sollte die primäre Bezugsperson seine Bedürfnisse nicht beachten, wird der Säugling nach einiger Zeit mit dem Schreien aufhören und versuchen, andere Strategien anzuwenden, um seine Gefühle von Unwohlsein oder Schmerz zu bewältigen. Die Interaktionen des Säuglings mit seiner Umwelt sind selten willkürlich oder zufällig. In den allermeisten Fällen lassen sich seine Äußerungen als auf etwas ausgerichtet identifizieren. Diese grundlegenden Fähigkeiten der Interaktion differenzieren sich in weiterer Folge immer stärker aus und führen zusammen mit biologisch vorbereiteten inneren und durch Anreize der Umwelt von außen initiierten „Entwicklungsprogrammen“ zur phasenweisen Entwicklung eines Selbsterlebens.

Die im Folgenden dargestellte Theorie des Selbsterlebens entstammt Daniel Sterns Buch „Die Lebenserfahrung des Säuglings“ (Stern, 1985), das als Grundlage für die Entwicklung des EBQ-Instruments von Schumacher und Calvet fungierte. Hierbei ist auch die Neuauflage von Sterns Buch mit einem neuen Vorwort des Autors von Wichtigkeit, da darin ausgewählte Aspekte des Selbstkonzepts kritisch betrachtet und eine aktualisierte Version des Modells präsentiert werden (Stern, 2000, 2007).

Das Selbst an sich definiert Stern folgendermaßen:

> „Wir empfinden ein Selbst als einzelnen, abgegrenzten, integrierten Körper; wir empfinden ein Selbst als Handlungsinstanz, ein Selbst, das unsere Gefühle empfindet, un-

sere Absichten fasst, unsere Pläne schmiedet, unsere Erfahrungen in Sprache umsetzt und unser persönliches Wissen mitteilt. Meistens bleiben diese Selbstempfindungen, wie das Atmen, außerhalb des Bewusstseins, aber sie können ins Bewusstsein gebracht und dort behalten werden. Instinktiv verarbeiten wir unsere Erfahrungen so, dass sie zu einer Art einzigartiger, subjektiver Organisation zu gehören scheinen, die wir für gewöhnlich als Selbstempfinden bezeichnen. (...)

Mit dem ‚Empfinden' meine ich ein einfaches (nicht-reflexives) Gewahrsein. (...) Mit dem ‚Selbst', das empfunden wird, meine ich ein invariantes Gewahrseinsmuster, das nur anlässlich der Aktivitäten oder psychischen Vorgänge des Säuglings zum Vorschein kommt. (...) Es ist das organisierende, subjektive Erleben dessen, was wir später verbal als das ‚Selbst' bezeichnen – wie auch immer es in den präverbalen Phasen beschaffen sein mag. Dieses organisierende subjektive Erleben ist das präverbale, existentielle Pendant zu dem objektivierbaren, selbstreflexiven, verbalisierenden Selbst." (Stern, 2007, S. 20)

Nach Stern verfügt der Säugling über beobachtbare, angeborene Fähigkeiten, die, sobald er über sie verfügen kann, „innerlich in Quantensprüngen zu organisierenden objektiven Perspektiven in Bezug auf das Empfinden des Selbst und des Anderen organisiert und transformiert" werden (Stern, 2007, S. 57).

Zu den Grundannahmen zählt im Weiteren, dass gewisse präverbale Selbstempfindungen, wie Urheberschaft, körperliche Kohäsion und zeitliche Kontinuität schon wesentlich früher als Selbstbewusstheit und Sprache vorhanden sind.

Bei der Entwicklung des Selbst werden von Stern mehrere unterscheidbare Selbstempfindungen beschrieben, die sich aufeinander aufbauend entwickeln und kontinuierlich bestehen bleiben. In einer weiteren Arbeit aus 1998 und in der Neuauflage von 2000/2007 elaborierte Stern den letzten Schritt seines Modells: das narrative Selbst (Stern, 1998, 2007). Folgende Ebenen werden differenziert:
1. Das Empfinden eines auftauchenden Selbst
2. Das Empfinden eines Kern-Selbst
3. Das Empfinden eines Kern-Selbst in Gemeinschaft mit dem Anderen
4. Das Empfinden eines intersubjektiven Selbst
5. Das (Empfinden eines) verbale(n) Selbst
6. Das narrative Selbst

In der letzten Fassung seiner Theorie geht Stern davon aus, dass die Selbstorganisationsprozesse bereits pränatal beginnen und das Empfinden des auftauchenden Selbst in den ersten beiden Lebensmonaten gefestigt wird. Das subjektive Empfinden eines körperlichen Selbst mit willentlichen Handlungsaspekten, Affektreaktionen und einer Kontinuitätserfahrung (der eigenen Geschichtlichkeit) bildet sich zwischen dem zweiten und sechsten Lebensmonat heraus und wird als Kern-Selbst bezeichnet (Stern, 2007, S. 47). Darauf aufbauend entwickelt sich eine intersubjektive Bezogenheit, die zwischen dem siebten und neunten Lebensmonat auch subjektive Zustände wie Gefühle oder Absichten erlebbar macht. Eine „dritte subjektive Perspektive“, nämlich die Empfindung, dass „das Selbst (wie auch der Andere) einen Vorrat an persönlicher Weltkenntnis und Lebenserfahrung besitzt“ (Stern, 2007, S. 49), entwickelt sich zwischen dem fünfzehnten und achtzehnten Monat. Mit der weiteren kognitiven Entwicklung werden diese Erfahrungen bzw. auch dieses Wissen im Verlauf des Spracherwerbs durch Symbole objektiviert. Das Kind kann nun diese Bedeutungen in Bezug auf das Selbst und den Anderen bzw. die Welt kommunizieren und mit dem Anderen teilen. Das Empfinden eines verbalen Selbst hat sich gebildet. Die „Narrationsfähigkeit“, also das eigene Erleben in autobiographischen Erzählungen zu konstruieren, stellt für Stern schließlich eine völlig eigenständige Fähigkeit dar (und beginnt auch wesentlich später mit ca. drei Jahren) und führt letztendlich zur Ausbildung eines narrativen Selbst (oder auch mehrerer Selbste) (Stern, 2007, S. XVII–XIX).

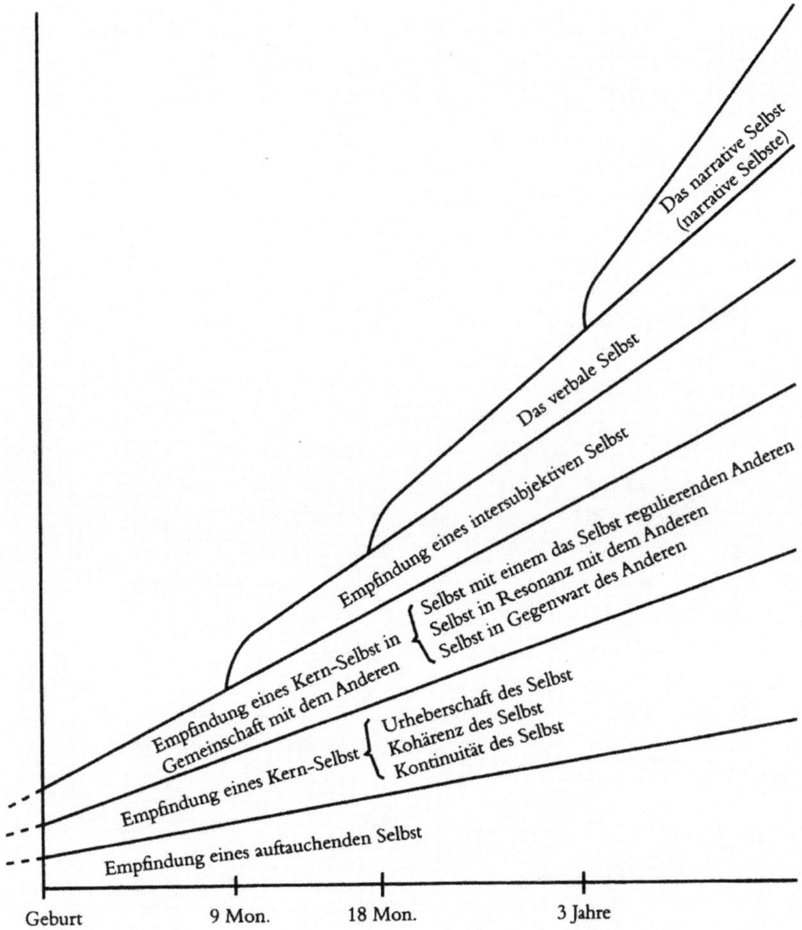

Abbildung 1: Sterns Schichtenmodell der Selbstentwicklung (Stern, 2007, S. XX)

6.1.1. Das Empfinden eines auftauchenden Selbst

Nach Stern hat der Säugling bereits eine beginnende Empfindung von sich selbst. Dieses Selbst ist zwar erst „im Auftauchen begriffen", aber bereits in der Lage wahrzunehmen, diese Wahrnehmungen zu registrieren und auch zu ordnen. Das Empfinden eines auftauchenden Selbst ist also zugleich Prozess und Resultat einer sich entwickelnden Organisation. Der Säugling braucht, um ein Selbstempfinden zu erfahren, erst Bezugspunkte dafür. Diese bestehen zu Beginn vor allem im Körperlichen: Kohärenz, Handlungen und Gefühle. Die Beziehungen zwischen den sensorischen Erlebnissen werden somit in einer Struktur organisiert und dadurch ein Selbstempfinden geschaffen. Die Erfahrungen, die ein Säugling macht, werden in vereinzelten, nicht miteinander verbundenen Ereignissen wahrgenommen, die erst in eine zusammenfassende Perspektive integriert werden müssen. Stern bezeichnet diese Erfahrungen als „die Inseln der Konsistenz" bzw. als Invarianten (Stern, 2007, S. 114).

Für die Entstehung des Empfindens eines auftauchenden Selbst lassen sich nach Stern drei wesentliche Prozesse anführen: die amodale Wahrnehmung, die physiognomische Wahrnehmung und die Wahrnehmung korrespondierender Vitalitätsaffekte.

Eine besondere Fähigkeit, die die Organisation der Psyche ermöglicht, ist die amodale Wahrnehmung bzw. transmodale Übertragung.

> „Säuglinge verfügen über die angeborene Fähigkeit, einen Informationstransfer von einem Modus in einen anderen vorzunehmen, der es ihnen erlaubt eine Entsprechung zwischen haptischem und visuellem Eindruck zu erkennen." (Stern, 2007, S. 75–76)

Stern führt dazu ein Experiment von Meltzoff und Borton (1979) an, bei dem Säuglinge Schnuller mit verschiedenen Oberflächenstrukturen erhielten: einen mit glatter Oberfläche und einen mit Ausbuchtungen. Für einige Minuten konnten die Säuglinge mit verbundenen Augen einen der Schnuller mit dem Mund ertasten. Nach Entfernung der Augenbinde schauten die Kinder jenen Schnuller intensiver an, an dem sie zuvor mit dem Mund gelutscht hatten (vgl. Stern, 2007, S. 74–75). Diese „Übereinstimmungen" von verschiedenen Sinnesmodalitäten führen im angeborenen Wahrnehmungssystem zu einer transmodalen Organisation des Erlebten und infolge zu einem als auftauchend empfundenen Selbst.

> „Säuglinge scheinen also dank einer angeborenen, generellen Fähigkeit – die man als *amodale Wahrnehmung* bezeichnen kann – die in einer bestimmten Sinnesmodalität aufgenommenen Information irgendwie in eine andere Sinnesmodalität übersetzen zu können." (Stern, 2007, S. 79)

Neben dieser Erfahrungsmöglichkeit benennt Stern auch noch die von Heinz Werner beschriebene *physiognomische Wahrnehmung*. Dieser hatte in seinen Studien in den 1920er Jahren bereits angenommen, dass es eine grundsätzliche Fähigkeit gibt, Beziehungen zwischen Wahrnehmung und dem Wahrgenommenen herstellen zu können, die von einer sogenannten amodalen und zugleich ausdrucksmäßigen Wahrnehmungsweise geprägt sei (amodale Vitalempfindung). Werner versucht eine Entwicklung aufzuzeigen, die auf einer Relationsleistung aufbaut,

> „die sich im Sinne genetisch übereinanderliegender analoger Prozesse vollziehen: 1. Beziehungserfassung durch sinnesmotorische (und affektive) Aktivität (...); 2. Wahrnehmungsmäßige Relationsauffassung und 3. Begriffsmäßig-abstrakte Beziehungsherstellung." (Werner, 1926/1959, S. 160)

Das Spezifische von Werners Annahmen ist, dass die Wahrnehmung anfangs nicht physikalisch-objektiv passiert, sondern zuallererst als Wirksamkeit, und dies im Sinne von kategorialen Affekten. Demnach können manche Aspekte menschlichen Verhaltens, aber auch von Gegenständen, als affektive Gestalten wahrgenommen werden – also als zornig, traurig etc. –, so

> „daß es eine Verhaltenswelt ist, eine Welt, in der alles gebärdenhaft und wirkungshaft – physiognomisch – geschaut wird, alles Persönliche und Dingliche aktionshaft existiert." (Werner, 1926/1959, S. 260–261)

Die dritte Art der Erfahrungsmöglichkeiten von Säuglingen ist nach Stern das Erleben von „Vitalitätsaffekten". Unter diesem Begriff beschreibt er körperliche, sogenannte „innere Empfindungen", wie die jeweiligen Arousal- und Aktivierungszustände, den Tonus, die motivationale Aktivierung oder Übersättigung. Damit wird die „gefühlsmäßige" Art des Erlebens bzw. der Affekte bezeichnet, die weniger als kategorial empfunden werden, sondern mit dynamischen Begriffen wie „aufwallend, anschwellend, explosionsartig, flüchtig, verblassend" etc. beschrieben werden können. Als besondere Beispiele für Vitalitätsaffekte erwähnt Stern abstrakten Tanz und Musik:

> „Der abstrakte Tanz führt dem Zuschauer/Zuhörer eine Vielfalt von Vitalitätsaffekten mitsamt ihren Abwandlungen vor, ohne auf eine Handlung oder kategoriale Affekte zurückzugreifen, aus denen man die Vitalitätsaffekte erschließen könnte. Fast immer versucht der Choreograph, nicht einen spezifischen Gefühlsinhalt als vielmehr eine Art des Fühlens auszudrücken." (Stern, 2007, S. 87)

Stern bringt diese Vitalitätsaffekte in Beziehung zu den sogenannten „Hintergrundgefühlen" des Säuglingsforschers António R. Damásio (2000), die aus dem Körper stammende Empfindungen darstellen. Sie können auch als Befindlichkeit beschrieben werden und unterscheiden sich von Stimmungen durch die lang anhaltende Dauer der letzteren. Eine bewusste Wahrnehmung findet in der Regel nicht statt, aber sie können wahrgenommen und beschrieben werden, wenn die Aufmerksamkeit auf sie gelenkt wird. Das Dasein und Erleben eines Säuglings ist letztlich von diesen Hintergrundgefühlen und Vitalitätsaffekten bestimmt.

Stern führt noch zusätzlich ein sogenanntes „Gegenwartsmoment" an, in dem das Selbstempfinden des Säuglings als der „lebendige, vitale Wahrnehmer eines intentionalen Objektes“ (Stern 2007, S. X) auftaucht. Es entsteht ein primäres Bewusstsein, das sich aus der Verbindung von einem intentionalen Objekt mit den vitalen, aus dem Körper stammenden Empfindungen bildet.

> „Jedesmal wenn sich primäres Bewusstsein einstellt, wird das Selbst als Wahrnehmer empfunden und in der Welt situiert. In diesem Augenblick stellt sich das Empfinden eines auftauchenden Selbst ein. Dies muss in jeder Stunde, in jeder Minute, viele Male geschehen. Wenngleich diese Momente des primären Bewusstseins kurz und periodisch sind, ermöglichen sie es, dass wir die nie verstummende Musik des Lebens immer wieder aufs neue hören.“ (Stern, 2007, S. X–XI)

Einem Säugling, der diese Wahrnehmungs- und Erlebnisfähigkeiten mitbringt, ist es von Geburt an möglich, Blickkontakt aufzunehmen und menschliches Verhalten nachzuempfinden bzw. auch zu imitieren. Das neugeborene Kind erlebt somit seine Welt bereits als differenziert und gestalthaft. Diese grundsätzliche Strukturierung ist dem Säugling durch seine grundlegende Fähigkeit möglich, Kontingenzen (Regelmäßigkeiten) über verschiedene Wahrnehmungskanäle hinweg (trans- bzw. kreuzmodale Wahrnehmung) zu bemerken, und diese Wahrnehmungen mit Affektkategorien (z. B. „angenehm“ vs. „schmerzhaft“) sowie mit Vitalitätskategorien (z. B. „flüchtig“ vs. „aufbrausend“) zu verbinden (Fröhlich-Gildhoff, 2009).

Schumacher, Calvet und Reimer beschreiben in diesem Zusammenhang, die Auswirkungen einer beeinträchtigten Erlebniswelt von Kindern mit Autismus:

> „Bei Kindern mit tiefgreifender Entwicklungsstörung scheint die Fähigkeit zur Wahrnehmungsverknüpfung nicht oder nur unvollständig entwickelt zu sein. Sie sind nicht in der Lage, die auf sie einströmenden Reize so zu integrieren, dass sie sinngebend verarbeitet werden können. Vermutlich, und dieses wiegt noch schwerer, sind sie auch nicht in der Lage, diese Reize so zu verarbeiten, dass sie zu einer Veränderung bzw. Modulation der Hintergrundgefühle führen. Werden Sinneseindrücke nicht entsprechend mit Hintergrundgefühlen verbunden, ist hier primär eine tiefgreifende Erlebnisstörung zu vermuten. Vitalitätsaffekte treten daher nicht deutlich oder zeitlich so verzögert in Erscheinung, dass sie von Bezugspersonen nicht als emotionale Reaktionen wahrgenommen werden. Wir erleben ein Kind deshalb in seiner Affektlage als „schwer lesbar“. Aus Sicht des Kindes könnte diese Erlebnisstörung auch ein Grund sein, warum kein Blickaustausch gesucht wird. Auch die Fähigkeit zur Imitation, die Stern neben den Vitalitätsaffekten und der Fähigkeit zum Blickkontakt als drittes Merkmal des auftauchenden Selbst nennt, ist nicht entwickelt.“ (Schumacher et al., 2013, S. 15)

Zusammenfassend stellt Alemzadeh in Bezug auf das auftauchende Selbst fest:

> „Das Selbstempfinden entwickelt sich von Anfang an, wenn dem Baby genügend Möglichkeiten geboten werden, das Selbst aktiv zu empfinden. Man kann diese Entwicklung fördern, indem man die Bedürfnisse und Signale des Babys von Anfang an achtet und es somit darin unterstützt, seine Bedürfnisse wahrzunehmen und auszudrücken.“ (Alemzadeh, 2008, S. 30)

6.1.2. Das Empfinden eines Kern-Selbst

Das Empfinden eines Kern-Selbst hat, ebenso wie das auftauchende Selbst, seinen Ursprung in der pränatalen Zeit. Virulent wird diese Entwicklung aber zwischen dem dritten und dem siebten Lebensmonat. Für Stern handelt es sich bei dem Kern-Selbst um ein erfahrungsgeleitetes Empfinden von Vorgängen, die an sich nicht bewusst erlebt werden.

> „Das Selbstempfinden ist kein kognitives Konstrukt; es ist die Integration des Erlebens. Dieses Empfinden eines Kern-Selbst ist die Grundlage für alle differenzierten Selbstempfindungen, die sich später entwickeln werden." (Stern, 2007, S. 107)

In Abgrenzung zu anderen, vor allem psychoanalytischen Theorien weist Stern daraufhin, dass das Selbst und der Andere/das Objekt/die Mutter nicht ursprünglich verschmolzen sind und keine Dualunion bzw. Symbiose besteht.

Das „Kern-Selbst" wird in zwei Schichten aufgeteilt: das Empfinden eines Kern-Selbst (das Selbst gegenüber dem Anderen) und das Empfinden eines Kern-Selbst in Gemeinschaft mit dem Anderen.

Das Empfinden eines Kern-Selbst (gegenüber dem Anderen)

Nach Sterns ursprünglicher Theorie besteht das Empfinden des Kern-Selbst aus vier Selbsterfahrungen oder „Selbst-Invarianten" bzw. „Inseln der Konsistenz":
- die „Urheberschaft des Selbst"
- die „Selbst-Kohärenz"
- die „Selbst-Geschichtlichkeit"
- die „Selbst-Affektivität"

(Stern, 2007, S. 106–108)

Urheberschaft

Die Urheberschaft bezeichnet Stern als „das Empfinden, der Urheber eigener Handlungen und Nicht-Urheber der Handlungen anderer Menschen zu sein" (Stern, 2007, S. 106). Dieses Empfinden lässt sich in drei Unterkategorien aufteilen: die Empfindung eines Wollens vor einer motorischen Aktivität, das propriozeptive Feedback und die Voraussagbarkeit von Konsequenzen von Handlungen:
- Das Vorhandensein eines „motorischen Plans" bewirkt eine Willensempfindung und führt zu motorischen Aktivitäten. Im Durchführen und Steuern der Handlung wird erfahren, ob man selbst oder eine andere Person eine Aktivität beeinflusst bzw. wer der Urheber ist.
- Durch das „propriozeptive Feedback" kann der Säugling unterscheiden, ob eine eigene oder fremde Aktivität durchgeführt wird. Eigene Handlungen erzeugen eine körperliche Rückkoppelung, die bei fremden Handlungen nicht auftritt. Durch die möglichen Kombinationen von eigenen und fremden Handlungen und dem eigenen Empfinden dabei kann der Säugling das

Kern-Selbst vom Kern-Anderen unterscheiden. Beginnt das Kind z. B. zum Lautieren, kann es die Töne sowohl hören als auch im eigenen Körper spüren. Werden durch die Mutter Geräusche produziert, fehlt dieses körpereigene Feedback.

- Die dritte Kategorie (von Stern auch als Invariante bezeichnet) sind die Konsequenzen einer Handlung. Bei fast allen eigenen, auf das Selbst bezogenen Handlungen kann der Säugling eine Handlungskonsequenz wahrnehmen, wobei Verstärkungsmuster entstehen. Das Selbst betreffende Handlungen werden dabei konsequenter verstärkt als jene, die den Anderen betreffen. (Stern, 2007, S. 114–121)

Selbst-Kohärenz

Als „Selbst-Kohärenz" definiert Stern „das Empfinden, ein vollständiges körperliches Ganzes zu sein und sowohl in der Bewegung (Verhalten) als auch im Ruhezustand über Grenzen und ein körperliches Handlungszentrum zu verfügen" (Stern, 2007, S. 106). Dieses Empfinden des Selbst (aber auch des Anderen) als kohärente Entität ist grundlegend für eine Erfahrung der Unterschiedlichkeit. Verschiedene Erfahrungsmerkmale können die Entwicklung der Selbst-Kohärenz unterstützen. Hierzu zählen vor allem die

1. „Einheit des Ortes": eine kohärente Sache kann nur einen einzigen Standort haben
2. „Kohärenz der Bewegung": was sich als Einheit bewegt, wird als zusammengehörig wahrgenommen
3. „Kohärenz der zeitlichen Struktur": einzelne Teile des Körpers bewegen sich auf den Sekundenbruchteil synchron (Selbst-Synchronizität)
4. „Kohärenz der Intensitätsstruktur": (transmodale) Intensitätszuordnungen bzw. Übereinstimmungen und Abweichungen tragen zur Unterscheidung von Selbst und Anderen bei
5. „Kohärenz der Form": eine Form bzw. ihre Gestalt wird als ein zusammengehöriges Wesen erkannt, auch wenn es in Varianten auftritt (z. B. unterschiedliche Mimik oder Gestik, unterschiedliche Ansichtsperspektiven etc.)

(Stern, 2007, S. 121–131)

Kontinuität des Selbst (Selbst-Geschichtlichkeit)

Mit dem Begriff *Selbst-Geschichtlichkeit* oder Kontinuität beschreibt Stern „das Gefühl der Dauer, der Einbindung in die eigene Vergangenheit, das Gefühl eines ‚fortwährenden Seins', so dass man sich durchaus verändern kann und doch dieselbe Person bleibt" (Stern, 2007, S. 106). Säuglinge verfügen über Gedächtnisfähigkeiten mit denen sie sowohl motorische, perzeptive als auch affektive Zustände bzw. Erfahrungen bewahren können.

> „Kontinuität als Gefühl, nicht als Fakt, ist in Wahrheit eine Kontinuität, die beständig wiedergefunden wird, weil die Sensation des fortdauernden Seins nur dann auftaucht, wenn eine Erfahrung in einen Gegenwartsmoment einmündet." (Stern, 2007, S. XII)

Selbst-Affektivität

Mit diesem Begriff bezeichnet Stern „das Erleben regelmäßiger innerer Gefühlsqualitäten (Affekte), die Teil der übrigen Selbsterfahrung sind" (Stern, 2007, S. 106). Das Empfinden von Affekten, die der Säugling bis zum Alter von zwei Monaten schon häufig erlebt hat, besteht aus „invarianten Selbst-Vorgängen" wie dem propriozeptiven Feedback der angeborenen, affektspezifischen Gesichtsmuskulatur, der inneren Empfindung der Aktivierung und der Qualität des Empfindens der unterschiedlichen Emotionen (Stern, 2007, S. 132). In der überarbeiteten Theorie verzichtet Stern auf diese Invariante, da sie aufgrund des erweiterten Konzepts des auftauchenden Selbst sowie des Konzepts der Kontinuität bereits vorhanden ist.

Zusammenführen der Selbst-Invarianten und Ausbildung von RIGs

Aus den unterschiedlichen Erfahrungen von ähnlichen Situationen bildet ein Säugling sogenannte generalisierte Episoden, die einen „Durchschnittswert der Erfahrungen" bilden. Stern verwendet für die Integration von Handlungen, Empfindungen und Affekten bei Interaktionen eine äquivalente Entsprechung, die er als „generalisierte Interaktionsrepräsentationen" (Representations of Interactions that have been Generalized; RIGs) definiert, die Durchschnittserwartungen bzw. -erfahrungen von Interaktionen darstellen.

> „RIGs können also eine Grundeinheit der Repräsentation des Kern-Selbst bilden. RIGs resultieren aus dem unmittelbaren Eindruck mannigfaltiger, realer Erfahrungen, und sie integrieren die unterschiedlichen Handlungs-, Wahrnehmungs- und Affekt-Attribute des Kern-Selbst zu einem Ganzen." (Stern, 2007, S. 143–144)

Bei der Integration der verschiedenen Selbst-Invarianten bilden sich „Inseln der Kohärenz". Dadurch entwickelt der Säugling die Fähigkeit

> „jene Vorgänge und Ereignisse zu erkennen, an denen ein Selbst und ein Anderer zu identifizieren sind. (...) Die Kombination von Fähigkeiten, Gelegenheiten und Integrationsvermögen berechtigt (...) zu der Schlussfolgerung, dass ein stabiles Empfinden des Kern-Selbst sowie des Kern-Anderen in dieser Phase zutage tritt." (Stern, 2007, S. 145)

Karin Schumacher weist daraufhin, dass Kindern mit tiefgreifender Entwicklungsstörung häufig die Erfahrung, Handlungen selbst zu initiieren, fehlt. Dies trifft auch auf verschiedene weitere Formen von Beeinträchtigung zu. Ist die Selbstkohärenz nicht ausgebildet, lässt sich häufig fehlende Explorations- und Spielfähigkeit vorfinden. Stereotypes Handeln fungiert dabei als Kompensation der fehlenden Selbstkohärenz. Das Fehlen von Selbstkontinuität ist die Folge. In der Musiktherapie (aber schließlich auch in der Musikpädagogik) kann durch die Unterstützung der intentionalen Handlungen des Kindes, Selbstwirksamkeit und somit Urheberschaft erfahren und dadurch das Selbsterleben entwickelt werden (Schumacher et al., 2013, S. 17).

Das Empfinden eines Kern-Selbst in Gemeinschaft mit dem Anderen

Neben dem Empfinden eines Kern-Selbst in *Abgrenzung* zum Anderen empfindet der Säugling auch Momente und Episoden des Selbst in *Gemeinschaft* mit dem Anderen. In der klassischen psychoanalytischen Theorie geht man von einem Verschmelzungszustand aus, aus dem sich später das Selbst vom Anderen differenziert. In Sterns Theorie ist die soziale Erfahrung eines Selbst mit einem Anderen erst möglich, wenn ein Kern-Selbst ausgebildet wurde. Hier kann sodann das Empfinden eines Kern-Selbst in Gemeinschaft mit dem Anderen erscheinen, das Stern in der letzten Fassung seiner Theorie in drei Unterkategorien auffächert:

Das Selbst in Gemeinschaft mit einem das Selbst regulierenden Anderen

In der Regel erfährt der Säugling vom ersten Tag an, dass die Mutter bzw. die primäre Bezugsperson seine Empfindungen und Erlebnisse reguliert. Diese Regulationsvorgänge, die die Empfindungen von Erregung, Affekt-Intensität, Sicherheit oder Bindung, aber auch Arousal, Aktivierung, Lust, Unlust oder physiologische Gratifikation regulieren, sind Erfahrungen des „in Gemeinschaft Seins“, die für den Säugling alleine nicht möglich wären. Durch die bereits erfolgte Konstituierung eines Kern-Selbst kann der Säugling diese Erfahrungen als unterschiedlich von sich selbst wahrnehmen.

Selbst in Resonanz mit dem Anderen

Dieser Bereich umfasst verschiedenartige Erfahrungen primärer Subjektivität. Nach Stern befindet sich hier das Kern-Selbst in einer „partiellen Überlappung“ (Stern, 2007, S. XV) mit dem Anderen, in der das Kern-Selbstempfinden nicht ausgelöscht ist, sondern eine weitere Qualität der Form eines Zusammenseins mit dem Anderen darstellt. Dies wird durch Prozesse der Spiegelneuronen (Rizzolatti & Arbib, 1998), der adaptiven Oszillatoren (Port, Cummins & McAuley, 1998) und weiterer Mechanismen der Interaktion befördert (Stern, 2007, S. XIV–XV). Das „In-Resonanz-Sein“ mit dem Anderen ermöglicht Gleichartigkeitserfahrungen, die die sozial-affektive Entwicklung erweitern.

Selbst in Gegenwart des Anderen

Stern beschreibt hier das Zusammensein mit anderen Menschen, wobei sich der Säugling zwar physisch in der Nähe, aber ohne Interaktion mit den Personen erlebt. Die andere Person wird als „rahmende Umwelt, in der das Baby psychisch mit sich selbst allein bleiben kann“, wahrgenommen (Stern, 2007, S. XVII).

Familientriade
Als weitere mögliche 4. Kategorie beschreibt Stern das Selbst als Teil der Familientriade. Die Familientriade bildet das Kernsystem der Familie mit einem weiblichen und männlichen sowie mit kindlichen Anteilen ab. Stern führt dies hier aber nicht intensiver aus und verweist auf weiteren Forschungsbedarf. Auch die Diversifizierung der Familiensysteme könnte hier Einfluss auf die weiteren theoretischen Überlegungen ausüben.

Aus den Erfahrungen der Musiktherapie fügen Schumacher et al. schließlich an, dass die bei tiefgreifend entwicklungsgestörten Kindern auftretenden Affektregulationsstörungen auf diesen Entwicklungsaspekt des Kern-Selbst zurückgehen. Therapeutisch sollte dabei der Affektzustand des Kindes reguliert und musikalisch gestaltet werden z. B. durch den Einsatz von Instrumenten als Resonanzerzeuger. Eine affektive Anerkennung des „So-Seins“ des Kindes ohne Eingriff in dessen Handlungen unterstützt die Intervention positiv (Schumacher et al., 2013, S. 16).

6.1.3. Das Empfinden eines intersubjektiven Selbst

Im Stadium vor dem Erwerb der Sprache beginnt ein Kind sich der Umwelt mitzuteilen und seine Gefühle, Wahrnehmungen, Wünsche auf nonverbale Weise zu kommunizieren. Stern bezeichnet dies in Anlehnung an Trevarthen und Hubley als ein „absichtlich angestrebtes Mitteilen von Erfahrungen über Ereignisse und Dinge“ (Stern, 2007, S. 184) und verwendet die Bezeichnung „Intersubjektivität“. Die Entdeckung eines Säuglings, dass er ein inneres psychisches Erleben besitzt und dieses auch auf andere Personen zutrifft, markiert den Übergang zur Intersubjektivität. Primäre Intersubjektivität ist nach Sterns letzter Fassung, so wie das auftauchende Selbst und das Empfinden eines Kern-Selbst, bereits von Geburt an vorhanden. Die [von Trevarthen (1979) als sekundäre bezeichnete] Intersubjektivität, die zwischen dem 7. und dem 9. Monat erscheint, kann durch das Erkennen und Wahrnehmen der Gefühle von anderen sowie der Mitteilung der eigenen subjektiven Erfahrungen mit anderen Menschen beschrieben werden. Als wichtigste Grundlage dafür gilt das Auftauchen der gemeinsam geteilten Aufmerksamkeit (Joint Attention), sowie darauf aufbauend der gemeinsam geteilten Intentionalität und der gemeinsam geteilten Affektivität.

Dieses Empfinden des Selbst (und auch des Anderen) ist von der des Kern-Selbst nun völlig verschieden. Damit „wird der Säugling in einen neuen *Bereich der intersubjektiven Bezogenheit* hineinkatapultiert. Eine neue organisierende subjektive Perspektive auf das Selbst taucht auf“ (Stern, 2007, S. 180). Wichtig ist dabei, dass die Kern-Bezogenheit bestehen bleibt und als „das basale Urgestein“ (ebd.) der interpersonalen Beziehungen fungiert. Stern beschreibt die drei inneren Zustände, die für ein interpersonales Geschehen wichtig sind, folgendermaßen (Stern, 2007, S. 184–191):

Gemeinsame Ausrichtung der Aufmerksamkeit (Inter-Attentionalität)
Im Alter von etwa neun Monaten ist Säuglingen bewusst, dass sie ihre Aufmerksamkeit auf einen bestimmten Fokus richten können, ebenso wie eine andere Person, und dabei eine gemeinsame Aufmerksamkeit erreicht werden kann. Oft wird dies durch Zeigegesten oder Blickbewegungen deutlich. Ebenso zeigt der Säugling eine Rückversicherung des Blicks, mit der er festzustellen versucht, ob der Fokus der Aufmerksamkeit auch wirklich geteilt wird.

Dieses Phänomen, auch als *Joint Attention* bekannt, beschreibt, dass zwei Interaktionspartner*innen eine kontinuierliche, auf Gleiches bezogene, Aufmerksamkeit herstellen. Joachim Bauer bezeichnet diese „Joint Attention" als eines der wichtigsten Kriterien zum Aufbau von Bindung und daher als essentiell für zwischenmenschliches Interagieren (Bauer, 2016). *Joint Attention* wird in einem späteren Abschnitt genauer beschrieben, da sie für pädagogische Prozesse von grundlegender Bedeutung ist.

Intentionale Gemeinsamkeit (Inter-Intentionalität)
Aus Forschungen zu den Vorlaufsbedingungen des Spracherwerbs wurde deutlich, dass Säuglinge ab dem neunten Monat kommunikative Intentionen besitzen. Mit der intentionalen Gemeinsamkeit wird ein Phänomen beschrieben, das ein gegenseitiges Verständnis für Absichten und Motive erkennen lässt. Der Säugling erlebt, dass er im Hinblick auf ein bestimmtes Ziel auf das Verhalten einer Bezugsperson einwirken kann. Der Säugling kann so der Bezugsperson eine Absicht mitteilen und ihr auch ein Verständnis dieser eigenen Wünsche zuschreiben und somit auf die Erfüllung seines Ziels einwirken.

Gemeinsamkeit affektiver Zustände (Inter-Affektivität)
Im „Alter von neun bis zwölf Monaten (...) bildet der Affektaustausch immer noch den vorherrschenden Modus und Inhalt der Kommunikation mit der Mutter" (Stern, 2007, S. 190–191). Dieser Austausch besteht im Grunde aus zwei Komponenten: der Affektspiegelung und der Affektabstimmung.

Bei der Affektspiegelung (Fonagy, Gergely, Jurist & Target, 2019) ermöglicht die Bezugsperson dem Säugling durch emotionale Rückmeldung seine eigenen Gefühle in der Interaktion zu erfassen. Vor allem geschieht dies durch eine von der Bezugsperson getätigte Modulation der Affekte in der Interaktion.

Im Alter von etwa neun Monaten wird diese Spiegelung um eine neue Variante erweitert. Durch ein wechselseitiges Wahrnehmen und Austauschen von Gefühlen mit dem Anderen wird eine Affektabstimmung erzeugt (Dornes, 1993; Fonagy et al., 2019; Stern, 2007), die folgende drei Merkmale besitzt:

- Affektabstimmung erweckt den Eindruck, dass eine Art Nachahmung vollzogen wurde, wobei das Verhalten des Säuglings nicht exakt wiedergegeben wird, sich aber eine gewisse Entsprechung feststellen lässt.

- Diese Entsprechung zeigt einen vorwiegend transmodalen Charakter. Die Bezugsperson, die ihre Äußerungen an das Verhalten des Säuglings angleicht, verwendet dafür oft einen anderen Kanal bzw. Modalität.
- Die eigentliche Entsprechung stellt nicht das Verhalten, sondern der Gefühlszustand dar. Die Äußerungen können sich somit in der Modalität unterscheiden, sind aber als Ausdruck eines inneren Zustandes gewissermaßen austauschbar.

Zusammenfassend stellt Stern fest:

> „Die Affektabstimmung stellt folglich eine Ausführung von Verhaltensweisen dar, die die Gefühlsqualität eines gemeinsamen Affektzustandes zum Ausdruck bringen, ohne die Verhaltensäußerungen des inneren Zustands exakt zu imitieren.“ (Stern, 2007, S. 203)

Für die Gemeinsamkeit affektiver Zustände führt Stern als besonderes Merkmal die soziale Rückversicherung (social referencing) an, bei der der Säugling am Gesicht der Bezugsperson abliest, was sie empfindet, um eine „zweite Einschätzung“ einer unsicheren Situation zu erhalten. Inter-Affektivität, von Stern als wichtigste Form gemeinsamen subjektiven Erlebens bezeichnet, meint somit,

> „dass der Säugling auf irgendeine Weise eine Entsprechung zwischen dem eigenen, innerlich erlebten Gefühlszustand und dem Gefühlszustand, den er ‚an‘ oder ‚in‘ einer anderen Person beobachtet, herstellt.“ (Stern, 2007, S. 190)

Der Säugling hat also „gelernt“, dass sowohl er als auch die Bezugsperson fähig ist, Affekte zu empfinden und diese auch mitzuteilen.

Aus der Sicht der entwicklungspsychologisch orientierten Musiktherapie sind bei Kindern mit tiefgreifender Entwicklungsstörung diese Merkmale kaum vorhanden: der Blickkontakt ist gestört, es fehlt die Fähigkeit, Gefühle in sich selbst und im Anderen zu erkennen und dadurch wird ein affektiver Austausch unmöglich. Wird das Kind aber affektiv reguliert, entsteht ein Interesse an der Außenwelt. Dann können gemeinsame Aufmerksamkeit, soziale Rückversicherung oder die Gegenwart des Anderen erlebt werden (Schumacher et al., 2013, S. 18).

Da sich das EBQ-Instrument in der aktuellen Fassung nur auf vorsprachliche Phänomene bezieht und den Bereich der Sprache schließlich doch ausklammerte, waren die weiteren Schichten in Sterns Modell für die Konzeption des EBQ-Instruments von nachrangigem Interesse. In der vorliegenden Arbeit, die eine Adaptierung für den pädagogischen Gebrauch vorstellt, sind die beiden später auftauchenden Bereiche sehr wohl von zentraler Bedeutung und werden deshalb hier ausgeführt.

6.1.4. Das Empfinden eines verbalen Selbst

Nach Stern bildet sich das Empfinden eines verbalen Selbst zwischen dem 15. und dem 18. Lebensmonat heraus. Während der Zeit des Spracherwerbs bzw. der Sprachentwicklung wird auch das Selbstempfinden mit neuen Fähigkeiten erweitert. Die Kinder entwickeln eine Vorstellung von sich selbst und der Welt und sie können vor allem über diese Dinge bzw. Personen kommunizieren. Das kindliche Wissen kann „durch Symbole objektiviert und ausgedrückt werden, deren Bedeutungen kommuniziert, mit dem anderen geteilt und in durch die Sprache ermöglichten Verhandlungen sogar neu geschaffen werden" (Stern, 2007, S. 49). Besonders hervorzuheben ist auch die Fähigkeit, „Handlungen im Geiste ablaufen zu lassen, ohne sie in die Tat umzusetzen" (Alemzadeh, 2008, S. 72). Auch Piagets Konzept der „verschobenen Nachahmung" spielt hier eine besondere Rolle (Piaget, 1945/2009).

Stern bezeichnet diesen neuen Schritt als „Revolutionierung des Selbstempfindens", bei der

> „innerliche Schemata mit Operationen koordiniert werden, die außerhalb, in Aktionen oder Worten, existieren. Die drei Konsequenzen dieser Fähigkeit, die das Empfinden des Selbst und folglich auch die Möglichkeit, sich auf andere zu beziehen, am gravierendsten verändern, sind die Fähigkeit, das Selbst zum Objekt der Reflexion zu machen, die Fähigkeit, symbolisch zu handeln (etwa im Spiel), und der Spracherwerb." (Stern, 2007, S. 234–235)

Objektive Selbstsicht

Im Alter von etwa eineinhalb Jahren erlangen Kinder die Fähigkeit, sich selbst als Objekt in der Welt wahrzunehmen. Dies zeigt sich z. B. in dem einfachen Experiment des Spiegelverhaltens. Malt man einem Kind unbemerkt einen Punkt ins Gesicht, wird es erst ab ca. 18 Monaten den Fleck im eigenen Gesicht betasten, während es zuvor auf den Fleck im Spiegelbild hinweisen wird. Weiters lässt sich diese Objektivierungsentwicklung durch die Verwendung von Pronomen bzw. des eigenen Namens als dritte Person nachweisen. Das Auftreten von empathischen Verhaltensweisen ist ein weiterer Hinweis, da das Kind sich dafür als ein wahrnehmbares Objekt in der Welt erkennen muss (Stern, 2007, S. 235–236).

Die Fähigkeit zum symbolischen Spiel

Aufgrund von Erfahrungen, die Kinder in den ersten Lebensmonaten generalisiert und auch als Repräsentationen internalisiert haben, beginnen sie ab dem fünfzehnten und achtzehnten Lebensmonat Vorstellungen von Dingen und Interaktionen zu entwickeln. Dies findet auch in Form von Symbolen statt. Kinder verwenden nun Gegenstände entsprechend ihren Vorstellungen und passen sie ihren Bedürfnissen im Spiel an (Alemzadeh, 2008, S. 73–74). Interessanterweise werden aber nicht nur Gegenstände, sondern auch Interaktionen im symbolischen Spiel dargestellt. Das Symbolspiel dient so auch dazu, erlebte Situationen nachzuvollziehen und zu reflektieren. Auf diese Weise dringen nun auch die Vergangenheit als auch die Zukunft in das interaktive Geschehen ein (Stern, 2007, S. 237–238).

Der Gebrauch der Sprache

Fängt ein Kind zu sprechen an, hat es sich bis zu diesem Zeitpunkt viele Kenntnisse über sich selbst und die Welt als auch über soziale Interaktionen angeeignet und kann diese letztendlich in einen verbalen Code, einen symbolischen Ausdruck überführen.

Für Stern stellten sich dazu folgenden zentrale Fragen: Wie kann Sprache das Selbstempfinden verändern und welche Möglichkeiten eröffnet der Spracherwerb dem Selbst und dem Anderen? Mit Verweis auf grundlegende Forschungen zeigt Stern auf, „dass die Kenntnis der Welt interpersonaler Vorgänge den eigentlichen Schlüssel zu den Geheimnissen des Spracherwerbs darstelle“ (Stern, 2007, S. 239–240). Besonders Vygotskij betrachtete den Spracherwerb als einen interpersonalen Prozess, da es bei der Bedeutungszuschreibung eines Wortes zu einem Aushandlungsverfahren kommt, in dem beide vereinbaren, was damit gemeint ist (Vygotskij, 1934/2017). Ein weiterer Aspekt einer Gemeinschaftlichkeit ergibt sich aus der neu entstandenen Möglichkeit für das Kind, seine persönlichen inneren Erfahrungen (als auch sein erworbenes Wissen und seine Fähigkeiten) mit der Außenwelt zu teilen. Dieses „gemeinsame Bedeutungsverständnis“ (Stern, 2007, S. 241) generiert eine Form geteilten Gewahrseins oder wie Sander es ausdrückt: „the realization that another can be aware of what one is aware of within oneself, that is a shared awareness“ (Sander, 2008, S. 97).

Als Grundlage für diese Prozesse des Spracherwerbs und der Symbolisierungsfähigkeit gelten nach Piaget das „repräsentative Denken“ und die „semiotische Funktion“ (Piaget & Inhelder, 1972/2009), bei der ein Objekt oder ein Phänomen durch ein anderes ersetzt werden kann. In der Sprache als semiotische Funktion wird nun die Welt durch sprachliche Zeichen repräsentiert. Die sich neu entwickelnde Symbolisierungsfähigkeit, die sich neben dem Spiel auch in der Sprache ausdrückt, wirkt sich auch auf den Entwicklungsprozess des Gehirns aus und zusätzlich zum episodischen Gedächtnis wird das semantische Gedächtnis gebildet (Markowitsch & Welzer, 2006).

Laut Stern kann diese neue Fähigkeit, sich durch Sprache auszudrücken, aber auch nachteilig sein, indem

> „das Geschehen im verbalen Bereich als wirkliches Geschehen betrachtet wird, unterliegt das Erleben in den anderen Bereichen einer Entfremdung. (…) Die Sprache bewirkt also eine Spaltung im Selbsterleben (…) – die Sprache als neue Form der Bezogenheit und die Sprache als Problem für die Integration der Selbsterfahrung sowie die Erfahrung des ‚Selbst in Gemeinschaft mit dem Anderen‘.“ (Stern, 2007, S. 231–232)

Lichtenberg spricht in diesem Zusammenhang vom Gegensatzpaar des erlebenden und begrifflichen Selbst, das sich in späterer Folge zu einem ganzheitlichen Selbst entwickelt (Lichtenberg, 1983). Bevor das Kind sprechen kann, erlebt es sich selbst und seine Umwelt auf eine globale, amodale und nonverbale Art und Weise. Durch die Entwicklung von Sprache entsteht „einerseits eine fantastische neue Möglichkeit zur Kommunikation, andererseits entsteht ein Bewusstsein darüber, dass nicht alles kommuniziert werden kann" (Brodin & Hylander, 2002, S. 104).

6.1.5. Das Empfinden eines narrativen Selbst

Nach dem Erwerb von Sprache entsteht die Fähigkeit seine eigene Lebensgeschichte zu erzählen, was sich ebenso auf die Veränderung des Selbstbildes auswirken kann. Dies beschreibt Stern in der letzten Schicht seines Modells, dem narrativen Selbst.

Stern verweist darauf, dass die

> „Fähigkeit, das eigene Erleben in eine Narration zu fassen, (...) eine eigenständige und grundlegende Fähigkeit [ist], die über die Bildung von Wörtern als Symbolen, mit denen man das eigene Selbst und seine Welt benennen kann, hinausgeht und von ihr unabhängig ist." (Stern, 2007, S. XVII–XVIII)

Ein Baby ist in der Lage mit etwa 18 Monaten schon mehrere Sätze aneinanderzureihen, aber es kann noch keine Narrative entwickeln. Kinder im Alter von 2,5 – 3 Jahren beginnen plötzlich Geschichten, also Narrative, zu erzählen. Bei der Bildung von Narrationen werden die Elemente der bereits ausgebildeten Selbstempfindungen, beispielsweise der Urheberschaft und der Intentionen, schließlich miteinander in bzw. zu einer Geschichte verknüpft (Stern, 2007, S. 247).

Durch Narrationen, die sie dem Selbst und dem Anderen über ihr Erleben erzählen, erschaffen Kinder sozusagen ihre eigene Lebensgeschichte. Vor allem in der Kindheit werden diese Narrationen oft mit den Eltern oder anderen Angehörigen gemeinsam „ko-konstruiert" (Stern spricht hier von einem „Laboratorium"; Stern, 2007, S. XVIII–XIX). Verschiedene Eltern entwickeln dabei unterschiedliche Arten, ein Narrativ gemeinsam mit ihrem Kind zu schaffen. Dies scheint sehr ähnlich der interaktiven Regulation aus der früheren gemeinsamen Zeit zu sein (Fonagy et al., 2019; Stern, 1998; s. a. Welzer, 2005).

Eine der Vorbedingungen für die Schaffung von Narrativen liegt in der Intersubjektivität, wenn Kinder begreifen, dass das, was sie erleben auch jemand anderer erleben kann. Die Abfolge des Gedankens „ich weiß, dass du weißt, dass ich weiß", oder auch mehr erlebnisbezogen beschrieben als „ich fühle, dass du fühlst, dass ich fühle", stellt eine essenzielle Voraussetzung für ein Narrativ dar, das in einer anderen Person ein Bild des Erzählten generiert.

Betrachtet man Narrative strukturell, finden sich grundsätzlich zwei Ebenen:

Die Oberflächenstruktur, die das bezeichnet, was man allgemein unter einer Geschichte versteht: eine Handlung, mit Zeit und Ort im Verlauf einer dramatischen Spannungslinie, also nicht nur eine Darstellung von Ereignissen, sondern auch Aufbau und Dramaturgie. Die Oberflächenstruktur ist dabei die explizite, deklarative, symbolische, verbale und somit auch bewusste Form des Erzählten.

Die Tiefenstruktur des Narrativs gehört zur Kategorie des prozeduralen oder impliziten Wissens, ist nicht verbal und nicht bewusst und wird anders repräsentiert als die Oberflächenstruktur.

> „Babys haben dieses gesamte implizite bzw. prozedurale Wissen in ihrer Interaktion zur Verfügung, eine Art von implizitem ‚Beziehungswissen' (implicit relational knowing), wie man sich verhält. Als ein Beispiel von implizitem Wissen würde ich J. Bowlbys innere Arbeitsmodelle von Bindung nennen. Es ist ein Narrativ darüber, was man in einer bestimmten Situation macht. Ich nenne dies auch ‚schemas-of-being-with-somebody' (Schema-wie-es-ist-mit-jemand-anderem-zu-sein). (...) Bei dieser impliziten narrativen Struktur geht es um das Wissen, was man macht, wenn man mit jemand zusammen ist, wie man jemanden liebt oder hasst. Es ist nicht etwas, was normalerweise bewusst wird." (Stern, 1998, S. 3)

Jacoby (2011) verweist in diesem Zusammenhang auf eine spätere Arbeit von Stern (2011), in der er das Konzept erweitert, um auf die Dynamik von Bewegungen hinzuweisen.

> „Wenn von einer ‚verkörperten Psyche' ausgegangen wird, dann kann daraus erschlossen werden, dass sich ein narratives Selbst im Sinne Sterns als ein (...) eigenständiges Selbst, auch in den unterschiedlichen Ausdrucksformen wie der Bewegung, der Handlung, der Mimik oder dem Gesichtsausdruck als ein verkörpertes narratives Selbst zum Vorschein bringt.
>
> Dieses Entwicklungsverständnis enthält für Stern zwei wesentliche und für das gesamte Leben bedeutungsvolle Quellen des Selbstempfindens. Zum einen umfasst der narrative Charakter oder das narrative Element des Selbstempfindens alle Bereiche des Erlebens. Zum anderen vereinen sich in dem Begriff der ‚verkörperten Psyche' die Formen der Vitalität auf der Basis von physischen Handlungen und mentalen Vorgängen." (Jacoby, 2011, S. 33–34)

Die von Stern beschriebenen Schichten der Selbstempfindungen befinden sich in einer kontinuierlichen Entwicklung, grundgelegt bereits im vorgeburtlichen Erleben. Diese Entwicklung stellt sich als fortlaufender Prozess dar, der

> „immer wieder in einen neuen Zusammenhang mit allen lebendigen Bewegungen, Situationen und Höhepunkten gesetzt wird – so wie auch die Zeit voranschreitet und dennoch durch ein augenblickliches Empfinden von intensiven Vorstellungen und Phantasien herausgefordert ist, für einen Moment still zu stehen, um etwas Neues, eine Verwandlung zu ermöglichen." (Jacoby, 2011, S. 159)

6.1.6. Zusammenfassender Überblick zur Theorie Sterns

Ebene	*Unterebene*	*Beschreibung*	*Beginnzeitpunkt*
das auftauchen-de Selbst		amodale Wahrnehmung, physiognomische Wahrnehmung, Hintergrundgefühle, Vitalitäts-affekte	seit Geburt bzw. vorgeburt-lich
das Kern-Selbst (gegenüber dem Anderen)			ab 2. Monat
	Selbst-Urheberschaft	Gefühl, Träger der eigenen Aktivität sein	
	Selbst-Kohärenz	Empfinden, ein körperliches Ganzes zu sein	
	Selbst-Affektivität	Gefühl, Träger von wiederkehren-den Affekten zu sein	
	Selbst-Geschichtlichkeit; Identität	Gefühl, trotz Veränderung dieselbe Person zu bleiben	
das Kern-Selbst (in Gemein-schaft mit dem Anderen)			
	Selbst in Gemeinschaft mit einem das Selbst regulierenden Anderen	Affektregulation durch Bezugsper-sonen	
	Selbst in Resonanz mit dem Anderen	Erfahrungen von Gleichartigkeit	
	Selbst in Gegenwart des Anderen	Bezugsperson als Rahmen	
das intersubjek-tive Selbst			ab 7. Monat
	Inter-Attentionalität	gemeinsame Ausrichtung der Auf-merksamkeit	
	Inter-Intentionalität	Gemeinsamkeit von Absichten	
	Inter-Affektivität	Gemeinsamkeit affektiver Zustände	
das verbale Selbst		Selbst-Reflexion, Symbolhandeln und Spracherwerb	ab 15. Monat
das narrative Selbst		Konstruktion der eigenen Lebensgeschichte	ab 3. Lebensjahr

Tabelle 1: Zusammenfassende Darstellung der Ebenen des Selbst nach Daniel Stern

6.2. Modell der Verhaltensregulation

Daniel Sterns Forschungen führten dazu, dass sich die Vorstellungen über Neugeborene veränderten und dem Säugling bereits eine Vielzahl an Fähigkeiten zuerkannt wurden. Daraus entstand schließlich das Bild des „kompetenten Säuglings" (Dornes, 1993), das die Säuglingsforschung seit den 1970er Jahren entwarf. Gespeist wurden diese neuen Erkenntnisse aus den unterschiedlichsten Theoriezusammenhängen wie der Psychoanalyse (Lichtenberg, 1983; Stern, 1985), der Entwicklungspsychologie (Emde, 1991), der Bindungsforschung (Bowlby, 1969) oder der Verhaltenstheorie (Brazelton, 1973).

Bereits in den 1960er Jahren entwickelte T. Barry Brazelton durch die Beobachtung von frühen Mutter-Kind-Interaktionen ein positives und dynamisches Anpassungsmodell von Neugeborenen gegenüber den vorherrschenden pathologisch orientierten Modellen. Hierbei plädierte er für die Ausbildung eines frühzeitigen Verständnisses der Eltern für die Bedürfnisse ihrer Kinder. Dabei sollte der Blick vor allem auf die Qualität der Interaktionen und auf den emotionalen Austausch gelenkt werden, der zunehmend als zentral für die Entwicklung des Säuglings angesehen wurde.[9] Weiters nahm Brazelton an, dass ein Säugling zumeist versucht, seinen inneren Zustand im Gleichgewicht zu halten.

Heidelise Als (1986) erstellte auf dieser Grundlage ihr „synaktives Modell der Verhaltensorganisation". In diesem Konzept verfügt der Säugling, um seine innere Balance zu erhalten, über vier basale anpassungsfähige Verhaltenssysteme, durch die er sich selbst regulieren und dabei neue Reize verarbeiten und integrieren kann (Als, Lester, Tronick & Brazelton, 1982; Als, Butler, Kosta & McAnulty, 2005).

Diese Verhaltenssysteme entwickeln sich pränatal in stufenweiser Abfolge: beginnend mit dem physiologischen bzw. autonomen System, dem motorischen System, dem System der Schlaf- und Wachstadien und zuletzt dem System der Aufmerksamkeit und Interaktion. Dies wird in einem Modell von konzentrischen Kegeln veranschaulicht (Abbildung 2).

Jedes dieser Systeme baut auf den vorhergehenden auf, sodass z. B. die Schlaf- und Wachstadien abhängig sind von physiologischen Einflüssen und motorischer In-/Aktivität. Für die Kommunikation und darauf aufbauende Aktivitäten sollten sich die ersten drei Systeme in einem Gleichgewichtszustand befinden (innere Ruhe, äußere Ruhe, Wachstadium). „Ergebnis dieser Entwicklungsschritte ist die Aufmerksamkeit, die als Basis jeder Interaktion notwendig ist. Diese Organisation bleibt lebenslänglich von Bedeutung und wird als Entwicklungsmodell bezeichnet" (Schumacher et al., 2013, S. 20).

Je nach Art der Belastung können diese Verhaltenssysteme miteinander verknüpft werden und sich gegenseitig beeinflussen. Sobald also ein Baby einen Reiz

9 Aus diesem Modell wurde schließlich die Neonatal Behaviour Assessment Scale (NBAS) als Erfassungsverfahren entwickelt, siehe Brazelton (1973).

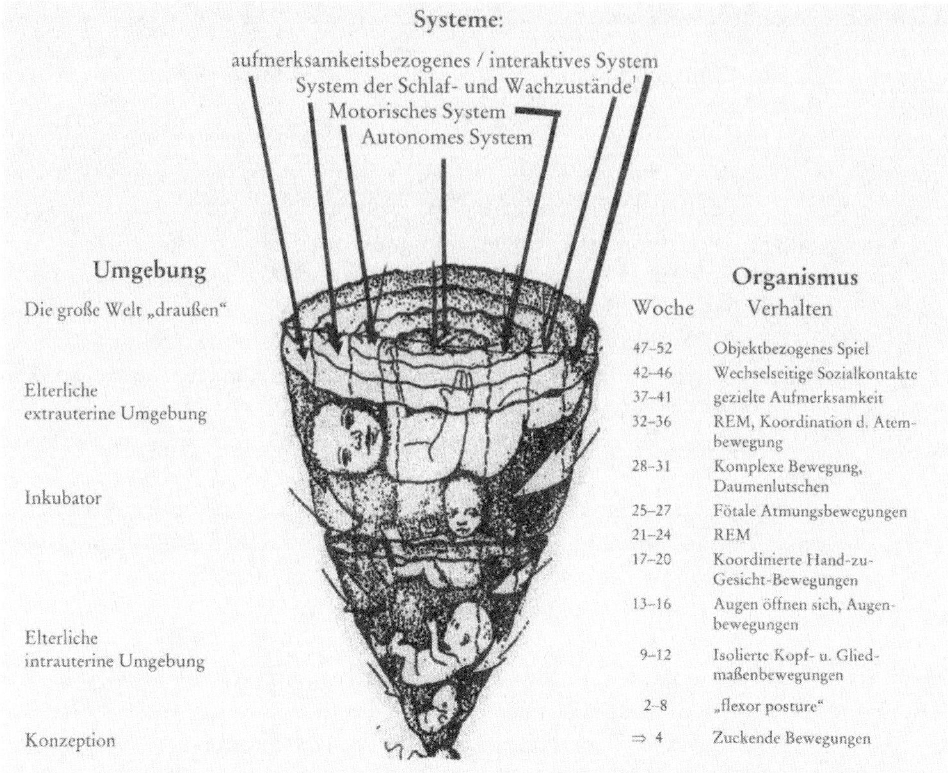

Abbildung 2: Das synaktive Modell der Verhaltensorganisation (nach Als et al. 1982, dt. Version zit. in Schumacher, Calvet & Stallmann, 2005, S. 76)

verarbeiten und auch integrieren kann, wird sein Aufmerksamkeitsniveau in einen Zustand der Stabilisierung gebracht. Dadurch ist es ihm möglich, in Interaktion zu bleiben, da es sich nicht um die weitere Verarbeitung bzw. auch Abwehr des Reizes kümmern muss. Ist der Reiz aber nicht integrierbar, entsteht Spannung und es kommt in weiterer Folge zur Aktivierung der weiteren Systeme.

Diese vier Verhaltensorganisationssysteme werden im Folgenden in absteigender Folge näher betrachtet (vgl. Als, 1982; Schumacher et al., 2005):

Das System der Aufmerksamkeit und Interaktion

Nach der Geburt ist der Säugling damit beschäftigt die Vorgänge bei der Sinneskoordination und die mit diesen in Zusammenhang stehenden affektiven Erlebnisse zu verarbeiten. Erst durch einen Prozess der Integration von Wahrnehmung und Empfindung entwickelt sich im Säugling ein primäres Bewusstsein. Eine besondere Rolle im Zusammenhang mit dem Erleben von zwischenmenschlichen Begegnungen nehmen dabei die sogenannten „Hintergrundgefühle" ein (Damásio, 2000).

Damit werden Zustände wie Anspannung oder Entspannung, Wohlergehen oder auch Furcht bezeichnet. Stern wählt für diese Phänomene den Begriff „Vitalitätsaffekte“ (Stern, 2007, S. 86–93), die aufgrund ihres besonderen Erregungspotentials anfangs nur mit Hilfe einer Bezugsperson reguliert werden können (durch Körper- bzw. Blickkontakt oder auch durch die Stimme). Wird durch das aktive Eingreifen der Bezugsperson im Sinne einer affektiven Regulation von außen im Säugling das innere Gleichgewicht wiederhergestellt, wird das interaktive System des Säuglings stabilisiert und dieser kann durch Ausdrucksmöglichkeiten wie die Stimme (Lallen, Lautieren, Quietschen, Stöhnen, Weinen) oder die Mimik (Blick suchen, Blickkontakt, Wegschauen, Grimassieren, Starren) eine „Rückmeldung“ zu seiner affektiven Lage geben. Die Fähigkeit zur zwischenmenschlichen Interaktion gründet sich infolge dessen auf den vorhergehenden Stufen dieses synaktiven Systems.

Das System der Schlaf- und Wachstadien

Die nächsttiefere Stufe der Verhaltensorganisationssysteme beschreibt das kontinuierlich verlaufende System von Wachheitsstadien bis hin zum Schlafzustand. Vom Grad der Wachheit ist die Steuerung und Aufrechterhaltung der Aufmerksamkeit direkt abhängig. Je wacher das Kind ist, desto eher kann es sich der Umwelt zuwenden und mit ihr in Interaktion treten. Wird dieses System aus der Balance gebracht, können sehr divers erscheinende Reaktionen wie Schreien aber auch Einschlafen oder Dösen auftreten.

Das motorische System

Wenn der Säugling beim Versuch die Reize, die aus seinem physiologischen System kommen (Unwohlsein, Schmerzen, Hunger etc.), zu verarbeiten bzw. zu integrieren nicht erfolgreich ist, entsteht eine innere Spannung und das motorische System wird aktiviert. Der Säugling versucht durch Bewegungen und Berührungen sich selbst zu regulieren (wie z. B. Zusammenführen der Hände, Fingerlutschen, etc.). Kann er dadurch sein Gleichgewicht nicht wieder herstellen, so entstehen motorische Belastungszeichen (auf die eine Bezugsperson besonders achten sollte), wie angespannter oder schlaffer Muskeltonus, besonders langsame oder hektische Bewegungen oder eine besondere Art der Bewegung (fäusteln, Finger spreizen, den Kopf überstrecken, Bogenhaltung des Körpers etc.). Treten diese Anzeichen auf, spricht dies für das Fehlschlagen der Regulationsversuche, was dazu führt, dass das interaktive System nicht aktiviert werden kann. Das Kind reagiert infolge dessen mit Abwehr und Abwendung von der Bezugsperson bzw. der Reizquelle. Der innere Zustand dieser Erregung kann nun nicht mehr ohne Hilfe von außen gelöst werden.

Das physiologische oder autonome System

Bei starker Erregung werden schließlich physiologische Belastungszeichen ausgebildet, wie erhöhte Herzfrequenz, Reaktionen der Haut (blasses, marmoriertes oder fleckiges Erscheinungsbild), Reaktionen der Atmung (unregelmäßiges, an-

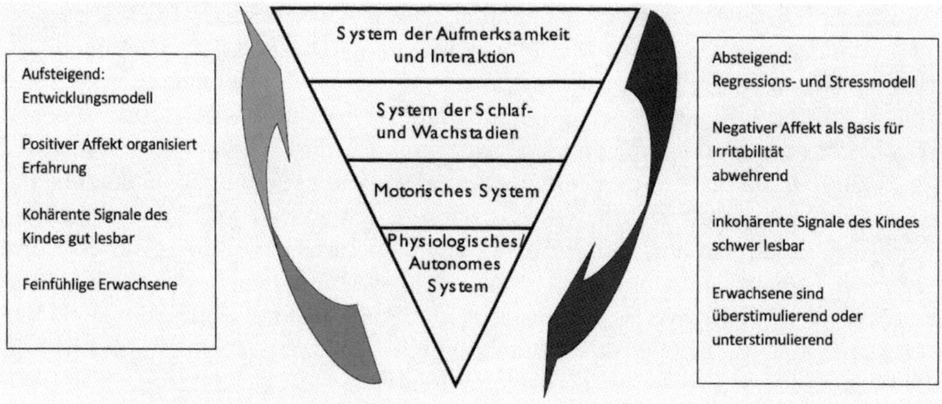

Abbildung 3: Entwicklungsdimensionen des Neugeborenen nach der Geburt (nach Ainsworth, 1978, zit. in Schumacher, Calvet & Stallmann, 2005, S. 78)

gestrengtes oder gepresstes Atmen bzw. auch Schluckauf, Würgen und Spucken). Anhand dieser Zeichen kann der subjektiv erlebte Stress des Säuglings abgelesen werden und sein nicht mehr im Gleichgewicht befindlicher emotionale Status beschrieben werden.

Rauh (1987) entwickelte dieses dynamische Modell von Als weiter und beschreibt eine hierarchische Stufenfolge dieser Verhaltensweisen bzw. -systeme. Wenn die innere Spannung reguliert werden kann (durch innere oder äußere Maßnahmen) und die Physiologie durch das motorische System stabilisiert wird, kommt es zur Aktivierung des Aufmerksamkeits- und Interaktionssystems. Das Kind ist innerlich soweit reguliert bzw. in einem Gleichgewichtszustand und kann einen positiven Austausch mit der Umwelt erleben („Aufsteigendes Entwicklungsmodell"). Demgegenüber kann im sogenannten absteigenden Entwicklungsmodell kein Spannungsabbau mehr durchgeführt werden. Die beschriebenen Stresszeichen entstehen in allen Verhaltenssystemen, und Unruhe und eine dadurch entstandene Irritabilität wirken als Basis für weitere Symptome der Imbalance. Zudem führen Unsicherheit bzw. Verunsicherung der Bezugspersonen zu einem interaktiven Verhalten, das meist eine Unter- oder Überstimulation nach sich zieht und einen Verlust der Feinfühligkeit mit sich bringt (Schumacher et al., 2005, S. 77–78).

Diese im Säuglingsalter ausgebildeten Mechanismen lassen sich auch im späteren Lebensverlauf auffinden und bleiben eine zwar zum Teil veränderbare, aber doch existente Konstante. Je nach gelernter und integrierter Stressverarbeitung sind die Belastungszeichen der Person leichter oder schwerer identifizierbar. Derksen und Lohmann (2013) bieten einen ausführlichen Überblick zu den diversen Belastungszeichen im Säuglingsalter, ebenso wie Ziegenhain et al. 2010, siehe Abbildung 4.

Das Kind ist ...	... offen und aufmerksam	... zeitweise belastet und kann sich regulieren	... belastet und kann sich nicht mehr alleine regulieren
Autonomes System	– regelmäßige Atmung – rosige Hautfarbe	– gähnen, seufzen, niesen – grimassieren	– gepresste, unregelmäßige Atmung, Atempause – marmorierte, gerötete oder blasse Haut – würgen, spucken, drücken (bei Säuglingen)
Motorisches System	– Kopf zur Bezugsperson wenden – sich anschmiegen, einkuscheln – weiche, gut modulierte Bewegungsabläufe – entspannte Körperhaltung, gleichmäßige Körperspannung	– sich selbst festhalten (z. B. an der Kleidung) – Hände oder Füße zusammen legen/falten – Hand in den Mund nehmen/zum Kopf/Ohr nehmen – Hand am Körper, sich selbst berühren – Daumen, Schnuller lutschen	– sich stark überstrecken – Hand spreizen und hoch halten – abwenden, wegdrehen – mit den Armen rudern (schlagen) – den Arm/die Hand der Bezugsperson wegdrücken – körperliches Erstarren/Einfrieren
System der Schlaf-/Wachzustände mit klaren Erregungs- und Bewusstseinsniveaus	– wach und aufmerksam – stabile emotionale Balance, fängt kleinere oder größere Veränderungen oder Belastungen gut ab	– zeitweise wach und aufmerksam, zeitweise müde oder unruhig	– brüchige emotionale Balance (häufiger Wechsel der Verhaltenszustände) – dösen – aufgerissene Augen, starrer Blick – meckern, schreien
System der kognitiven Aufmerksamkeit und der sozialen Aufgeschlossenheit	– Blickkontakt suchen, aufnehmen, halten – lächeln (langsam ein und ausschwingend, leicht geöffneter Mund) – offen, aktiv, interessiert	– ausdrucksloser Gesichtsausdruck – Blick abwenden – blinzeln, kurz die Augen schließen	– unzugänglich, nicht ansprechbar, zurückgezogen – erregt, überwach

Abbildung 4: Feinzeichen der Balance und Belastung aus Ziegenhain, Gebauer, Ziesel, Künster & Fegert, 2010, S. 25; zit. nach Gloger-Wendland & Reekers, 2014, S. 12)

Das Erkennen und Einordnen dieser Stress- bzw. Belastungszeichen ist besonders für die therapeutische Arbeit von Wichtigkeit, sollte aber auch im pädagogischen Bereich nicht unbeachtet bleiben.

> „Speziell bei Kindern mit einer Behinderung steht die Verhaltensorganisation verstärkt im Mittelpunkt, da viele Systeme nicht so gut ausgereift bzw. organisiert sind wie bei normalen Neugeborenen. Die intuitive und affektive Zuwendung der Erwachsenen ist für die weitere Entwicklung noch entscheidender. Oft sind es die zu hohe Intensität und Komplexität eines Reizes, das zu schnelle Tempo, das zur Vermeidung führen wird, da die Reize nicht integriert werden können. Der daraus folgende Mangel an positiver emotionaler Erfahrung im Austausch mit der Bezugsperson führt zu einer Störung der Beziehung." (Schumacher et al., 2013, S. 26)

6.3. Sozial-emotionale Entwicklung nach Alan Sroufe

L. Alan Sroufe, emeritierter Professor für Kinderpsychologie am Institute of Child Development an der Universität Minnesota, ist ein international anerkannter Experte für frühe Bindungsbeziehungen, emotionale Entwicklung und Entwicklungspsychopathologie. In den 1990er Jahren hat Sroufe eine Entwicklungstheorie der Emotion vorgestellt, die von einem Differenzierungsprozess der Emotionen ausgeht, der durch interne Spannungs- oder Erregungsänderungen einerseits und durch die Bewertung der Situation, in der die Spannungsänderung auftritt, andererseits gelenkt wird.[10] Sroufes entwicklungspsychologische Überlegungen konzentrieren sich vor allem auf die Frage, wie sich bestehendes Verhalten zu späteren Ausformungen weiterentwickelt. „This includes not only how an emotional reaction at one age differs from that at another age, but also how the later reaction is an outgrowth of the former. A simple interest in the age at which some reaction emerges based on a given criterion does not in itself define a developmental position" (Sroufe, 1997, S. 3).

Das Besondere an Sroufes Annahmen besteht in der Integration von Piagets Theorie der kognitiven Entwicklung (1937/1974) und einer psychoanalytisch begründeten sozial-emotionalen Entwicklungstheorie. Sroufe postuliert für den Entwicklungsverlauf Übergangsstadien der Reorganisation, die Änderungen im emotionalen Verhalten, die Ausbildung neuer Fähigkeiten und Funktionen und eine qualitativ veränderte Transaktion mit der Umwelt nach sich ziehen. Die von ihm beschriebenen vier Stadien bestehen in der grundlegenden Unterscheidung zwischen der Innenwelt („in here") und der Außenwelt („out there") (erste Reorganisation, Sroufe, 1997, S. 67–71), die sich in einer beginnenden Wiedererkennung von Objekten und vor allem im Auftreten von verlässlichem sozialen Lächeln zeigt. Die zweite Reorganisation ist gekennzeichnet durch kognitive bzw. motivationale Entwicklungen wie abrufbare Erinnerungen oder Objektpermanenz. Das Erleben

10 Ähnlich der Stress-Emotions-Theorie von Richard Lazarus (1999).

des Säuglings organisiert sich stärker durch das In-Beziehung-Setzen von aktuellen und vergangenen Ereignissen, was bereits auf bestehende Gedächtnisinhalte schließen lässt. Die dritte Reorganisation besteht im Auftauchen eines autonomen Selbst. Das Kind beginnt im zweiten Lebensjahr sich selbst als getrennt von anderen wahrzunehmen (vgl. Mahler, Pine & Bergman, 1975; Schore, 2009). Zusätzlich lassen sich Entwicklungen im kognitiven und affektiven Bereich feststellen, wie sie u. a. von Piaget beschrieben wurden. Die vierte Reorganisation im Alter von drei Jahren zeigt sich durch die neu gewonnene Fähigkeit zum Phantasiespiel, zur Rollenübernahme sowie zu beginnender Identifikation (DeHart, Sroufe & Cooper, 2004). Sroufe verfeinert diese „stages of reorganization" weiter in acht Stadien der kindlichen affektiven Entwicklung (Sroufe, 1997, S. 66–76):

Im ersten Stadium, der *passiven Reizschranke* (*absolute passive stimulus barrier*), ist der Säugling „relativ unverwundbar" durch äußere Reize. Dieser Mechanismus dient als Schutz vor Reizen, mit denen der Organismus des Kindes noch nicht umgehen kann. Das zweite Stadium, die *Zuwendung zur Umwelt* (*turning toward the environment*, 1.–3. Monat), besteht in einer relativen Vulnerabilität, da der Säugling nun für diverse Reizstimulationen offen ist, aber nur über starre angeborene Mechanismen zur Erregungsverarbeitung verfügt. Dazu zählen die beginnende Koordination der Aufmerksamkeit, motorische Aktivität sowie Lächeln und Gurrelaute (cooing). Als bedeutsame neue Verhaltensweise beginnt hier auch das Auftreten eines verlässlichen sozialen Lächelns, welches das dritte Stadium der *positiven Affekte (positive engagement/affect)* ankündigt (3.–6. Monat). Das soziale Lächeln und die generell stärkere Reaktion auf die Umwelt (responsivity) rufen ein positives Verhalten in der Umwelt hervor. Der Säugling ist außerdem bereits in der Lage, für ihn schädliche Reize zu vermeiden.

Diese von Sroufe als „soziales Erwachen" bezeichnete Phase wird im vierten Stadium der *aktiven Teilnahme (active participation)* in weiteren Entwicklungsprozessen vorangetrieben (7.–9. Monat). Nun versucht der Säugling bereits positive soziale Reaktionen selbst hervorzurufen. Seine eigenen emotionalen Reaktionen werden zunehmend differenzierter. So werden neue Objekte und fremde Personen mit vorsichtigeren Reaktionen bedacht. Ein Bewusstsein über die eigenen Emotionen bildet sich aus. Emotionale Aspekte wie Freude, Furcht und Überraschung treten als Ergebnis dieser Entwicklung auf.

Im fünften Stadium, von Sroufe als *Bindung (attachment)* bezeichnet (9.–11. Monat), kommt es zu einer besonderen Beschäftigung mit den primären Bezugspersonen während sich die Fremdenangst intensiviert (auch als „Fremdeln" bezeichnet). In dieser Zeit lässt sich beim Säugling ein positives Verhalten entdecken, das im Sinne eines Grüßens interpretiert werden kann. Die Anwesenheit der Bezugsperson wird vom Säugling als Basis für ein Gefühl der Sicherheit erlebt, und der emotionale Ausdruck differenziert und verfeinert sich. Am Ende dieser Phase kann man eine graduelle Abstufung von Emotionen und Stimmungen sowie eine klare, gezielte Kommunikation über emotionale Äußerungen erkennen.

Im sechsten Stadium des Übens und Ausprobierens *(practicing)* (12.–18. Monat), wird das Gleichgewicht von Bindung und Exploration erforscht und gänzlich neu auftretende Aspekte von Selbstbehauptung eingeübt. Das emotionale Verhalten ist gekennzeichnet durch ein gesteigertes Ausdruckselement (Überschwänglichkeit).

Durch die Auseinandersetzung mit der Umwelt entsteht im Kind ein wachsendes Bewusstsein der eigenen Verschiedenheit von den Bezugspersonen, was zur *Entstehung des Selbstkonzeptes (emergence of self-concept)* (aus der Sicht und Definition von Sroufe), dem siebten Stadium, beiträgt. Die Aufrechterhaltung der neu erprobten Autonomie im Gegensatz zur Trennungsangst und die im Gegenzug wachsende Erkenntnis der eigenen begrenzten Möglichkeiten stellen die Entwicklungsaufgaben für das Kind im Alter von zwei Jahren dar. Dies mündet im achten Stadium, *Spiel, Phantasie und Identifikation mit den Bezugspersonen (play, fantasy skills and identification with caregivers).*

6.3.1. Emotionsregulation

Eine besondere Rolle in der emotionalen Entwicklung des Kindes nehmen nach Sroufe die Bezugspersonen ein. Der Säugling erlebt seine Affekte in erster Linie (auch) physiologisch und ist zur Verarbeitung dieser auf Fremdregulation angewiesen. „Responding to the emotional states and signals of the infant is the crucial issue for caregivers (...)“ (Sroufe, 1997, S. 160–161). Der Einfluss von Regulationsmöglichkeiten von Erwachsenen auf die emotionale Entwicklung des Kindes ist dabei nicht zu unterschätzen. Sroufe beschreibt den Einfluss dieser „Regulationsfähigkeit“ der Erwachsenen im Detail, bis es schließlich zur Ausbildung einer Selbstregulation des Kindes kommt (Sroufe, 1997, S. 172–233). Claudine Calvet schlägt hier auch noch eine Brücke zum Konzept der Verhaltensregulation von Als:

> „Von Geburt an befinden sich kleine Kinder in einem dynamischen Gleichgewicht mit ihren Eltern. Ihre Fähigkeit, zur Ruhe zu kommen, ist vor allem in den ersten Wochen und Monaten von den interaktiven Regulationsangeboten der Erwachsenen abhängig. Diese externe Unterstützung reguliert zunächst das physiologische System, das eng mit den motorischen und Schlaf-Wach-Systemen des Kindes, sowie mit seinen interaktiven Fähigkeiten verbunden ist (Als, 1986). Dann wird diese Regulation allmählich vom Kind selbst übernommen.“ (Calvet-Kruppa, 2001, S. 153)

Physiologische Signale wie Färbung der Haut, Atmung, Verdauung und körperliche Signale wie Muskelspannung, Bewegung, Haltung des Kindes sollen durch die Bezugspersonen nach Möglichkeit aufmerksam wahrgenommen und interpretiert werden. Das schnelle Erkennen von Stresszeichen ermöglicht es den Bezugspersonen, angst- bzw. spannungsreduzierende Interventionen anzubieten, die dem Kind helfen, trotz seiner angespannten Gefühlslage im Austausch mit der Umwelt zu bleiben. Das Kind lernt den Wechsel von Spannung zur Ruhe durch die Versuche der Erwachsenen, das Kind zu regulieren. Innere Ruhe lässt im Kind Aufmerksamkeit entstehen und dadurch kann es seine Sinne wieder nach außen wenden. Durch das vermehrte Erleben dieses Wechselspiels von Spannung und Regulierung wird hier die Grundlage gelegt für die spätere Selbstregulation.

> „Diese positive Grundeinstellung ist für die Etablierung der dialogischen Fähigkeit von entscheidender Bedeutung. Die Fähigkeiten, sich später selbst affektiv regulieren zu können und dadurch eine sichere und befriedigende zwischenmenschliche Beziehung herstellen zu können, bedingen sich.“ (Schumacher et al., 2005, S. 79)

Mit dem Schuleintritt sollten Kinder schließlich über drei Fähigkeiten in Bezug auf emotionale Prozesse verfügen, nämlich ein Bewusstsein für die eigenen Emotionen, die Wahrnehmung der Emotionen von anderen Personen und die Möglichkeit sich verbal über Emotionen austauschen zu können (nach Saarni, 2002). Jedoch scheinen nicht alle Kinder diese Fähigkeiten bis zu diesem Zeitpunkt ausgebildet zu haben (Petermann & Gust, 2016). Hollerer, Schirgi und Palezek (2021, S. 24) geben an, dass 45 % der Kinder noch nicht über die nötigen Strategien verfügen, um ihre Gefühle ohne Hilfe zu regulieren und sehen hier noch großen Bedarf, die sozio-emotionale Entwicklung in den Bildungsplänen besser zu verankern.

6.4. Bindungsforschung

> „Die Bindungstheorie verbindet entwicklungspsychologisches, systemisches, psychoanalytisches und ethologisches Wissen. Sie befasst sich mit den frühen Einflüssen auf die emotionale Entwicklung des Kindes und versucht die Entstehung und die Veränderung von starken gefühlsmäßigen Bindungen zwischen Individuen im gesamten menschlichen Lebenslauf zu erklären.“ (Brisch, 2011, S. 35)

So beschreibt der deutsche Bindungsforscher Karl-Heinz Brisch die Grundzüge der Bindungstheorie. Entwickelt wurde diese durch den britischen Psychoanalytiker und Kinderpsychiater John Bowlby (1907–1990), unter Mitarbeit des Psychoanalytikers James Robertson und der Psychologin Mary Ainsworth.

Die Bindungstheorie besagt, dass das neugeborene Kind im Laufe des ersten Lebensjahres auf der Grundlage eines biologisch angelegten Verhaltenssystems eine starke langandauernde affektive Bezogenheit zu seinen Hauptkontaktpersonen entwickelt. Das Bindungsverhalten selbst wird erst durch eine Trennung von der Bindungsperson und somit durch das Erleben von (Trennungs-)Angst aktiviert. Das beobachtbare Bindungsverhalten zeigt sich in der Suche des Kindes nach der Bindungsperson, durch Weinen, durch Versuche der Bindungsperson nachzulaufen oder durch Festklammern an ihr. Die körperliche Nähe zur Bezugsperson beruhigt das aktivierte Bindungsverhalten des Kindes wieder. Da Bindung nicht nur zu einer Hauptperson aufgebaut wird, können bei Absenz dieser auch sekundäre Bindungspersonen aufgesucht werden.

Bereits in den 1940er Jahren formulierte Bowlby erste Ideen über die negativen Auswirkungen langandauernder Trennungen von Kindern von deren Müttern. Infolge legte Bowlby dar, dass sich ein wechselseitiges, sich bedingendes Verhalten zwischen Säugling und Erwachsenen beobachten lässt. Da diese Beobachtungen der psychoanalytischen Triebtheorie widersprachen, wurde Bowlby, der selbst Psychoanalytiker war, heftig kritisiert. Bowlby entwickelte daraufhin im Gegensatz zur Psychoanalyse ein „Konzept der Verhaltenssysteme und ihrer Steuerung und Regulierung. Verhaltenssysteme werden durch spezifische Informationen gesteuert, die sowohl aus der Umwelt als auch aus dem Organismus selbst kommen" (K. Grossmann & Grossmann, 2012, S. 37). Dadurch gelang es Bowlby, eine Verbindung von klinisch-psychoanalytischem Wissen mit evolutionsbiologischen Ideen zu schaffen.[11]

Bowlbys Kollegin Mary Ainsworth (1913–1999) führte zur gleichen Zeit umfangreiche Beobachtungsstudien über das Bindungsverhalten von Säuglingen in Uganda durch. Ihre Ergebnisse waren wesentlich, um die Bindungstheorie auf eine empirisch fundierte Basis zu stellen, die schließlich 1969 in „Attachment", [12] dem ersten Band der „Attachment- und Loss-Trilogie", vorgestellt wurde (Bowlby, 1969/2006a).[13]

Die Arbeiten von Mary Ainsworth führten in den 1970er Jahren zu einer umfassenden Weiterentwicklung der Bindungstheorie. Ainsworth führte den Terminus der sicheren Basis ein sowie das Konzept der Feinfühligkeit (s. u.) und entwickelte den „Fremde Situationen Test" als standardisierte Untersuchungsmethode für das Bindungs- und Trennungsverhalten (Ainsworth & Wittig, 1969). Weiters konnte Ainsworth in zahlreichen Studien (wie der Baltimore-Studie) zeigen, dass Bindungen sich qualitativ unterscheiden können. Diese Ergebnisse führten schließlich zum bekannten Klassifikationssystem von Bindungstypen (s. u.) (Ainsworth et al., 1978). Mary Main erweiterte diese Klassifikation um einen weiteren Bindungstyp (Main, 2015), den der „desorientierten Bindung".

Weitere empirische Befunde wurden vor allem durch Ainsworths Schüler*innen erhoben wie z. B.: Klaus und Karin Grossmann, Inge Bretherton, Everett Waters oder Alan Sroufe.[14] Verschiedene Weiterentwicklungen der Bindungstheorie bildeten sich in den letzten Jahrzehnten heraus, unter anderem das *Dynamische Reifungsmodell* der amerikanischen Psychologin Patricia Crittenden, welches die sich immer wieder verändernden neurophysiologischen und entwicklungspsy-

11 Diese Theorie, die auf Konzepten aus Ethologie und Entwicklungspsychologie aufbaut, stellte Bowlby trotz der kritischen Stimmen im Rahmen der britischen Psychoanalytical Society in London vor. Die drei Vorträge, die später als Artikel erschienen, „The Nature of the Child's Tie to His Mother" (1958), „Separation Anxiety" (1960b) und „Grief and Mourning in Infancy and Early Childhood" (1960a) gelten als Grundlage der Bindungstheorie (vgl. Bretherton, 2015).

12 Das Buch „Attachment" wurde 1982 überarbeitet, um aktuelle Forschungsergebnisse zu integrieren.

13 Die beiden weiteren Bände, „Separation: Anxiety and Anger" von Bowlby (1973/2018b) und „Loss: Sadness and Depression" (1980/2006b), folgten 1973 bzw. 1980.

14 In diesem Zusammenhang wurde auch das Adult Attachment Interview (AAI) entwickelt, das Erwachsene über ihre früheren Bindungserfahrungen befragte und Aufschlüsse über ihre Bindungseinstellungen ermöglichte; siehe dazu George, Kaplan und Main (1985–1996); Main und Goldwyn (1984–1994).

chologischen Voraussetzungen integriert und als wesentliche Grundlage der Suche von Bindung den Schutz vor Gefahr beschreibt (Crittenden, 2000; Hautamäki, 2014; Stokowy & Sahhar, 2018).[15] Für die Entwicklung des EBQ-Instruments war schließlich auch der von Crittenden ausgearbeitete CARE-Index von Belang (Crittenden, 1979–2005), der zur Erforschung und Beschreibung von vernachlässigendem und misshandelndem Verhalten entwickelt wurde und die Verfügbarkeit der Bezugspersonen für das Kind bewertet.

Die aktuelle Bindungsforschung kennzeichnet sich laut Papousek (2018, S. 63) durch folgende Schwerpunkte:

- Öffnung gegenüber der neuro- und psychobiologischen Frühentwicklungsforschung,
- Öffnung gegenüber psychoanalytischen Objektbeziehungstheorien,
- klinisch relevante, transgenerationale Zusammenhänge zwischen elterlicher Bindungsrepräsentation und Bindungsqualität werden zu entschlüsseln versucht,
- es werden zunehmend auch Risikopopulationen und klinische Stichproben in die Forschungen miteinbezogen.

Sroufe ergänzt in seiner Abhandlung zur emotionalen Entwicklung Bowlbys Vorstellung durch die Beschreibung der Bindung als Beziehungskonstrukt und weniger als Verhaltenskonstrukt:

> „Viewing attachment as a relationship construct has clear implications for assessing individual differences. While such assessments must be anchored in individual behavior, the focus is on the dynamics of the relationship — namely, its effectiveness for serving exploration and emotional regulation of the infant. Such effectiveness may be manifest in numerous ways, and infants and caregivers of greatly varying behavioral styles may have effective relationships in common.“ (Sroufe, 1997, S. 180)

Die im deutschen Sprachraum führenden Bindungsexpert*innen Karin und Klaus Grossmann beschreiben die Bindungstheorie abschließend als „ein umfassendes Konzept für die Persönlichkeitsentwicklung des Menschen als Folge seiner sozialen Erfahrungen“ (K. Grossmann & Grossmann, 2012, S. 67).

Kritisch mit der Bindungstheorie setzt sich vor allem Heidi Keller auseinander, die mit einer Fülle von problematischen Aspekten, wie der Kulturabhängigkeit, ethischen Einwänden oder theoretischen Unzulänglichkeiten die Bindungstheorie in Frage stellt (H. Keller, 2021).

---

15 In jüngster Zeit hat sich eine Kontroverse zwischen Crittendens Dynamischem Reifungsmodell und dem ABC+D Modell von Main über eine Arbeit von van Ijzendoorn entzündet (Crittenden und Spieker, 2018; van Ijzendoorn, Bakermans, Steele und Granqvist, 2018).

6.4.1. Entwicklung der Bindungsbeziehung

Bindung zu primären Bezugspersonen ist ein Phänomen, das sich während der ersten Lebensmonate bzw. -jahre entwickelt. Da Bindungsphänomene letztlich auch kulturell geprägt sind, lassen sich zumindest für den sogenannten westlichen Kulturkreis vier unterschiedliche Stadien differenzieren (Bezeichnungen nach Berk, 2011 bzw. Ainsworth, 1973):

Vorbindungsphase bzw. Phase der unspezifischen sozialen Reaktionen
In den ersten drei Monaten führen angeborene Verhaltensweisen des Säuglings zum Kontakt mit den Bezugspersonen.

Beginnende Bindungsphase bzw. Phase der unterschiedlichen sozialen und zielorientierten Reaktionsbereitschaft
Im Alter von etwa zwei bis sechs Monaten und dem achten Monat bahnt das Kind eine primäre Bindung zu jener Person an, die am intensivsten Kontakt zu ihm hat. Es unterscheidet zwar die verschiedenen Personen nach ihrer Bekanntheit (häufigeres Lächeln bei vertrauten Personen), lässt aber auch Tröstung durch andere zu.

Phase der eindeutigen Bindung bzw. Phase des aktiven und initiierten, zielkorrigierten Bindungsverhaltens
In der dritten Phase zwischen drei bis sechs Monaten und zwei bis vier Jahren kann eine bestehende Bindung zur Bindungsperson beobachtet werden. In diesem Zeitraum tritt auch das Phänomen des „Fremdelns“ auf, bei dem das Kind unbekannten Personen gegenüber zurückhaltend bzw. abweisend reagiert. Das Kind hat nun eine besondere Bindung zu einer Hauptbindungsperson und wenigen „Nebenbindungspersonen“ aufgebaut. Sofern der Säugling mobil geworden ist, kann er auch die Nähe zur Bindungsperson aktiv herstellen. Diese wird dann als Ausgangspunkt und Rückkehrmöglichkeit für die beginnende Exploration der Umgebung dienen. Ist die Bindungsperson nicht verfügbar, reagiert das Kind mit Protest und versucht durch Bindungsverhalten (Schreien, Rufen, Festhalten, Anklammern, Trennungsprotest, Nachfolgen, Suchen) die Nähe zur Bezugsperson und somit auch das Gefühl von Sicherheit wieder herzustellen.

Phase reziproker Beziehungen bzw. Phase der zielkorrigierten Partnerschaft
Die letzte Phase in einem Alter von eineinhalb bis vier Jahren wird durch Prozesse der Differenzierung und Integration der erworbenen Bindungen beschrieben. Das Kind lernt nach und nach Nähe und Distanz zu regulieren. Das Kleinkind orientiert sich dabei auch an weiteren Bindungspersonen wie z. B. Vater, Großeltern und weiteren Betreuungspersonen, wobei es eine klare Bindungshierarchie verfolgt. Mit etwa drei bis fünf Jahren kann das Kind sich auch empathisch in andere Personen hineinversetzen (was in der Forschung als *Theory of mind* bezeichnet wird) und kann die Intentionen der Bindungspersonen allmählich nachvollziehen.

6.4.2. Bindungstypen

Die frühen sozialen Erfahrungen eines Kindes, die es mit seinen Bindungspersonen erlebt, gestalten die weitere Entwicklung und lassen ein Repertoire von angepassten Verhaltensweisen und Erwartungshaltungen entstehen, die sogenannten *inneren Arbeitsmodelle* mit affektiven und kognitiven Komponenten (Bretherton & Munholland, 2008). Diese inneren Arbeitsmodelle sind in gewisser Weise eine Art Durchschnittserfahrung des Kindes in Trennungssituationen bzw. angstmachenden oder überfordernden Situationen und stehen mit den Reaktionen der Bindungspersonen in Beziehung. Daraus leitet das Kind Erwartbarkeiten des Verhaltens der Bindungspersonen ab. Aus dieser Bezugnahme entstehen schließlich die unterschiedlichen Bindungstypen (Frischenschlager, 2007).

Eine Beschreibung von unterschiedlichen Bindungstypen (in klinisch unauffälligen Gruppen) wurde erstmals durch Mary Ainsworth vorgestellt (Ainsworth et al., 1978).

Sichere Bindung (B-Typ):
Kinder suchen die Nähe der Hauptbezugsperson, sie lassen sich trösten, benutzen die Bezugsperson als sichere Basis. Es entsteht Urvertrauen, die Kinder entwickeln Neugierde und beginnen zu experimentieren. Die Bezugspersonen reagieren in der Regel in feinfühliger Weise auf die Bedürfnisse der Kinder. Die sichere Bindung lässt sich bei 50 % der untersuchten Kinder vorfinden.

Unsicher-vermeidende Bindung (A-Typ):
Die Kinder zeigen keine deutliche Trennungsreaktion, ignorieren die Mutter bei ihrer Wiederkehr und vermeiden Nähe und Kontakt. Stress wird vor allem durch eine Konzentration auf Objekte oder Aktivitäten reguliert. Die Bezugspersonen reagieren in der Regel unvollständig oder in nicht adäquater Weise auf die Bedürfnisse der Kinder. Diese Bindungsform tritt bei 25 % der Kinder auf.

Unsicher-ambivalente Bindung (C-Typ):
Diese Kinder sind ängstlich, zeigen starke Trennungsreaktionen, lassen sich bei Wiederkehr der Mutter kaum beruhigen und zeigen ambivalentes Verhalten. Die Bezugspersonen zeigen meist ebenso ein ambivalentes Verhalten, also Zuneigung als auch Ablehnung. 15 % der untersuchten Kinder weisen dieses Muster auf.

Zusätzlich zu dieser Einteilung in die drei Hauptgruppen wurde später durch Mary Main (Main & Solomon, 1986) eine weitere Gruppe eingeführt:

Unsicher-desorganisiert/desorientiert gebundene Kinder (D-Typ):
Die Kinder aus dieser Gruppe zeigen u. a. widersprüchliche Verhaltensmuster, ungerichtete, fehlgeleitete, unvollständige und unterbrochene Bewegungen, Stereo-

typien, Verlangsamung von Bewegungen. Oft waren traumatische Erlebnisse oder Vernachlässigung durch die Bezugsperson Teil der Lebenswelt der Kinder. In etwa 5–10 % der Kinder zeigen derartige Verhaltensweisen im Bindungsgeschehen.

Es ist hier noch anzumerken, dass sicher-gebundene Kinder zwar in den klinisch unauffälligen Gruppen etwa die Hälfte darstellen, jedoch nur 8 % in klinischen Gruppen (z. B. Kinder psychisch kranker Eltern, fremd untergebrachte Kinder, etc.). Ca. 80 % aller Kinder, die Gewalt- und Missbrauchserfahrungen erlebt haben, zeigen desorganisierte Bindungsmuster (Seiffge-Krenke, 2006, S. 5).

6.4.3. Feinfühligkeit

Mary Ainsworth hat im Zuge ihrer Bindungsforschung 1977 auch das Konzept der Feinfühligkeit entwickelt (Ainsworth, 2015), das durch folgende Merkmale gekennzeichnet ist: Die Bezugsperson ist gegenüber dem kindlichen Verhalten aufmerksam und nimmt die Signale, die der Säugling aussendet wahr. Sie interpretiert diese kindlichen Signale „richtig" und reagiert prompt und angemessen auf sein Verhalten. Nach Brisch stellt die Feinfühligkeit der Bindungsperson eine wesentliche Grundlage für die *Qualität* der Bindung dar (Brisch, 2011, S. 40). So entsteht häufiger eine sichere Bindung zu jener Person, die die kindlichen Bedürfnisse feinfühliger befriedigt. Werden dagegen die Bedürfnisse hingegen gar nicht, unzureichend oder inkonsistent befriedigt, wird meist eine unsichere Bindung entwickelt (Brisch, 2011, S. 41).

Der Neurobiologe und Psychologe Allan N. Schore beschreibt die Bindung in engem Zusammenhang mit der Gehirnentwicklung (Schore, 2009). Dabei stellt er Bindung vor allem als Regulationsprozess zwischen der Mutter und ihrem Kleinkind dar. Die Entwicklung des orbitofrontalen Cortex scheint von der Qualität der Regulationsprozesse beeinflusst zu werden. Dieser Teil des Gehirns hat eine wichtige Steuerungsfunktion für die Affekte und das Verständnis von Interaktionen. Weiters ist nach Schore die Responsivität, also die Reaktion der Mutter auf den Säugling, besonders wichtig für die Entwicklung einer sicheren oder unsicheren Bindung.

6.4.4. Mentalisierung

Der Psychologe und Psychoanalytiker Peter Fonagy und seine Forschungsgruppe verbinden in einem neuen Ansatz die kognitive Entwicklungspsychologie und die Bindungsforschung mit der Psychoanalyse und bezeichnen ihr Konzept als *Mentalisierung*. Dieser Begriff beschreibt die Fähigkeit, das eigene „Verhalten und das Verhalten anderer Menschen durch Zuschreibung mentaler Zustände zu interpretieren" (Fonagy, 2018, S. 32). Die Attribuierung mentaler Zustände bedeutet, anderen und sich selbst mentale Vorgänge wie Intentionen, Wissen, Überzeugungen, Gefühle und Gedanken zuzuschreiben, also am Verhalten abzulesen, was in den Köpfen vor sich geht bzw. das Verhalten anderer zu erklären und vorherzusagen.

Die Entwicklung dieser Fähigkeit wird mit hoher Wahrscheinlichkeit im Kontext einer sicheren Bindungsbeziehung erworben. Fonagy et al. konnten aufzeigen, dass die Mentalisierungsfähigkeit der Eltern ein sehr guter Prognosefaktor für die Bindungsfähigkeit des Kindes war, also die Wahrnehmung der inneren Befindlichkeit des Kindes somit die Wahrscheinlichkeit einer sicheren Bindung des Kindes erhöht (Ettrich, 2004, S. 77), währenddessen keine ausreichenden empirischen Nachweise für die Feinfühligkeit als ausschlaggebender Faktor für die Bindungssicherheit bestehen (Fonagy, 2003, S. 33).

6.4.5. Entwicklungen im weiteren Kindheitsverlauf und in der Schule

Nach Bowlby wird jede neue Person, zu der eine Bindung aufgebaut wird, an die bestehenden inneren Bindungsmodelle angepasst (Bowlby, 1979). Aus dieser Perspektive bezieht die aktuelle Bindungsforschung nun auch die spätere Kindheit, das Jugend- und Erwachsenenalter mit ein (Cassidy & Shaver, 2008; Gloger-Tippelt, 2016; Gloger-Tippelt & König, 2016). Das bedeutende deutsche Forscherpaar Grossmann beschrieb 1993 die sogenannten internalen Arbeitsmodelle als Muster der Emotions- und Verhaltensregulierung, die aus den frühen Bindungserfahrungen entstehen (K. E. Grossmann & Grossmann, 1993). Bei der Anpassung der inneren Bindungsmodelle kommen letztlich auch Transmissionsprozesse in Gange, bei denen frühe Bindungserfahrungen auf aktuelle Situationen übertragen werden (vgl. Langer, 2018; Sroufe, Egeland, Carlson & Collins, 2005).

Vielfältige differentielle Befunde demonstrieren den Zusammenhang zwischen adäquatem elterlichen Verhalten (Feinfühligkeit) und sozialen und kognitiven Kompetenzen beim Kind (Ziegenhain & Gloger-Tippelt, 2013). Kinder, die jedoch negative soziale Erfahrungen gemacht haben, wie Vernachlässigung, Misshandlungen oder Missbrauch und eine unsichere oder desorganisierte Bindung entwickelt haben, nehmen an, dass die gleichen Formen der Vernachlässigung oder Misshandlungen auch in neuen Beziehungen auftreten werden und wählen in diesen Beziehungen somit die gleichen Bindungsstrategien (Julius, 2009a).

In der Fortschreibung und Erweiterung der Bindungstheorie auf das spätere Kindes- und Jugendalter wird angenommen, dass die frühen Bindungserfahrungen auch auf die Bewältigung schulischer Anforderungen und das Beziehungsgeschehen der Schüler*innen Einfluss nehmen (O'Connor & McCartney, 2006; Zimmermann, 2009).

In der Regel übertragen Kinder ihre frühen Bindungserfahrungen auf spätere Beziehungen und versuchen hier ihr Bindungsmodell weiterzuleben, was bei unsicher oder desorganisiertem Bindungsmuster zu schwierigen Situationen führen kann. Vor allem im schulischen Kontext werden diese Kinder oft als „problematisch" wahrgenommen.

Jedoch führt Julius (2009b) aus, dass ein Wechsel der Bindungsqualitäten durch tiefgreifende Veränderungen in den Beziehungen des Kindes grundsätzlich möglich ist, sowohl von unsicher zu sicher, als auch vice versa. Somit können auch Lehrpersonen als Bindungspersonen fungieren und hier Veränderungen hervorrufen. Zum Lehrendenverhalten als Einflussgröße auf die Aktualisierung von Bindungsmustern führt C. Koch (2016, o. S.) aus:

> „Mit anderen Worten sind Lehrerin oder Lehrer, ob sie wollen oder nicht, und dies nicht nur bei jüngeren Kindern, eine Bindungsperson für den Schüler. Ihre Bindungshaltung beeinflusst die Bindungsentwicklung des Schülers, sowohl positiv wie auch negativ.
>
> In der Schulpraxis können sich nun je nach Bindungsvorgeschichte aufseiten des Schülers, aber auch des Lehrers, was meistens außer Acht gelassen wird, viele unterschiedliche Bindungsverhältnisse ergeben, mit entsprechenden Konsequenzen für das Unterrichtsgeschehen."

Zumeist zeigen die neuen Beziehungspersonen in der Regel ein komplementäres Verhalten zu dem der Kinder. Reagieren Lehrpersonen aber auf andere Weise als Kinder dies in ihren familiären Bindungsmustern gewohnt sind, so entstehen nach Julius sogenannte „Diskontinuitätserfahrungen" (Julius, 2009b, S. 293). Dies führt normalerweise zu einem provokativen Verhalten der Kinder, um das gewohnte Bindungsverhalten auszulösen bzw. die Stabilität eines positiven Verhaltens zu testen. Insofern ist es von Bedeutung, dass die Lehrperson die Kontinuität von unsicheren Bindungsmustern nicht fortschreibt, sondern unsicher gebundenen Kindern derartige Diskontinuitätserfahrungen mit Lehrpersonen ermöglicht. Dadurch kann das Kind neue Bindungserlebnisse erfahren und sich von früheren Bindungsmustern lösen.

C. Koch (2016) als auch Baer und Koch (2020) geben eine detaillierte Beschreibung der jeweiligen Bindungsmuster auf der Ebene von Schüler*innen und Lehrpersonen, und Hechler (2018) befasst sich in einer Publikation mit der Möglichkeit und Notwendigkeit eines feinfühligen Unterrichtens (nach dem Begriff der Feinfühligkeit von Ainsworth). Julius erläutert in mehreren Publikationen die Bindungstypen in Bezug auf den schulischen Bereich:

Im Vergleich zu sicher gebundenen Kindern nehmen unsicher gebundene Kinder ihre Lehrperson als weniger unterstützend wahr. In emotional herausfordernden oder belastenden Situationen wenden sie sich auch weniger häufig an ihre Lehrenden (Julius & Radosticz 2004, zit. in Julius, 2009c).

Unsicher-ambivalent gebundene Kinder brauchen oftmalige Bestätigungen durch die Lehrpersonen, was bei deren Ausbleiben zu aggressiven oder auch passiven Reaktionen führen kann. Auf Misserfolgserlebnisse wird von unsicher-vermeidenden Kindern oft mit Wut oder Resignation reagiert, aufgrund der von ihnen abgelehnten Hilfestellungen.

Bei Kindern mit desorganisiertem Bindungsmuster ist oft oppositionelles Verhalten bzw. eine Ablehnung von Aufgaben bzw. Anweisungen zu erkennen, die oftmals mit der Negierung der Lehrendenautorität verbunden ist (Jungmann & Reichenbach, 2013).

Da Julius davon ausgeht, dass sich die Bindungsmuster von unsicher-gebundenen Kindern in schulischen Kontexten eher verfestigen, plädiert er dafür, „die Beziehung zum Schüler so zu gestalten, dass diese den bisherigen Erfahrungen widerspricht und dadurch eine Chance zur Veränderung ungünstiger Bindungsmuster eröffnet wird“ (Julius, Gasteiger-Klicpera & Kißgen, 2009, S. 229–230).

Somit wäre es hilfreich die agierenden Personen in den pädagogischen Bereichen (Lehrer*innen, Erzieher*innen, etc.) zunehmend in ihrem Bindungsverhalten zu analysieren, vor allem auch die individuelle Regulationsfähigkeit, die für eine adäquate Reaktion auf das Bindungsverhalten der Kinder wichtig ist. Für den Bereich der inklusiven Pädagogik im Speziellen wird dahingehend die Fähigkeit zur sozial-kognitiven Empathie vorausgesetzt, denn es ist nötig, sich in andere Lebenswelten hineinzuversetzen, um bedürfnis- und wissensadäquat handeln zu können (Tippelt & Schmidt-Hertha, 2013). Rudolf Tippelt zieht aus den Möglichkeiten der Bindungsforschung folgende Schlüsse insbesondere für die inklusive Pädagogik:

> „Eine informierte und intelligent planende Konstruktion von inklusiven Bildungsprozessen könnte von den Erkenntnissen der Bindungsforschung vermutlich profitieren, denn die für inklusive Austauschprozesse notwendige Empathie ist für inklusive Bildungsprozesse eine notwendige, wenn auch nicht hinreichende Voraussetzung. Die bei inklusiven Bildungsprozessen besonders hohe Diversität von Rollenerwartungen und Interaktionspartnern kann negative Emotionen auslösen und zu konfliktgeladenen Interaktionen führen. Inklusive Pädagogik wird darauf angewiesen sein, dass pädagogisch professionell Handelnde nicht nur eigene Affekte kognitiv reflektieren, sondern auch Handlungsmotivationen und emotionale Befindlichkeiten anderer deuten können. Zum einen ist das interaktive Verstehen durch das Nachvollziehen von individuellen Absichten eine Voraussetzung zur erfolgreichen Gestaltung inklusiver Lehr- und Lernprozesse, zum anderen kann – so die Erwartung – die durch die Bindungsforschung erschlossene neue Begrifflichkeit dazu beitragen, mit emotional besetzten Lernprozessen sprachlich und auch verhaltensrelevant sicherer umzugehen.“ (Tippelt, 2013, S. 864)

Zusammenfassend kommen aktuelle Forschungen zu dem Schluss, dass „eine Übertragung unsicherer Eltern-Kind-Bindungen auf die Lehrer-Schüler-Beziehung eher die Regel ist, sich die Beziehungskonzepte (sicher oder unsicher) der betroffenen Kinder in schulischen Settings eher verfestigen“ (Julius, 2009c). Insofern schließt Henri Julius daraus: „Hauptziel in der Schule sollte es bei Schülern mit ungünstigen Bindungsmustern sein, die Beziehung zum Schüler so zu gestalten, dass diese den bisherigen Erfahrungen widerspricht und dadurch eine Chance zur Veränderung ungünstiger Bindungsmuster eröffnet wird“ (Julius et al., 2009, 229–230).

Auf diesem Hintergrund ist der Bereich der Bindungsforschung bzw. die Ausprägung des Bindungsverhaltens auch für das EBQ-P-Instrument von besonderer Bedeutung.

6.5. Säuglingsforschung

Die Säuglingsforschung gilt als Teilbereich der Entwicklungspsychologie, soll hier aber als eigenständiger Einflussbereich (für die Entwicklung des EBQ-P-Instruments) dargestellt werden. Letztendlich untersucht die Säuglingsforschung die angeborenen und erworbenen Fertigkeiten eines Säuglings, als auch die Entwicklung von der Geburt bis zum Ende des ersten Lebensjahres. Dabei werden die Bereiche der Wahrnehmung, der Motorik, der Sprache, der Kognition und der sozialen Fertigkeiten einbezogen (vgl. Wirtz, 2017).

6.5.1. Die Sinnesentwicklung

Ein Neugeborenes bringt im Regelfall die nötige Ausstattung für die Fähigkeit mit der Welt in Kontakt treten mit. Dazu zählen sowohl seine Sinne als auch die Affekte. Im Besonderen ist es aber auch ein „Blick" auf die Welt. Dieser Blick ist mitunter die erste Möglichkeit in Beziehung zu treten.
Die vorgeburtliche Sinneswahrnehmung ist bereits mit Empfindungen verbunden und weist somit schon auf die Verknüpfung von Wahrnehmung und Gefühl auch nach der Geburt hin.

Abbildung 5 zeigt, in welcher Reihenfolge sich die Sinne pränatal entwickeln.

6.5.2. Der kompetente Säugling

Ausgehend von John Lockes *An Essay Concerning Human Understanding* (aus dem Jahr 1690) wurde noch in der ersten Hälfte des 20. Jahrhunderts angenommen, dass Neugeborene als „tabula rasa" auf die Welt kommen, also dass der (menschliche) Geist bei der Geburt eine „leere Tafel" sei, ohne vorgegebene Strukturen für die Verarbeitung von Erfahrungen und Inhalten (vgl. Pauen, 2000). Außerdem nahm man an, dass, aufgrund des Nicht-Reagierens fünf Monate alter Säuglinge auf Stimuli, noch jüngere Säuglinge noch weniger kompetent seien. Daraus entwickelte sich die damals wissenschaftlich gestützte Ansicht, dass Säuglinge in den ersten drei Monaten vor allem in ihren primären Bedürfnissen wie Nahrung, Wärme, Trockenheit, frische Luft und Schlaf versorgt werden müssen.[16]

Erst ab Mitte des 20. Jahrhunderts begann sich aufgrund des Einsatzes neuerer empirischer Methoden eine andere Sicht auf die Neugeborenen zu entwickeln.

16 Frederick Tracy erwähnt den landläufig bekannten Ausdruck „das dumme Vierteljahr" (als Kennzeichnung der ersten 3 Lebensmonate) in seiner 1899 erschienen Gesamtdarstellung der Kinderpsychologie „Psychologie der Kindheit" (S. 105), nimmt aber bereits mit empirischen Beobachtungen dagegen Stellung.

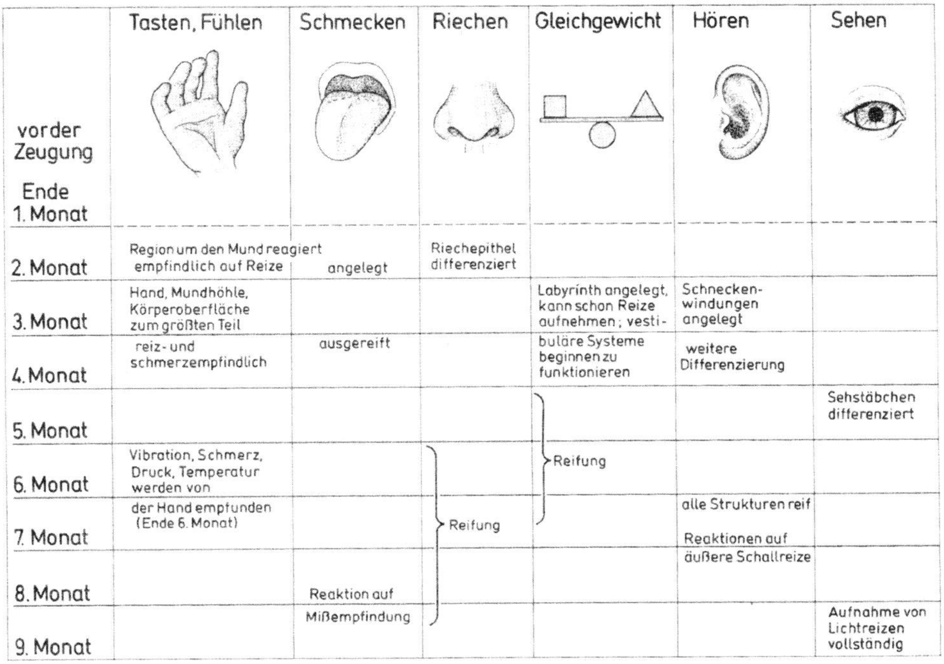

Abbildung 5: Reihenfolge der pränatalen Sinnesentwicklung (in Schumacher, 2017, S. 31)

Zudem wurden erstmals umfassende Untersuchungen durchgeführt. Eine der umfangreichsten Studien zur kindlichen Entwicklung wurde durch den amerikanischen Mediziner Arnold Gesell (1940) getätigt. Von rund 12.000 Kindern wurden Beobachtungsprotokolle, Film- und Fotoaufnahmen gesammelt und in einem analytischen Verfahren unterschiedlichste Funktionsbereiche wie Bewegungskoordination, Sozialverhalten, Gesundheit etc. als Altersquerschnitte dargestellt. Seit den 1960er Jahren hatten vor allem die Entwicklung der Videotechnik, die Verfeinerung der Ultraschallmethode und weitere bildgebende Verfahren (wie MRI, fMRI) besonderen Einfluss auf die weitere Entwicklung dieser Disziplin und in den 1970er Jahren wurde eine Vielzahl von Ergebnissen publiziert:

So konnte Meltzoff beobachten, dass Neugeborene schon wenige Tage nach der Geburt die Mimik anderer Personen nachahmen können (Meltzoff & Moore, 1977, 1997). Robert Emde hat diesbezüglich nachgewiesen, dass Säuglinge auch die Affekte ihrer Bezugspersonen imitieren (Emde, 1991; Klinnert, Sorce, Emde, Stenberg & Gaensbauer, 1984). T. W. Moore (1975) konnte zeigen, dass schon Neugeborene Mundbewegungen imitieren können, wenn sie ihnen bewusst vorgemacht werden, z. B. das Öffnen des Mundes und das Herausstrecken der Zunge. Sherrod (1981) berichtet, dass Säuglinge lieber menschliche Gesichter als andere Objekte betrachten. Condon (1975, 1977) bzw. Condon und Sander (1974) fanden heraus, dass bereits wenige Tage nach der Geburt Babys die menschliche

Sprache (in deren Studie Englisch und Chinesisch) mit synchronen Körperbewegungen begleiten. G. Carpenter (1974) konnte zeigen, dass Säuglinge bereits in der zweiten Lebenswoche das Gesicht der Mutter oder des Vaters von den Gesichtern fremder Personen unterscheiden können. Weiters können Säuglinge einfache Zusammenhänge zwischen Gesichtsausdruck und Sprechweise erkennen, wie z. B. freundlicher Gesichtsausdruck und freundliche Stimme im Gegensatz zu ärgerlichem Gesichtsausdruck und ärgerlicher Stimme (Brazelton, Koslowski & Main, 1974; Kuhl & Meltzoff, 1982). T. Grossmann, Oberecker, Koch und Friederici (2010) berichten, dass Kleinkinder bereits mit sieben Monaten menschliche Stimmen und die über den Klang der Stimme übermittelten Emotionen erkennen können.

Nach Rauh bedeutet dies, dass das Baby nicht nur für das physische Überleben, sondern auch für soziale Interaktion ausgestattet ist (Pauen & Rauh, 2008; Rauh, 2002).

Aktuell besteht die

> „Annahme, dass das kindliche Gehirn zu Beginn des Lebens für die Verarbeitung einer größtmöglichen Vielfalt von Reizklassen ausgestattet ist und dass mit zunehmender Erfahrung, die Säuglinge in ihrer Lebensumwelt machen, eine Spezialisierung für solche Reizklassen einsetzt, die häufig auftreten (bspw. die Laute der eigenen Muttersprache), wobei gleichzeitig die Sensitivität für seltenere Reizklassen verloren geht (Konzept des *perceptual narrowing*). Mit diesem Konzept hat die Säuglingsforschung grundlegende Prozesse identifiziert, die den Entwicklungsverlauf von anfänglich basalen Fertigkeiten hin zu einer immer größer werdenden Expertise in unterschiedlichen Funktionsbereichen beschreiben. In der zweiten Hälfte des ersten Lebensjahres bilden zunehmend komplexere Verhaltensweisen der Säuglinge, wie bspw. die Fähigkeit, die eigene Aufmerksamkeit mit der eines Interaktionspartners zu koordinieren, grundlegende Prozesse für Lernen. Auf der Basis der empir. S. (Säuglingsforschung, Anm. d. Verf.) wird der Säugling heute als ein von Geburt an lernfähiges, in Interaktion stehendes Individuum angesehen." (Freitag, 2017, S. 1352)

Durch die Ergebnisse der Säuglingsforschung wird in der Entwicklungspsychologie eine Synthese aus dem direkt-beobachteten und dem klinisch-konstruierten Säugling geschaffen. Die experimentellen Erkenntnisse über die Entwicklung des kindlichen Selbstempfindens in frühester Kindheit als Grundlage des subjektiven Erlebens, der Selbstreflexion und der sozialen Interaktion ermöglichten eine veränderte, ganzheitlichere Sicht und dadurch auch einen positiveren und aktiveren Umgang mit Ungeborenen und Säuglingen. Der „kompetente Säugling" (Dornes, 1993; Stone, Smith & Murphy, 1973) war geboren und beeinflusste die weitere Theorieentwicklung und vor allem die Praxis enorm (Derksen & Lohmann, 2013; Dornes, 2001; Papousek, 2001; Rauh & Ziegenhain, 1994).

6.5.3. Joint Attention

Joint Attention bezeichnet die Fähigkeit, die Aufmerksamkeit auf einen sozialen Partner und ein Objekt oder Ereignis gleichzeitig zu richten und entwickelt sich innerhalb des ersten Lebensjahres (Morales et al., 2000). Dies ist nur eine der vielfältigen Definitionen, die für dieses Phänomen aufgestellt wurde, nachdem sich in den 1970er Jahren verschiedene Forschungsrichtungen für das Thema „Joint Attention" zu interessieren begannen (siehe dazu z. B. Scaife & Bruner, 1975). Joint Attention kann grundsätzlich als triadisches Geschehen zwischen Erwachsenem, Kind und Objekt gesehen werden (Kaplan & Hafner, 2006) und steht für eine Vielzahl von Verhaltensweisen, die eine triadische Interaktion herstellen. Axel Seemann (2011b) versucht in einem Sammelband die große Bandbreite der Forschung zu Joint Attention aufzuzeigen und schließt, dass es noch keine allgemeingültige Definition dafür gibt.

Joint Attention tritt nach Baldwin erst dann als solche in Erscheinung, wenn die beteiligten Personen voneinander wissen, dass sie ihre Aufmerksamkeit auf die gleiche Sache bzw. das gleiche Objekt richten:

> „(…) the simultaneous engagement of two or more individuals in mental focus on one and the same external thing. (…) the aspect of intersubjective awareness that accompanies joint attention, the recognition that mental focus on some external thing is shared." (Baldwin, 1995, S. 132)

In der Beobachtung von Joint Attention kann man beim Kind einen sogenannten rückversichernden Blick vom fokussierten Gegenstand zurück auf die Bezugsperson erkennen und dabei wahrnehmen, ob die beteiligten Personen ihre Aufmerksamkeit gemeinsam teilen („intersubjective awareness"). Butterworth beschreibt diesen Teil einer visuellen Joint Attention als „looking where someone else is looking" (2003, S. 317). Zeigegesten oder Sprachäußerungen sind meist deutlichere Merkmale als Blicke, die oft weniger stark wahrgenommen werden können (Meins et al., 2011).

Grundsätzlich lassen sich eine reaktive Joint Attention, bei der das Kind den Kopf- oder Augenbewegungen einer anderen Person folgt, und eine initiierende Joint Attention unterscheiden, in der das Kind eine andere Person für das eigene Thema interessieren möchte. M. Carpenter, Nagell und Tomasello (1998) und Tomasello (1995) betonen, dass Kinder erst Interaktionen im Sinne der Joint Attention aufweisen, wenn sie andere Personen als „intentional agents" erleben, sie somit als lebendige Wesen verstehen, die ihr Verhalten kontrollieren und damit auch Ziele erreichen können.

Joint Attention entwickelt sich innerhalb des ersten Lebensjahres im Zuge der kognitiven Entwicklung, der sozialen Entwicklung und der Aufmerksamkeitsentwicklung und besteht im Wesentlichen aus folgenden Schritten (vgl. Cochrane, 2009, S. 60; Kaplan & Hafner, 2006, S. 148):

Eine der ersten Fähigkeiten ist, dass der Säugling Augenkontakt zu einer zweiten Person aufnehmen und halten kann, infolgedessen sich dann auch ein soziales Lächeln entwickelt. Dieser *mutual gaze* kann als Vorläufer der Joint Attention verstanden werden und wurde von Bateson (1975) als Protokonversation bezeichnet.

Die nächste Stufe, das *gaze following*, beschreibt die Fähigkeit, der Blickrichtung einer anderen Person zu folgen. In einer typischen Entwicklung ist dies ab etwa dem 4. Monat möglich.

Mit ca. 9 Monaten lässt sich das *imperative pointing* feststellen, womit erste Zeigegesten und Blicke, um auf einen Gegenstand aufmerksam zu machen, bezeichnet werden. Dieses Aufzeigen von bestimmten Erwartungen (Intentionalität) kann sich auch auf Dinge und Ereignisse außerhalb der Interaktion von Kind und Erwachsenen beziehen (nach Tomasello, 2010, S. 74, als „referenzielle Intention“ bezeichnet).

Mit etwa einem Jahr folgt die Fähigkeit des *declarative pointing*. Mithilfe dieser Zeigegesten verfolgt der Säugling die Absicht, Joint Attention zu initiieren oder aufrecht zu erhalten. Das Kind ist nun in der Lage, seine Aufmerksamkeit mit einer anderen Person zu teilen (Striano & Stahl, 2005).

Einen besonderen Stellenwert im Feld der Joint Attention nimmt das bereits erwähnte „social referencing“, die Rückversicherung, ein. Wird ein Kind mit etwas Neuem konfrontiert, blickt es typischerweise zu einer vertrauten Person. Je nach Ausdrucksverhalten der Bezugsperson wird das Kind auf den neuartigen Reiz ähnlich reagieren. Joint Attention bei einem solchen rückversichernden Blick erfordert, dass das Kind sozusagen versteht, dass die vertraute Person sich um dieselbe Sache oder dasselbe Ereignis kümmert wie das Kind.

Auch in Sterns Theorie der Entwicklung der Selbstempfindungen spielt Joint Attention eine besondere Rolle. Er beschreibt drei innere Zustände, an denen sich ein intersubjektives Geschehen erkennen lasse (vgl. Stern, 2007, S. 184–190):

1. *Die gemeinsame Ausrichtung der Aufmerksamkeit:* Der Säugling richtet seine Aufmerksamkeit auf ein Objekt, nachdem er von der Bezugsperson darauf aufmerksam gemacht wurde. Wendet der Säugling seinen Blick nach der Betrachtung des Gegenstandes wieder zurück zur Bezugsperson, handelt es sich um gemeinsame Aufmerksamkeit. Vor allem am Gesichtsausdruck des Kindes kann erkannt werden, ob die Aufmerksamkeit gemeinsam ausgerichtet werden konnte, also Joint Attention entstanden ist.
2. *Die intentionale Gemeinsamkeit:* Ab dem neunten Monat versucht der Säugling, durch Gesten, Haltungen, Handlungen und verschiedene Lautäußerungen sich dem Gegenüber mitzuteilen. Dies wird so lange ausgeführt, bis eine Wirkung erzielt wurde oder die Handlungen des Kindes von der Bezugsperson nicht beantwortet wurden. Der Säugling beginnt in diesem Alter, ein Verständnis für seine Absichten zu entwickeln und gezielt seine Aufmerksamkeit auf das Gegenüber zu richten. Dies definiert Stern als *Inter-Intentionalität.*
3. *Die Gemeinsamkeit affektiver Zustände:* In diesem inneren Zustand ist das „social referencing“, die soziale Rückversicherung, von besonderer Bedeutung. Durch Blickkontakt zu seinem Gegenüber vergewissert sich das Kind, ob die Person dasselbe sieht und der Situation eine ähnliche Bedeutung zuschreibt.

M. Carpenter et al. (1998) sowie Leopold (2014) betrachten, aus der Perspektive von sozialen Kognitionen und der *Theory of Mind*,[17] Joint Attention als Vorläufer des Verständnisses der Intentionen des Gegenübers und somit als zentralen Baustein der sozialen Entwicklung.

Für die musikpädagogische Arbeit sind hier die Publikationen von Kim, Wigram und Gold (2008) bzw. Arezina (2011) hervorzuheben. Sie sehen speziell in der Anwendung von Musiktherapie die Möglichkeit, die Fähigkeiten zu Joint Attention zu fördern, insbesondere auch für den Bereich der Autismus-Spektrum-Störung:

> „There is growing consensus that the disturbance in the development of joint attention skills is the major characteristic of the social deficits in young children with autism. (...) Acquisition of joint attention skills plays an important role in early development, as without joint attention skills, higher functions such as communication, social interaction and language cannot develop well." (Kim et al., 2008, S. 1758)

6.5.3.1. Joint Attention und Sprachentwicklung

Auch für die Sprachentwicklung ist Joint Attention von besonderer Bedeutung. Tomasello (2010) befasst sich ausführlich mit *gemeinsamer Aufmerksamkeit*, als auch mit *gemeinsamem begrifflichem Hintergrund* und *gemeinsamer Gegenwart in der Wahrnehmung*, insbesondere auch auf dem Hintergrund des Spracherwerbs.

Nach Achhammer, Büttner, Sallat und Spreer (2016) beginnt die Lenkung der Aufmerksamkeit von anderen bereits im 9. Lebensmonat durch Zeigegesten. Durch den bei der Joint Attention durchgeführten Prozess der Triangulierung (Beziehungsherstellung von Subjekt, zweiter Person und Objekt/Ereignis/weiterer Person) wird eine Verbindung von phonetischer Sprache und deren konkreten Bedeutungen hergestellt. Hier spielen im Vorhinein vor allem die Zeigegesten eine basale Rolle. Colonnesi, Stams, Koster und Noom (2010) konnten in einer Meta-Analyse nachweisen, dass Zeigegesten, als eine der ersten Kommunikationsformen bei entstehender Joint Attention, ein ebenso wichtiges Verhalten bei der Sprachentwicklung darstellen.

Im weiteren Verlauf kann das Kind durch einen sogenannten triangulären Blickkontakt (flexibler Wechsel des Blickes zwischen Personen bzw. Objekten) schließlich die verwendeten Wörter mit den Personen oder Objekten verbinden (Kannengieser, 2019). Nach Tomasello (2003, S. 21) stellt Sprache selbst eine spezielle Form von Joint Attention dar: „(...) language is nothing more than another type – albeit a very special type – of joint attentional skill; people use language to influence and manipulate one another's attention."

Sobald sich beim Kind also die Sprache entwickelt bzw. der Spracherwerb stattfindet, kann es durch Verbalisierung die Herstellung und Aufrechterhaltung von Joint Attention selbst herbeiführen (vgl. Leopold, 2014, S. 38).

---

17 Das Konzept der *Theory of mind* beschreibt die Fähigkeit, sich in die Gefühle, Gedanken, Absichten und weitere Bewusstseinsvorgänge anderer Menschen hineinversetzen zu können. Diese bildet sich im Alter zwischen zwei und vier Jahren aus.

6.5.3.2. Die Bedeutung von Joint Attention für pädagogisches Arbeiten

Joint Attention fungiert als grundlegende Fähigkeit für sozialen Austausch und gemeinsame Aktivitäten. Ohne die Fähigkeit für Joint Attention ist die Ausbildung sozialer Kompetenzen erschwert und Lernen im pädagogischen Kontext nur eingeschränkt möglich. Aufgaben, wie gemeinsames Musizieren, Vor- und Nachsingen, Übernahme von Rhythmen oder Melodien, Imitation und thematische Weiterentwicklung lassen sich nur auf der Basis einer entwickelten Joint Attention durchführen. Viele Lehr-Lernprozesse beruhen aber auf diesen Interaktionsformen bzw. setzen diese voraus.

Ist bei einer Person die Fähigkeit zu Joint Attention weniger entwickelt bzw. (noch) nicht vorhanden, lassen sich übliche pädagogische Vorgehensweisen einer auf gemeinsamer Aufmerksamkeit basierenden Methode nicht zielführend einsetzen. Aufforderungen wie „komm, schau her“, „mache mit“, „mache nach“ sind nicht ausführbar und können als Lernstrategie nicht verwendet werden.

Stattdessen können Stresssituationen entstehen, nicht nur für die Kinder bzw. Personen mit wenig ausgeprägter oder fehlender Joint Attention, sondern auch für die anderen Gruppenmitglieder (Esterbauer et al., 2018). Insbesondere bei musik- und tanzpädagogischem Arbeiten in inklusiven Gruppen ist die Fähigkeit der Teilnehmenden, auf Instrumenten zu spielen, nach- oder mitzumachen oft beeinträchtigt (A. D. Fröhlich, 1991).

Mit Hilfe des EBQ-P-Instruments lassen sich die in der Regel nonverbalen Zeichen für das Vorhandensein von Joint Attention beobachten. Ebenso ist ersichtlich, ob bzw. wie die Reaktionen und weiteren Vorgangsweisen der Unterrichtenden in ihrer Beziehungsqualität mit der der Kinder abgestimmt werden, damit die Angebote und Ideen der Lehrperson auch bei den Kindern ankommen und die erwünschten Prozesse initiiert werden können (Esterbauer et al., 2018).

6.6. Neurowissenschaften

Die Neurowissenschaften haben gerade in den letzten 20 Jahren viele neue Erkenntnisse gebracht. Die Erkenntnisse aus der Bewusstseinsforschung des portugiesischen Neurowissenschaftlers António Rosa Damásio (geb. 1944), die Trennung von Körper und Geist zu revidieren und statt dessen einen unauflösbaren Zusammenhang zwischen Körper und Geist, die sich gegenseitig beeinflussen, zu postulieren, waren Ausgangspunkt für eine neue Sichtweise auf den Menschen (Damásio, 1994, 2000).

Für den Bereich des emotionalen und sozialen Lebens beschreibt vor allem Gerald Hüther in seinen Arbeiten, dass die Beziehungsfähigkeit und die erlebten Interaktionen das plastisch veranlagte Gehirn ständig beeinflussen können (Hüther, 2004, 2009a). Den Bezugspersonen des Kindes wird hier eine wichtige Rolle für das Erleben und die Entwicklung von Selbstkohärenz zugeschrieben, insbesondere im Sinne von körperlichen Erfahrungen und synchronen Momenten. Hier weist Hüther auch auf die Rolle von Musik hin.

> „Durch das Hören von als angenehm empfundener Musik, durch aktives spielerisches Musizieren oder durch freies Singen lässt sich im Gehirn eine Harmonisierung und Synchronisation der in verschiedenen Regionen generierten neuronalen Aktivitätsmuster erreichen. Diese Effekte sollten umso ausgeprägter sein, je angenehmer das Musikerlebnis subjektiv bewertet wird, je offener die betreffende Person sich diesem Erlebnis hingeben kann, und je besser es ihr gelingt freie Assoziationen zuzulassen (‚zu träumen').“ (Hüther, 2004, S. 20)

Viele Erkenntnisse aus den Neurowissenschaften haben zu einer Neubewertung von pädagogischen Praktiken geführt und ganze Forschungsfelder entstehen lassen (siehe dazu beispielsweise Kowal-Summek, 2018). Schon eine überblicksmäßige Darstellung von relevanten Ergebnissen würde den vorgegebenen Rahmen hier sprengen und so wird nur punktuell auf grundlegende Resultate und Erkenntnisse bei Bedarf hingewiesen.

6.7. Entwicklungspsychologische Grundlagen der Sprachentwicklung

Der Erwerb und das Verständnis von Sprache sind ein höchst komplexes Geschehen, aufgrund der vielfältigen Bezüge und Einflusssphären. Besonders anschaulich hat dies Wolfgang Wendlandt (2017) mit seinem Sprachbaum symbolisiert (Abbildung 6).

Mit dem „Sprachbaum“ werden die unterschiedlichen Einflussbereiche für die Entwicklung der Sprache veranschaulicht: dabei bilden die Umwelt, die Kultur und Gesellschaft den Boden für die grundsätzlichen Voraussetzungen. Die Entwicklung der Sinne, des Gehirns und unterschiedlicher kognitiver und emotionaler Fähigkeiten bilden sozusagen die Wurzeln und werden durch die Integration der Sinne zum Ausgangspunkt für die Sprachentwicklung. Sprachanregungen gepaart mit Sprechfreude führen schließlich zum Sprachverständnis und zur Sprachausübung. Die Sprache selbst teilt Wendlandt in vier Bereiche: Aussprache, Wortschatz, Grammatik und Kommunikation. Dabei ist zusätzlich entscheidend, dass im Sinne des Baumes Wärme und Licht vorhanden sind, als Symbole für Akzeptanz, Liebe, Vertrauen und Geborgenheit.

Um die Struktur der Sprachentwicklung besser zu verstehen, ist die differenziertere Einteilung von Owens (2020) hilfreich, der Sprache in Form, Inhalt und Gebrauch unterteilt. Die Form besteht aus Syntax (Satzbaulehre), Morphologie (Wortbau- und Wortformenlehre) und Phonologie (Lautlehre), der Inhalt ist Gegenstand der Semantik (Lehre von den sprachlichen Bedeutungen), die weiters in Satzsemantik und Wortsemantik (Wortschatz oder Lexikon) unterteilt werden kann, und der Gebrauch von Sprache wird in der Pragmatik (Lehre vom sprachlichen Handeln) erfasst. Bockmann, Sachse und Buschmann (2020) fügen als weitere Sprachebene die Prosodie als die Lehre von der melodischen Gliederung der Rede hinzu, wobei diese sowohl inhaltliche als auch formale Aspekte zum Gegenstand hat.

Für den Sprachteil des EBQ-P-Instruments ist vor allem der Bereich der Pragmatik, aber auch die Prosodie von Bedeutung, da beide auf das Beziehungsgeschehen einwirken. Die Pragmatik, die Sprache als Kommunikationsmittel beleuchtet, befasst sich mit Regeln für den sozialen Gebrauch. So wird Sprache als soziales Interaktionsmedium genutzt, z. B. zum Beruhigen, Fordern, Informieren oder als Ausdruck von Gefühlen. Diese Zwecke bedürfen einer entsprechenden Kontextanpassung (Bockmann et al., 2020). Kannengieser (2019) spricht schließlich auch von einer kommunikativ-pragmatischen Sprachebene, die den Beobachtungskriterien für die EBQ-P-Sprachskala nahekommt. Schließlich verdeutlicht Jerome Bruner den Beziehungsaspekt der Sprache, wenn er sagt, „(…) das Kind lernt ja nicht einfach, was es sagen soll, sondern gleichzeitig, wie, wo, zu wem und unter welchen Umständen es was sagen soll" (Bruner, 1997, S. 84).

Die wichtigsten Entwicklungsschritte aus der Pragmatik, die für die Sprachskala von Bedeutung waren, sind folgende:

Innerhalb des ersten Lebensjahres erwerben Kinder grundlegende Fähigkeiten mit anderen in Austausch zu treten. Ist dies anfangs noch non-verbal, so entwickelt sich relativ rasch, durch die dialogisch geprägten Reaktionen der Eltern, ein vor-sprachliches Grundgerüst. Dazu zählen Blick- und Zeigegesten, aber auch Wunschdarlegungen, die durch imitierendes Vormachen gewünschter Handlung ausgedrückt werden. Im Stadium des Spracherwerbs folgen dann Monologe, die nicht an andere gerichtet sind und schließlich Dialoge, die vorerst noch der Steuerung durch andere bedürfen (Kannengieser, 2019). Weitere typische Schritte sind das Einhalten von Wechselpausen (turn-taking), das Eröffnen und Aufrechterhalten von Dialogen mit etwa drei Jahren, die Entwicklung der Erzählfähigkeiten etwa ein Jahr später, wobei neben aktuellen Ereignissen auch Vergangenes sowie Fiktives bearbeitet wird (Hellrung, 2019). Rollenspiele dienen in diesem Alter vor allem auch dem Probehandeln und dem Hineinversetzen in andere Personen, also auch einer Vorstufe der *Theory of mind.* Für Owens ist die infolge auftretende Perspektivenübernahme ein weiterer Schritt in der Entwicklung einer umfassenden Sprachfähigkeit. Die kindliche Welt verschiebt sich von der Wahrnehmung zur Erzählung und so auch zur Reflexion über Vergangenheit, Gegenwart und Zukunft (Owens, 2020).

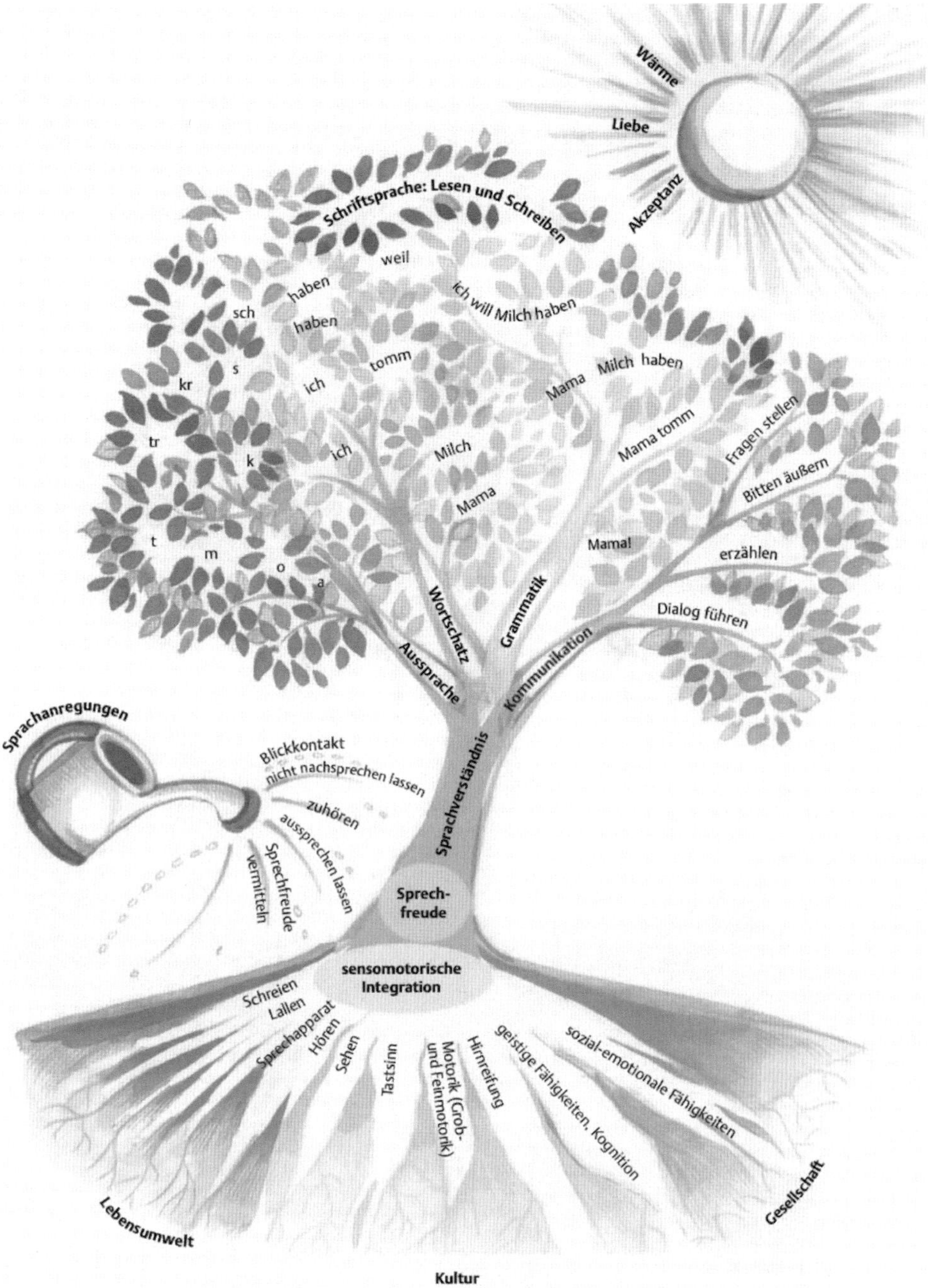

Abbildung 6: Sprachbaum nach Wolfgang Wendlandt, 2017, S. 11

Betrachtet man auch noch die Prosodie im Hinblick auf eine Sprachskala, so beschreiben Bockmann et al. diese als

> „(…) Beiträge der Dauer, der Grundfrequenz und der Amplitude zur Bedeutung gesprochener Sprache (phonetische Definition) sowie die Zusammensetzung von Phonemen (Lauten) in Silben, Wörtern und Phrasen und die Assoziation von Phonemen mit Tönen (phonologische Definition). Man unterscheidet die Wortprosodie (wahrgenommen durch Unterschiede der Quantität, des Tons und der Betonung) und die Satzprosodie (wahrgenommen durch Unterschiede der Phrasierung, der Akzentuierung und der Intonation). Zur Prosodie gehören u. a. Sprechtempo, Lautstärke, Tonlage, Rhythmus und Intonation." (Bockmann et al., 2020, S. 7–8)

Die Prosodie gibt u. a. also auch Auskunft über die emotionale Lage der Sprechenden und ist somit wieder relevant für das Beziehungsgeschehen.

Die typische Sprachentwicklung ist letztlich immer auch verbunden mit Merkmalen der kognitiven Entwicklung. Für den Bereich inklusiver Pädagogik ist hier darauf hinzuweisen, dass die Sprachentwicklung atypisch verlaufen kann und die typischen Entwicklungsverläufe keine kongruenten Rückschlüsse auf die Beziehungsentwicklung erlauben. Trotzdem ist es notwendig sich mit der typischen Sprachentwicklung zu befassen. Ein Überblick dazu ist in der folgenden Auflistung dargestellt (aus Bockmann et al., 2020, S. 34):

12. bis 24. Monat:

- Erste soziale Wörter werden verwendet („Hallo" und Winken, „Danke").
- Fragen bestehen aus einem Wort und werden durch die Betonung kenntlich gemacht („Haben?").
- Pluralformen werden mit den häufigsten Endungen gebildet („Autos" und „Kuchens", „Schaufeln" und „Hunden").
- Übergeneralisierung („wauwau" für alles, was Fell hat).
- Verben stehen am Satzende.
- Wortschatzspurt (nicht bei allen Kindern): Das Lexikon wird durch den Zuwachs neuer Wörter neu organisiert.
- Wortschatz: 250–600 Wörter.

2. und 3. Jahr:

- Die Verbzweitstellung wird erworben.
- Adjektive kommen zum Wortschatz hinzu.
- Regelmäßige Verben werden korrekt gebildet; das Verb wird an das Subjekt angepasst („ich gehe", „du gehst", „sie geht").
- Bei Fragen wird das Verb an den Anfang gestellt („Kommst Du mit?").

- Regelmäßige Plural- und Vergangenheitsformen werden korrekt gebildet („Kühe“ statt „Kuhs“, „Löwen“ statt „Löwens“).
- Das Kind sagt „ich“ und spricht nicht mehr in der 3. Person von sich selbst („Ich habe Hunger“ statt „Lina Hunger“).
- Es wird auch über Dinge gesprochen, die weder sichtbar sind noch sich in unmittelbarer Nähe befinden.
- „Nicht“ wird anstelle von „nein“ benutzt und steht an der richtigen Position im Satz (hinter dem gebeugten Verb).
- Wortschatz mit 3 Jahren: etwa 1000 Wörter.

3. und 4. Jahr:

- Das Konsonanteninventar wird ausgebaut, außer /s/ (Sahne), /ch/ (Bücher) und /ts/ (Züge) werden alle Laute korrekt gebildet.
- Sprache wird kreativ verändert, Wortneuschöpfungen entstehen („Reparierung“ statt „Reparatur“, „Löwenfrisur“ statt „Mähne“).
- Der Erwerb des Kasussystems beginnt mit der Verwendung des Nominativs (wer?) und Akkusativs (wen?), beispielsweise wird „Mama isst einen Kuchen“ korrekt gebildet, aber: „Ich spiele mit den Ball“ (statt „dem Ball“).
- Die Kommunikation geschieht unabhängig von gegenwärtigen Handlungen.

4. bis 6. Jahr:

- Alle Laute sind erworben und auch komplexe Konsonantenverbindungen werden korrekt realisiert („blau“, „Brief“, „Schlumpf“).
- Dativ (wem?) und Genitiv (wessen?) werden korrekt verwendet („Ich schaue nach dem Ball“, „Das ist Katarinas Buch“).
- Das Kind spricht bis zu 6000 Wörter.
- Die Wörter werden abstrakter (auch Dinge, die man nicht sehen oder anfassen kann, werden benannt: „Langeweile“, „Mut“, „besonders“).
- Geschichten werden immer mehr ausgeschmückt und emotional bewertet („Der ist traurig, weil der wollte das nicht“).
- Das Kind kann sich in die Situation eines anderen hineinversetzen.
- Ironie wird bald verstanden.

Tabelle 2: Typischer Sprachentwicklungsverlauf

Von besonderer Bedeutung ist bei Überlegungen zum Einsatz von Sprache im Kontext von Musik- und Tanzpädagogik die Verbindung bzw. auch Abgrenzung von Singen und Sprechen. Bei textlichem Singen ist der Gebrauch von Sprache implizit, natürlich gibt es aber auch textloses Singen bzw. singendes Sprechen.

Stadler Elmer (2015) gibt einen guten Überblick über die strukturellen Unterschiede, die zwischen Singen und Sprechen bestehen (siehe Tabelle 3).

Grundsätzlich hat sich bei der Entwicklung der Sprachskala im EBQ-P-Instrument die klare Trennung von Singen und Sprechen als notwendig erwiesen. Jede Form des Singens – also auch das textliche Singen – wurde somit der stimmlich-vorsprachlichen VBQ-P-Skala zugeordnet und alle Sprechbeiträge schließlich der Sprachskala.

Von besonderer Bedeutung für die Entwicklung einer Sprachskala war die Vorarbeit von Anne-Katrin Jordan, die in ihrer Masterarbeit (2016) einen ersten Versuch zur Konstruktion einer (therapeutischen) Sprachskala unternommen hat. Ausgehend von diesen Ergebnissen wurde die Konstruktion der pädagogischen Sprachskala erarbeitet, sowie parallel dazu an der Erstellung einer therapeutischen Sprachskala (Jordan, Esterbauer & Schumacher, 2024) gearbeitet.

	Singen	**Sprechen**
Zentrales Organisationselement	***Silbe,*** beliebig wiederholbar	***Wort,*** nicht wiederholt
Phrase	Beliebig wiederholbar	Grammatikalisch und nicht metrisch strukturiert
Tonhöhen	Kategorien (stabile Tonhöhen), diskrete Tonschritte (Abgrenzung zum nächsten Ton) Kleiner und großer Tonumfang	Kontinuierlicher Tonhöhenverlauf innerhalb und zwischen Silben (Intonation) Kleiner Tonumfang
Silben	Lange und sehr kurze Vokale, Reimstruktur	Kurze und sehr kurze Vokale
Betonungen/ Akzente	Regelmäßig (Metrum)	Regelmäßig, zur Wortbildung (Wort ist zentrales Element)
Soziale Organisation	Gleichzeitig oder auch abwechselnd nacheinander	Nacheinander
Körperbewegung	Regelmäßige Körpermitbewegungen, koordinierte Atmung; Atmung als wesentliches Gestaltungsmittel	Unregelmäßige mimische und gestische Mitbewegung; Atmung eher untergeordnet
Funktion	Monologisch; oder als Gruppe gleichzeitig bzw. parallel; Ausdruck gemeinsamer Erfahrung	Sprechakte: fragen/antworten, bitten, fordern, jammern; abwechselnd und komplementär, kommunikativ

Tabelle 3: Typische strukturelle Unterschiede zwischen Singen und Sprechen (Stadler Elmer, 2015, S. 67)

6.8. Bewegungsanalyse

Da die Adaptierung des EBQ-Instruments im Speziellen auch den musik- und tanz- bzw. bewegungspädagogischen Bereich abdecken sollte, war eine Erarbeitung der Kategorie „Bewegung“ innerhalb des EBQ-P-Instruments nötig. Da es dabei viele Überscheidungsbereiche mit der körperlich-emotionalen Beziehungsqualität (KEBQ) gibt, wurde die Konstruktion einer eigenen Bewegungsskala bald verworfen zugunsten eines Beobachtungsschwerpunktes innerhalb der KEBQ-P-Skala. Dadurch konnten die Aspekte der KEBQ-P-Skala mit den spezifisch bewegungsrelevanten Kriterien – in theoretischer sowie künstlerisch-pädagogischer Hinsicht – verbunden werden.

Für die deduktive Vorgehensweise einer theoretisch basierten Kriterienfindung für bewegungsrelevante Parameter bzw. Beobachtungsmerkmale wurde auf drei bewegungsanalytische Systeme zurückgegriffen:

- die Bewegungstheorien von Rudolf Laban (Laban Bewegungsanalyse, LBA), auch in ihrer Weiterentwicklung zu den Laban/Bartenieff Bewegungsstudien (LBBS)
- das Kestenberg Movement Profile (KMP) von Judith Kestenberg
- das Konzept von Emotorics von Yona Shahar-Levy

Ergänzend wurden auch die Analyseverfahren von Claudia Jeschke (Inventarisierung von Bewegung – IVB, 1999/2011) und Wibke Hartewig (Motorische Visitenkarten – MVK, 2007) zu Rate gezogen, sowie das Bonner Modell der Interaktionsanalyse (Trautmann-Voigt & Moll, 2011). Zusätzliche Informationen wurden sportwissenschaftlichen Theorien entnommen (Meinel & Schnabel, 2015).

6.8.1. Laban/Bartenieff Bewegungsstudien

Die Laban Bewegungsanalyse wurde von Rudolf (von) Laban, einem Tänzer, Choreograph und Tanztheoretiker, bereits in den 1920er Jahren grundgelegt, erlangte aber erst in der zweiten Hälfte des 20. Jahrhunderts, vorerst im englischen Sprachraum, an Bedeutung (Laban, 1928, 1948/1981, 1950/1988). In Zusammenarbeit mit Lisa Ullmann, Irmgard Bartenieff, Warren Lamb, Peggy Hackney oder Ann Hutchinson Guest ist sie zu den Laban/Bartenieff Bewegungsstudien weiterentwickelt worden (Kennedy, 2013b).

In der aktuellen Fassung bezieht sich diese Bewegungsanalyse auf sechs Bewegungsparameter (nach Kennedy, 2013a, 2013b sowie Klein, Barthel & Wagner, 2011):

Körper (body)
In der Kategorie Körper wird analysiert, welcher Körperteil sich bewegt und in welchem Verhältnis dieser zu anderen steht.

Körperteile: einzelne Teile, Körperhälften, Peripherie, Gelenke, Koordination
Körperaktionen: Ruhe, Aktion, Geste, Unterstützungsänderung, Sprung, Rotation, Lokomotion

Raum (space)
In der Kategorie Raum werden Raumachsen und Raumlevel betrachtet: Wie vollzieht sich die Bewegung im Raum und wie ist deren Verhältnis zueinander?
Raumnutzung in genereller Weise: vorwärts/rückwärts, auf/ab, seitwärts
Raum in der Kinesphäre: zentral, peripher, transvers

Form (shape)
Im Bereich Form wird die Ausführung der Bewegung und ihre Wirkung auf die Körperform beschrieben. Dieser Prozess der Veränderung der Form kann sowohl den eigenen Körper als auch die Umwelt betreffen oder eine Anpassung an andere Körper. Grundlegende Formtypen wie *offen konvex* oder *geschlossen konkav* werden erweitert durch Peggy Hackneys Beschreibung von „still shapes" wie „Pin, Ball, Wall, Screw oder Tetrahedron" und den „modes of shape change" (Hackney, zit. nach Kennedy, 2013b, S. 947–948).

Antrieb (effort)
Die umfänglichste Kategorie in den LBBS nimmt der Antrieb ein. Hier wird analysiert, wie eine Bewegung ausgeführt wird, welche Dynamiken in der Bewegung zu erkennen sind.

Der Antrieb gliedert sich in 4 Unterkategorien (effort factors), die jeweils durch ein Gegensatzpaar (effort elements) beschrieben werden können:

Kraft/Gewicht (weight): Einsatz der Körperkraft bzw. des Gewichtes (Schwerkraft), beschrieben als kraftvoll oder leicht.

Bewegungsfluss (flow): Der Fluss einer Bewegung kann als gebunden und geführt oder als ungebunden, frei bzw. offen beschrieben werden.

Zeit (time): Im Bereich Zeit geht es um die innere Einstellung zur Zeit als auch um die Beschleunigung bzw. Verlangsamung im Bewegungsablauf, der schnell oder verzögert auftaucht.

Raum (space): Die Bewegung wird von ihrer räumlichen Antriebskomponente her betrachtet, die sich direkt oder indirekt vollzieht.

Diese vier Antriebsfaktoren lassen sich miteinander zu acht elementaren Antriebsaktionen kombinieren:

drücken (kraftvoll, direkt, verzögert), flattern (leicht, indirekt, plötzlich), stoßen (kraftvoll, direkt, plötzlich), schweben (leicht, indirekt, verzögert), wringen (kraftvoll, indirekt, verzögert), tupfen (leicht, direkt, plötzlich), peitschen (kraftvoll, indirekt, plötzlich), gleiten (leicht, direkt, verzögert).

Ann Hutchinson Guest (1983), eine Studentin Labans, hat zu diesen vier Grundkategorien zwei weitere hinzugefügt:

Beziehung (relationship)
Hier wird analysiert in welcher Beziehung sich die bewegende Person zu anderen Personen oder auch Objekten befindet. Dabei sind Parameter wie räumliche Ausrichtung (hinwärts oder wegwärts), die Grade der Beziehung (degrees of relating: aware/address/near/ touch/support), die Distanz (Aufmerksamkeit/Desinteresse), die Dauer (kurzzeitig, vorübergehend, anhaltend) und die Art des Kontakts (aktiv – passiv, führen – folgen) ausschlaggebend.

Phrasierung (phrasing)
In der Phrasierung wird der zeitliche Ablauf der Bewegung betrachtet. Dabei werden die vier Bewegungsparameter Körper, Raum, Antrieb und Form nach ihrer Bewegungssequenz analysiert. Dies kann die zeitliche Struktur betreffen (Anfang, Mitte, Ende) oder die Auftretensbeziehung, also Simultaneität (Gleichzeitigkeit mehrerer Körperteilbewegungen), Sukzessivität (nacheinander ablaufende Bewegungen) und Sequenzialität (Abfolge von Bewegungen) erfolgen.

Eine spezielle Anwendung der Labanschen Bewegungsanalyse findet sich auch in Victoria Sherbornes Konzept der „Beziehungsorientierten Bewegungspädagogik“ (1990/2001), das sich ergänzend auf die Arbeit mit Menschen mit Behinderungen bezieht, und den Blick für die Bearbeitung der Bewegungskategorien in der vorliegenden Arbeit beeinflusst hat.

6.8.2. Kestenberg Movement Profile

Judith Kestenberg, Neurologin, Psychiaterin und Psychoanalytikerin, befasste sich in ihren kinderpsychiatrischen Studien mit der Beobachtung von Bewegungen von Kleinkindern. In den 1950er Jahren studierte sie die Laban Bewegungsanalyse, die ausgehend vom Repertoire Erwachsener entwickelt wurde und wendete diese im Bereich der Entwicklungspsychologie an. Ende der 1970er Jahre entwickelte sie aus ihren Untersuchungen ein Beobachtungs- und Analysesystem auf entwicklungspsychologischen Grundlagen, das „Kestenberg Movement Profile“, das in den letzten Jahrzehnten weiter verfeinert wurde (Kestenberg, 1967/1977; Kestenberg & Sossin, 1979; Kestenberg Amighi, Loman, Lewis & Sossin, 1999).

Das Kestenberg Movement Profile ist ein mikroanalytisches Verfahren zur Beschreibung, Kategorisierung und Notierung des Bewegungs- und Ausdrucksverhaltens. Es kann zur tanztherapeutischen Diagnostik und zur Analyse entwicklungspsychologischer Stufen sowie des interaktiven Kommunikationsverhaltens verwendet werden. Durch die qualitative und quantitative Erfassung von Bewegungen in 8 Abschnitten zu 64 Items lässt sich eine umfangreiche Aussage des Bewegungsverhaltens tätigen.

Das Kestenberg Movement Profile (KMP) baut auf Labans Analyseverfahren auf und verwendet ähnliche, zum Teil gleiche Kategorien. Weiters bietet das KMP aber auch entwicklungspsychologische Ansatzpunkte für das Auftreten von typischem Bewegungsverhalten anhand des Alters.

Vereinfachtes Kestenberg Movement Profile			
erspürend	*ankämpfend*	*erspürend*	*ankämpfend*
I.1. Spannungsflussrhythmen		II.1.1. Bipolarer Formfluss	
Saug-Rhythmus	Beiß-Rhythmus	verbreitern	verschmälern
Verdreh-Rhythmus	Drück-Rhythmus	verlängern	verkürzen
		auswölben	aushöhlen
Fließ-Rhythmus	Stopp-Los-Rhythmus	II.1.2. Unipolarer Formfluss	
Wiege-Rhythmus	Gebär-Rhythmus	laterales verbreitern	mediales verschmälern
		verl./verk. n. oben	verk./verl. n. unten
Hüpf-Rhythmus	Stoß-Rhythmus	ausw./aush. n. vorn	aush./ausw. n. hinten
I.2. Spannungsflusseigenschaften		II.2. Formflusseigenschaften	
anpassend	gleichbleibend	windend	linear
niedrige Itensität	hohe Itensität	kleine Amplitude	große Amplitude
allmählich	abrupt	runde Umkehrung	eckige Umkehrung
I.3. Vorantriebe		II.3. Richtungsbewegungen	
flexibel	kanalisierend	seitwärts	quer
vorsichtig	vehement/angestrengt	aufwärts	abwärts
zögernd	plötzlich	vorwärts	rückwärts
I.4. Antriebe		II.4. Formen	
indirekt	direkt	ausbreiten	einschließen
leicht	stark	steigen	sinken
verlangsamend	beschleunigend	vordringen	zurückweichen

Abbildung 7: Vereinfachte Darstellung des KMP (nach Eberhard-Kaechele, 2007)

Das KMP gliedert sich grundsätzlich in 8 Kategorien (hier in der Auflistung mit je einer Grundsatzfrage nach Bender, 2020, S. 200):

Spannungsflusseigenschaften („Wie werden durch das Temperament Gefühle reguliert?“)
Der Spannungsfluss bezeichnet den Wechsel von Anspannung und Entspannung der Muskeln im Körper, der sich grundsätzlich in gebunden und frei differenzieren lässt. Die Spannungsflusseigenschaften lassen sich als gleichbleibend vs. adaptierend (1. Lj.), hohe vs. niedrige Intensität (2. Lj.) und abrupt vs. graduell (3. Lj.) beschreiben.

Spannungsflussrhythmen („Welche Bedürfnisse werden verkörpert?“)
Die Spannungsflussrhythmen beschreiben das zeitliche Auftreten der Spannungsflusseigenschaften und können in einer typischen Entwicklung folgendermaßen verlaufen:

Saugen (Geburt), Beißen (Geburt bis 9. Monat), Verdrehen (9./10. Monat), Pressen (1–1,5 Jahre), Fließen (ab 2 Jahren), Stoppen (2,5 Jahre), Wiegen (4 Jahre), Wogen (4 Jahre), Hüpfen (ab 4 Jahren), Stoßen (ab 5 Jahren)

Vorantriebe („Wie *versuche* ich eine Bewegung auszuüben?")
Die Vorantriebe sind die Vorstufe zu den schon bei Laban beschriebenen Antrieben. Die Vorantriebe haben die Bewegung noch nicht automatisiert und stehen mit Anstrengung, Besorgnis oder Vermeidung in Verbindung (Bender, 2021, S. 31).

Die Vorantriebe werden beschrieben über Raum (flexibel vs. kanalisierend), Kraft (vorsichtig vs. ungestüm/angestrengt) und Zeit (zögerlich vs. plötzlich). Auch diese 3 Kategorien lassen sich auf die ersten drei Lebensjahre grundsätzlich aufteilen.

Antriebe („Wie ist meine innere Beteiligung?")
Die Antriebe entsprechen den Kategorien von Laban, mit dem Unterschied, dass der Bewegungsfluss als eigene Kategorie herausgelöst wurde und wie vorhin bereits gezeigt auch noch in zwei Kriterien ausdifferenziert wurde.

Auch die Antriebe lassen sich auf entwicklungspsychologischer Ebene dem Lebensalter zuordnen. In der folgenden Abbildung 8 nach Susanne Bender wurden die Spannungsflusseigenschaften, die Vorantriebe und die Antriebe anschaulich zusammengefasst (Bender, 2020, S. 207).

Bipolarer Formfluss („Wie reguliere ich meine allgemeine Bedürftigkeit?")

Unipolarer Formfluss („Wie reguliere ich meine gerichtete Bedürftigkeit?")
Der Formfluss beschreibt eine Art von Wohl- bzw. Unwohlsein in allgemeiner (bipolarer) oder spezifischer (unipolarer) Form, also auf eine bestimmte Person oder Sache gerichtet. Kestenberg wählt dafür die Bezeichnungen Wachsen oder Schrumpfen, die sich in den drei Raumdimensionen (horizontal, vertikal, saggital) ereignen.

Lebensjahr	*Spannungsflusseigenschaften*	*Vorantrieb*	*Antrieb*
1.	gleichbleibend	kanalisieren	direkt
1.-6.	adaptierend	flexibel	indirekt
2.	hohe Intensität	ungestüm, angestrengt	stark
	niedrige Intensität	vorsichtig	leicht
3.	abrupt	plötzlich	schnell
	graduell	zögerlich	getragen

Abbildung 8: „Entwicklung der Weltbeeinflussung" (zit. nach Bender, 2020, S. 207)

Richtungsbewegungen („Welche Verbindungen zur Umwelt stelle ich her?") Die Richtungsbewegungen zeigen an, wie sich der Körper bzw. die Bewegung im Raum bzw. in sechs Richtungen verhalten. Bender verbindet dies mit Funktionen von Schutz, Kognition und sozialen Aspekten (Abbildung 9) (Bender, 2020, S. 211).

Lebensjahr	Richtungsbewegung	Dimension	Schutz	Kognition	Soziale Aspekte
1.	quer	horizontal	sich vor Ablehnung schützen	Konzentration (Vorläufer des Erforschens von ungleichen Möglichkeiten)	Abschluss von Kontakten
	seitwärts		ausweichen, Verletzlichkeit zeigen, Kontakt suchen, Angst, Paranoia	Assoziieren (Vorläufer des Erforschens von Alternativen)	Trennen und Aufteilen in sozialen Kontexten
2.	abwärts	vertikal	Abbruch eines unangenehmen Kontaktes	Erklären, zum Kern vordringen, einer Sache auf den Grund gehen (Vorläufer für die Auswertung relevanter Themen)	beruhigen, Unterwürfigkeitsgesten, Augenhöhe mit Kleineren, um Gleichheit zu signalisieren
	aufwärts		sichtbar werden, Schutz durch Gefahr von oben, Ausdruck von Überlegenheit	Führung suchen, Fragen stellen, abschätzen, Maß nehmen (Vorläufer für die Auswertung von Möglichkeiten)	Versöhnungsgeste, Angst vor Macht
3.	rückwärts	sagittal	Rückzug, etwas hinterm Rücken verstecken	Rückkehr zu Gelerntem, Fehlersuche und -korrektur, (Vorläufer für die Anzipitation von Aktionsverläufen)	Rückzug, Distanz, anderen den Vortritt lassen
	vorwärts		Abwehr gegen Angriff von vorne, Initiierung von Aktionen	Schritt-für-Schritt-Lernen (Vorläufer für die Antizipation von Zielen und Trends)	Initiierung von Aktionen, vorausgehen, sich der Außenwelt ausliefern, Mut, Führungseigenschaften

Abbildung 9: Übersicht der Richtungsbewegungen (zit. nach Bender, 2020, S. 211)

Formen („Was mache ich?")
Auch diese Kategorie wurde bereits bei Laban verwendet. Die grundlegenden Formen von konvex und konkav werden in den drei Raumdimensionen betrachtet. Bender fasst die Beschreibungen von Kestenberg in folgender Abbildung zusammen (Bender, 2020, S. 213):

Formen	Fläche	Sozial	Mental	Ergebnis
ein-schließend	horizontal (Tisch-fläche)	Bezug zu einer ausgesuchten Menge von Menschen oder Objekten	*Erforschen, was möglich ist,* Erforschen und Sammeln von Möglichkeiten von unterschiedlichen Standpunkten aus, Einschließen ungleicher Möglichkeiten, vereinigen, konsolidieren, reduzieren	verschiedene Wege der Annäherung
ausbrei-tend		Ideen und Gefühle mit anderen teilen	*Erforschen, was möglich ist,* viele Informationen sichten, globale Perspektiven und Alternativen sehen, generalisieren	breite Basis für Aktionen
sinkend	vertikal (Tür-fläche)	Kooperation fordern, in Kontakt eintauchen	*Auswerten, was wichtig ist,* einer Sache auf den Grund gehen, etablieren und ordnen relevanter Themen nach Wichtigkeit	realistische Prioritäten
steigend		sich präsentieren, konfrontieren, Inspiration anderer durch Ideen und Ambitionen bis hin zu höheren (spirituellen) Zielen oder Bewusstseinszuständen	*Auswerten, was wichtig ist,* oberflächlich analysieren; Möglichkeiten vergleichen; Pro und Contra abwägen	klare Absichten
zurück-ziehend	sagittal (Rad-fläche)	Rückzug aus einer unbekannten oder unangenehmen Situation, Kontaktabbruch, dem anderen Raum geben, Zeit für Reflexion	*Antizipieren des Handlungsverlaufs*, Zuflucht in die Vergangenheit, Planen des Aktionsverlaufs, Fortschrittsmessung und Antizipation der Zukunft auf Basis von Vergangenem	Lebensplan
vorrückend		Initiierung von offener Begegnung in neuen Situationen, Inangriffnahme von Abenteuern, Vorankommen durch eigene Leistung, Eindringen in die Kinesphäre des anderen	*Antizipieren des Handlungsablaufs* und dessen Konsequenzen, Zukunftsblick, Ziele setzen, Pläne schmieden, Verbindungen und Trends erkennen, initiieren, planen, Ergebnisse vorhersehen	progressive Aussicht

Abbildung 10: Kategorie der Formen und ihre Bedeutung (zit. nach Bender, 2020, S. 213)

6.8.3. Shahar-Levys Konzept der Emotorics

Die israelische Bewegungs- und Tanztherapeutin Yona Shahar-Levy hat Anfang der 2000er Jahre ihr Konzept von Emotorics vorgestellt (Shahar-Levy, 2016). Emotorics – Emotive Body Movement Mind Paradigm (EBMMP) ist ein psychodiagnostisches und bewegungsanalytisches Modell zur Beobachtung, Beschreibung und Interpretation des emotiv-motorischen Verhaltens. Shahar-Levy geht davon aus, dass jede Art von Bewegung eine emotionale Komponente enthält. Dieses „emotive movement" (emotive bzw. emotionale Bewegung) beinhaltet die über Bewegung ausgedrückte Verflechtung von Emotionen, Trieben, Wahrnehmungen und zwischenmenschlichen Beziehungen. Dabei werden psychoanalytische, entwicklungsbezogene und neurobiologische Aspekte miteinbezogen. Das Modell besteht aus einer Matrix von 22 binären Kategorien, die emotiv-motorische Potenziale darstellen.

Shahar-Levy nimmt in ihren Ausführungen auch Bezug auf Daniel Stern, vor allem, wenn sie von der Entwicklung der persönlichen Bewegungsmuster in einem interpersonalen Umfeld spricht. Dabei beschreibt sie zwei grundlegende physische Beziehungsformen (arche-typal core-prototypes of interpersonal body-alignment): „the infant-parental envelope alignment" und „the separated-individuated self's body in face-to-face alignment" (Shahar-Levy, 2016, S. 295). Diese beiden Formen lassen sich auf dem Hintergrund des EBQ-P-Instruments auch in dessen Modi eingliedern, wobei erstere mit den Modi 0 bis 3 und letztere mit den Modi 4 bis 6 korrespondiert.

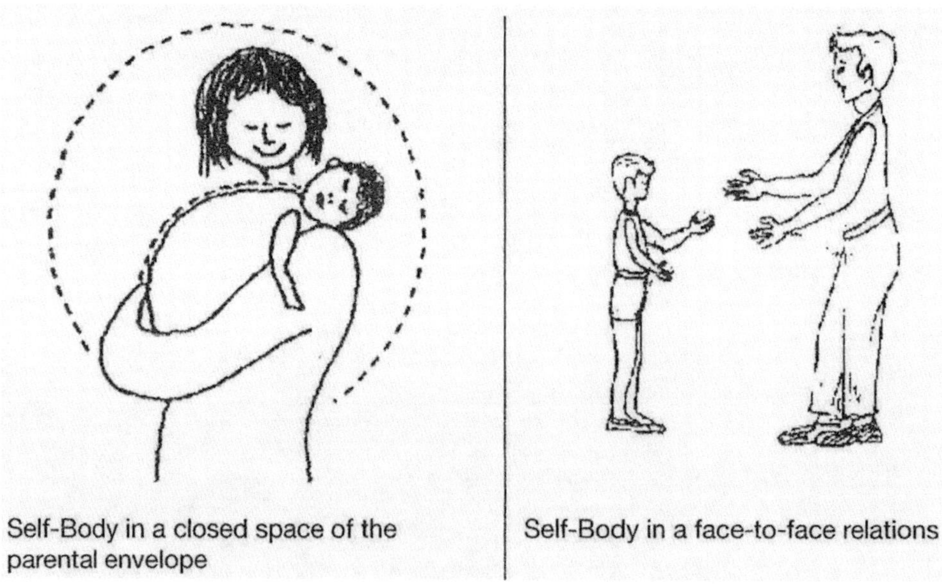

Abbildung 11: Archetypische Körperformen (Shahar-Levy, 2016, S. 306)

Weiters beschreibt Shahar-Levy „basic modifiers of emotive movement dynamics" und führt hier bereits aus anderen Systemen bekannte Parameter wie Energie, Form oder Qualität (als Ausdruck von Rhythmus und Regulation) an. Aus den zwei grundlegenden Bewegungsformen leitet sie auch zwei gleichartige „motor/postural core-prototypes" ab: „motor/postural attachment" und „separation-individuation" (Shahar-Levy, 2016, S. 297–298). Von besonderer Wichtigkeit sind sogenannte „forceful-ballistic motor patterns", die mit konstruktiver Aggression einhergehen.

Aus all diesen Elementen erstellt Shahar-Levy schließlich eine binäre Matrix, anhand derer die emotive Bewegung beschrieben und analysiert werden kann.

Category of Each Building-Blocks		**Envelope-Attachment Prototype** **P0 Potential Poles**						**Self-Forcefulness Prototype** **P1 Potential Poles**
Motor Activity		No Visible Movement						Visible Movement
Muscle Activation	**Energy**	No Muscle Contraction						Muscle Contraction
Motor Activation Cycles		Motor Flow						Motor Inhibition
General Use of Body		Weightiness/Use of Weight						Forcefulness/ Use of Force
Intensity Level		Low Intensity						High Intensity
Body Attitude to Gravity		Pro-Gravity Alignment						Counter-Gravity Alignment
Relation to Self-Body	**Form**	Inward Movement						Outward Movement
Trunk-Limbs Activation		Trunk Activity						Limbs Activity
Joint Activity / Shape		Flexion						Extension
Archetypal Body Shape		Round-Curved Shapes						Straight-Linear Shapes
Relation to Body Center		Symmetry						Non-Symmetry
Emotive Motor Discharge		Undulation, Wavy M.						Ballistic, Projective M.
Type of Movement I		Rotation						Regulated Progression
Type of Movement II		Bi-Directional						Uni-Directional
Range of Movement		Small Range						Wide Range
Direction in Spatial		Horizontal Alignment						Vertical Alignment
Relation to Time	**Regulation**	Quick Movement						Slow Movement
Rhythmicity		Fragmentary Movement						Continuous Movement
Attitude to Change		Osciillations, Transitions						Fixation
Openness to Alternatives		Repetition						Modulation, Variation
Degree of Differentiation		Non-Differentiation						Differentiation
Covert/Overt Intention		Indirect Movement						Direct Movement
Attention Types		Diffused Attention						Focused Attention

Abbildung 12: Binäre Matrix des Emotorics Konzeptes (nach Shahar-Levy, 2016, S. 303)

Von besonderem Interesse ist dabei, dass Hanna Skrzypek, Musiktherapeutin, Musikpädagogin und Musikerin, die in ihrer Dissertation das Modell von Shahar-Levy ausführlich darstellt, auch eine Verbindung zum EBQ-Instrument herstellt. Mit diesen beiden Beobachtungsverfahren, verarbeitet in ihrem Modell einer Körper-Bewegung-Musik-Partitur, führte sie eine Evaluierung der Musiktherapie bei Erwachsenen mit Schizophrenie durch (Skrzypek, 2019).

Alle drei Bewegungsanalyseverfahren sollen den Beobachtungsschwerpunkt „Bewegung“ im adaptierten EBQ-P-Instrument theoretisch untermauern, ohne jedoch eine Analyse in der Detailliertheit dieser Verfahren in das Instrument integrieren zu können. Aspekte, die sich schließlich auf das Beziehungsgeschehen auswirken, wurden in die Merkmallisten aufgenommen. Für detailliertere Analysen sollten weiterhin die vorgestellten Analyseverfahren herangezogen werden.

7. Das EBQ-P-Instrument – adaptierte Fassung des Instruments zur Einschätzung der Beziehungsqualität für den musik- und tanzpädagogischen Bereich

7.1. Überblick

Das EBQ-P-Instrument zur Einschätzung der Beziehungsqualität in musikpädagogischen Kontexten analysiert die Art und Weise, wie eine Beziehung zu sich selbst (Körper und Stimme), zu Objekten (Musikinstrumente und Klangerzeuger, zusätzliches Lernmaterial) und zu Anderen (Lehrperson, andere Teilnehmende) während Unterrichtseinheiten von (Elementarem) Musik- und Bewegungsunterricht aufgenommen wird. Durch die Anwendung von Merkmalsbeschreibungen lässt sich die beobachtete Qualität der Beziehungsfähigkeit bestimmen und einschätzen.

Das EBQ-P-Instrument besteht aus 5 Skalen:
- der KEBQ-P-Skala für den körperlich-emotionalen Beziehungsausdruck
- der VBQ-P-Skala für den vokalen stimmlichen Beziehungsausdruck
- der IBQ-P-Skala für den instrumentalen Beziehungsausdruck
- der SBQ-P-Skala für den sprachlichen Beziehungsausdruck
  und
- der PBQ-Skala für die Einschätzung der pädagogischen Lehrperson, ihres methodischen Vorgehens und der damit verbundenen Beziehungsqualität

Jede der fünf Skalen besteht aus Merkmallisten, die die jeweiligen Beziehungsqualitäten (Modi) beschreiben und somit eine Einschätzung der Beziehungsfähigkeit in einer im Vorhinein per Video aufgezeichneten Unterrichtsszene ermöglichen.

Die erste Ebene der Anwendung des EBQ-P-Instruments besteht in der Auswahl einer der vier Skalen, die der lernenden Person zugeordnet sind, und der Verwendung der Pädagog*innen-Skala. Auf der zweiten Ebene findet sich die Beschreibung spezifischer Beobachtungsschwerpunkte im Allgemeinen. Auf der dritten Ebene wird für jeden Modus der Beziehungsqualität das Hauptmerkmal angeführt, gefolgt von den detaillierten Beschreibungen der Modi und Modusdifferenzierungen, strukturiert anhand der jeweiligen Beobachtungsschwerpunkte.

Eine Übersichtstabelle am Ende jeder Skala fasst die Beschreibungen stichwortartig zusammen. Für eine Einschätzung sollten jedoch immer die ausführlicheren Merkmallisten herangezogen werden.

In einer weiterer Merkmalliste, ohne eine eigenständige Skala darzustellen, sind aufgrund der im pädagogischen Bereich zumeist existierenden Gruppenkonstellationen für jeden Modus *Gruppenaspekte* angegeben, die bei der Einschätzung der Beziehungsqualität zusätzlich herangezogen werden können.

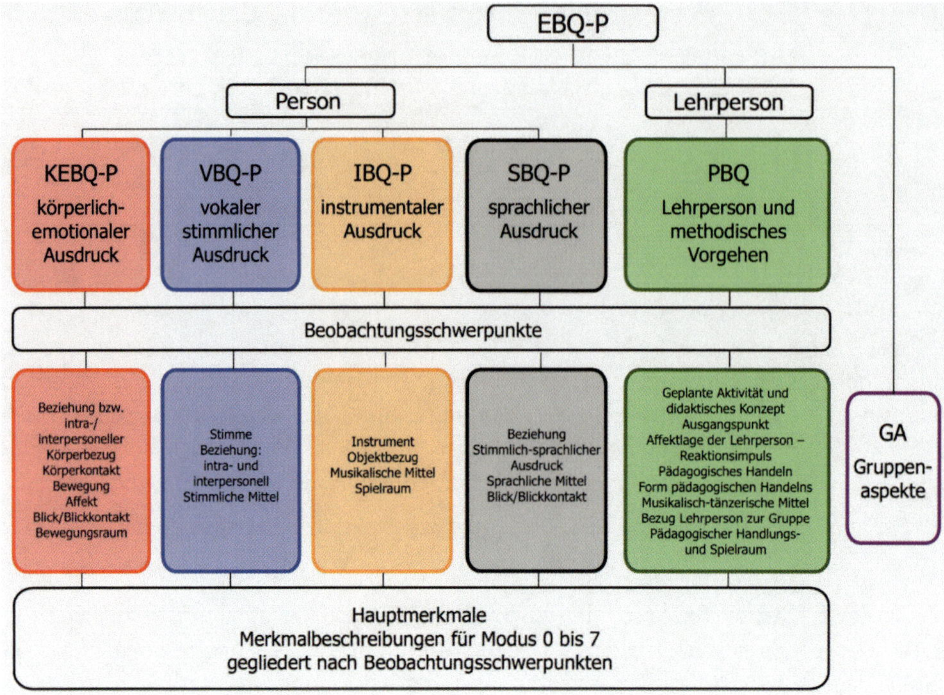

Abbildung 13: Aufbau des EBQ-P-Instruments

7.2. Die Skalenauswahl

Liegt eine relevante Szene zur Einschätzung vor, lässt sich anhand der im Video beobachtbaren Aktivitäten und Aktionen feststellen, welche der Skalen für die Analyse verwendet werden sollte. Im Falle von instrumentalem Spiel oder bei Verwendung von Objekten wird die IBQ-P-Skala herangezogen, bei vokalen oder sängerischen Aktionen die VBQ-P-Skala, im Falle von hauptsächlich sprachlichen Inhalten die SBQ-P-Skala und bei körperlichen, bewegungshaften und tänzerischen als auch bei vornehmlich emotionalen Inhalten die KEBQ-P-Skala. Oftmals können auch mehrere Bereiche betroffen sein und somit auch mehrere Skalen eingesetzt werden. In jedem Falle ist es aber wichtig, zusätzlich zu den Personenskalen auch die PBQ-Skala heranzuziehen, da das EBQ-P-Instrument immer die Beziehung betrachtet und somit auch die Lehrperson anhand ihrer Skala eingeschätzt werden soll.

Für zusätzliche Gruppenphänomene bietet die Merkmalliste der Gruppenaspekte weitere Einschätzungsmöglichkeiten.

7.3. Die Beobachtungsschwerpunkte

Nach der Auswahl der jeweiligen Skala anhand des beobachteten Geschehens (instrumentales oder vokales Arbeiten, sprachliche oder tänzerische Inhalte) geben die Beobachtungsschwerpunkte eine Orientierung, welche Phänomene durch die jeweilige Skala repräsentiert werden. Im körperlich-emotionalen Ausdruck sind dies z. B. Körperkontakt, Bewegung, Affekt, Blick etc. Bei der Durchführung der Einschätzung werden diese Schwerpunkte herangezogen und dann mittels Merkmalsbeschreibungen die unterschiedlichen Modi eingeschätzt. Ist ein Kind z. B. mit einem Instrument beschäftigt, exploriert dieses, folgen die Augen seinem Tun und entspricht die Affektlage den produzierten Tönen, wird das beobachtete Verhalten als IBQ-P Modus 3 eingeschätzt.

7.4. Die Beziehungsqualitäten im EBQ-P-Instrument – eine veranschaulichende Beschreibung

Die Einschätzung der Beziehungsqualität erfordert eine adäquate Vorstellung über Beziehungsphänomene und deren Erscheinungsbild im alltäglichen Geschehen. Um einen klareren Blick für die Anwendung der Merkmalsbeschreibungen zu ermöglichen, wird in diesem Abschnitt eine idealtypische Beschreibung der einzelnen Beziehungsqualitäten bzw. Modi vorgenommen. Um die Lesbarkeit zu erhöhen, wurden die einzelnen Skalen nicht getrennt voneinander behandelt, sondern in den einzelnen Modi zusammengefasst oder ergänzend beschrieben. Für viele der beschriebenen Modi gilt auch, dass sie auf mehreren Ebenen sichtbar werden. Der körperliche Ausdruck zeigt sich also auch im instrumentalen Spiel, oder die vokale Beziehungsphänomene lassen sich auch sprachlich wiederfinden. Jedoch kann es der Fall sein, dass die Modi über mehrere Skalen hinweg nicht übereinstimmen, sondern die teilnehmenden Personen unterschiedliche Beziehungsqualitäten in einzelnen Skalen zeigen. So kann der sprachliche Ausdruck eine Qualität zeigen, die man im instrumentalen Spiel (noch) nicht vorfindet. Hier befindet sich die Person in den jeweiligen Ausdrucksbereichen auf unterschiedlichen Ebenen, was auch in diesem Sinne so eingeschätzt werden soll. Dadurch entsteht ein umfassenderes Bild der Beziehungsfähigkeit der eingeschätzten Person auf mehreren Ebenen.[18]

Modus 0 bezeichnet die Beziehungsqualität der Kontaktlosigkeit. Die Lehrperson versucht mittels musikalischer oder tänzerischer Angebote mit einer teilnehmenden Person (einem Kind, einem*r Schüler*in, einer*m Teilnehmenden) in Kontakt zu treten. Die Person ist aber für die Lehrperson nicht erreichbar. Die Angebote bzw. Aufgaben der Lehrperson werden nicht wahrgenommen. Dieser Modus fin-

18 Zu jedem Modus existiert auch ein Anschauungs- bzw. Lehrvideo, das in Ausbildungsseminaren die Beziehungsqualität veranschaulichen kann.

det sich in musikpädagogischen Kontexten kaum, da grundsätzlich ein Mindestmaß an Kommunikationsfähigkeit für pädagogisches Arbeiten nötig ist. Modus 0 tritt in diesem Kontext meist, wenn überhaupt, nur kurzfristig auf, im Sinne eines „Abschaltens von Kontaktbereitschaft“ bzw. bei einem Rückzug der Person in stereotype Verhaltensweisen.

Die Lehrperson sollte in diesem Falle weniger versuchen, die Person wieder in den Kontakt zurückzubringen, sondern eine Atmosphäre schaffen, die eine Beziehungsaufnahme ermöglicht, und zudem die Person in die klanglichen Aktivitäten der übrigen Gruppe einbetten.

In **Modus 1** (sensorischer Kontakt bzw. Kontakt-Reaktion) lassen sich kurze positive Reaktionen, wie stimmliche oder sprachliche Äußerungen, beobachten, die Ausdruck der inneren (emotionalen) Bewegung sind. Zumeist geht dieser Äußerung eine Koordination von verschiedenen Sinnesreizen voraus – die Person hört, was sie gleichzeitig auch spürt oder sieht. Bei sehr jungen Kindern, aber auch in inklusiven Gruppen, sind vermehrt auch sensorische Bedürfnisse bemerkbar. Instrumente oder auch andere Materialien werden mit allen Sinnen wahrgenommen (also auch z. B. der Geschmack eines Xylophonstabs).

Die Lehrperson versucht in Modus 1 die Sinneseindrücke der Person wie Spüren, Sehen und Hören sowie ihr Körperempfinden in Übereinstimmung zu bringen und eine sogenannte intermodale Verknüpfung herzustellen, die schließlich zu den reaktiven Äußerungen der Person führt. Diese Äußerungen sind jedoch noch nicht bewusst nach außen auf den Anderen oder ein Objekt gerichtet.

Der **Modus 2** wird als *Kontakt zur Affektregulation* bezeichnet. Diese Beziehungsqualität tritt meist dann zu Tage, wenn die agierende Person unter großen Stress gerät, sich in einer überfordernden Situation befindet oder andere Auslöser für den Aufbau großer innerer Spannung vorhanden sind. Diese wird im körperlich-emotionalen Ausdruck sichtbar, wobei der Affekt im Vordergrund steht.

In Modus 2a reagieren die Personen entweder verweigernd, ablehnend bzw. mit stereotypen Handlungen. Dabei können abwehrende Handlungen oder gänzliche Verweigerung auftreten. Der Blick der Person ist meist völlig abgewandt.

Bei Modus 2b werden die Personen von den Affekten überflutet und zeigen aggressive bzw. destruktive Handlungen, werfen Instrumente herum, schlagen sich selbst, andere Teilnehmende oder auch die Lehrperson, schreien oder schimpfen. Es sind große, sehr kraftvolle, intensive bzw. aggressive Bewegungen, die zumeist auch sehr hastig und unvermittelt auftreten, sowie große Unruhe und übertriebener, verzerrter oder ambivalenter mimischer Ausdruck zu beobachten. Werden Instrumente gespielt, so ist die Klangfarbe, der Rhythmus, das Tempo und die Dynamik an den hohen und unregulierten Affekt gebunden. Der Blick verharrt am Gesicht der Anderen und kontrolliert damit deren Reaktionen.

In Modus 2c führen die hohen Affekte zwar nicht zu einer Überflutung, sondern werden mit gesteigertem Affekt in provokativer Weise gegen die Lehrperson oder auch andere Teilnehmende gerichtet und können zur Funktionalisierung der Gruppe oder einzelner Teilnehmender genutzt werden. Absichtlich störende Handlungen oder provokative Äußerungen sind zu beobachten.

Der Modus 2 lässt sich im pädagogischen Alltag immer wieder feststellen. Die Lehrperson ist gefordert, die Affektabstimmung und die Gestaltung der hohen Affekte der Person mit körperlichen, musikalisch-tänzerischen oder auch verbalen Mitteln herbeizuführen, oder zumindest eine Beruhigung zu ermöglichen. Die Lehrperson stellt sich dabei in den Dienst der affektdysregulierten Person und deren Handlungen, was auch zu Unterrichtsunterbrechungen oder -modifikationen führen kann. Sie fühlt sich in diesem Sinne „funktionalisiert“. Gleichzeitig ist im Gruppenkontext auf die Aufrechterhaltung von Struktur und auf Auswirkungen auf die Dynamik zu achten.

Modus 3 beschreibt den Kontakt zu sich selbst bzw. eine Form des Selbsterlebens. Hauptmerkmal ist der intentionale, explorierende Umgang mit dem eigenen Körper, der Stimme oder einem Instrument, das in seiner Funktion als resonanz- und klanggebendes Objekt erkannt wird. Im körperlich-emotionalen Bereich wünscht sich die Person den körperlichen Kontakt, um sich in ihrer Selbstwirksamkeit zu erfahren. Die Person erlebt sich zudem als Urheberin ihrer Handlungen. Die Stimmungslage ist aufmerksam und ruhig. Die agierende Person wirkt völlig in ihre Handlung vertieft, ist fasziniert von den Klängen eines Instruments und der Möglichkeit, es zum Klingen zu bringen oder ist begeistert von den selbstgestalteten Bewegungsformen. In Bezug auf die Gruppe ist jedoch kaum eine Kontaktaufnahme wahrzunehmen. Die Person bleibt für sich und nutzt diesen Modus manchmal auch als Rückzug von der Gruppe.

Die Lehrperson imitiert, begleitet, umspielt, besingt, umtanzt die Äußerungen bzw. Handlungen der Person, um ihr den Körper und dessen Bewegungen, die Stimme, das instrumentale Spiel bzw. eigenes urheberschaftliches Handeln bewusst zu machen und die Explorationsbestrebungen zu unterstützen. Ein Kontakt von Person zu Person scheint noch nicht tiefgehend möglich zu sein.

Die Fähigkeit die Aufmerksamkeit gemeinsam auf etwas Drittes zu richten ist eine der Grundvoraussetzungen für viele typische Lehr-Lern-Situationen. In **Modus 4** wird diese Fähigkeit zur Inter-Attentionalität, auch Joint Attention genannt, sichtbar. Die an der Aktivität bzw. dem Unterricht Teilnehmenden werden nun gewahr, dass sie Mitglieder einer Gruppe sind und zeigen Interesse an Anderen und an einer gemeinsamen Tätigkeit. Die Lehrperson wird als Gegenüber klarer adressiert, mit Blicken, mit Berührungen, mit Angeboten zur Gemeinsamkeit. Auch das Instrumentalspiel wird deutlicher, da das Instrument als solches erkannt und verstanden wird. Dabei können sich Angleichungen im musikalischen Spiel oder auch synchrone Momente ergeben. Es entsteht der Wunsch, das Erleben des gemeinsamen Spiels durch die andere Person bestätigt zu finden. Diese Rückversicherung wird meist in Blicken zur Lehrperson deutlich. Durch diese Rückversicherung sucht die

Person auch nach einer Bekräftigung der eigenen Urheberschaft, die sich in Modus 3 entwickelt hat.

Die Lehrperson nimmt diese Idee der Gemeinschaftlichkeit wahr und versucht dem Bedürfnis der Person nach Rückversicherung ihrer Wahrnehmungen und Empfindungen nachzukommen. Es entsteht zusätzlich auch ein Gruppengefühl. Wichtig ist, dass die Lehrperson zwar ihre Ideen, Angebote oder auch Aufgaben einbringen kann, dass aber noch kein Dialog im eigentlichen Sinne möglich ist.

Dieser (musikalisch-tänzerische) Dialog ist schließlich das Hauptmerkmal des **Modus 5**. Das dialogische Prinzip beginnt in der Fähigkeit des Nachmachens, des Imitierens. Sobald es möglich ist, andere Personen in ihrem Sein zu erkennen, beginnt der Wunsch nach Austausch und gegenseitigem Zeigen, Lernen, Erfinden, Spielen.

Nach anfänglicher Übernahme von einzelnen Motiven (Modus 5a), werden auch ganze Sequenzen, Lieder oder Stücke erlernbar (Modus 5b). Oftmals ist die Übernahme von Motiven, Rhythmen, Vokalisen, Bewegungseinheiten etc. rein spielerisch motiviert. Dabei können auch Wechselspiele mit Wechselpausen oder Lückespiele entstehen. Schließlich entwickeln sich „richtige Dialoge“ in Form von Frage-Antwort-Spielen oder dialogischen Abfolgen, in denen auf einander Bezug genommen wird. Auch die Sprache wird nun in dialogischer Form eingesetzt. Die Fähigkeit dem Anderen zuzuhören und auch dessen Themen aufzunehmen wird deutlich.

Die Lehrperson erkennt, dass ein dialogisierendes Vorgehen nun möglich ist und sie mit ihren eigenen Ideen, Aufgaben, fachlichen und methodischen Vorstellungen, aber auch Gefühlen und Gedanken in Erscheinung treten kann. In ihrem Handeln geht sie davon aus, dass ihre musikalisch-tänzerischen Ideen aufgegriffen bzw. umgesetzt werden und gibt Anleitungen, Aufträge, Anregungen oder Impulse.

Der **Modus 6** zeugt von einer sicher etablierten Beziehung. Hauptmerkmal ist die emotionale Flexibilität und variable Ausdrucksfähigkeit. Das gemeinsame ausdrucksvolle (Rollen-)Spiel, ein Als-ob-Handeln, ein wechselvolles, auf einander bezogenes Tun ist erkennbar. Der körperliche Ausdruck, die Mimik und Gestik verbinden sich organisch mit den musikalisch-tänzerischen Aktivitäten. Die Lehrperson ist darauf bedacht, das gemeinsame musikalisch-tänzerische Tun freudvoll und motivierend zu gestalten und Kompetenzen auf- und auszubauen. Sie fühlt sich sowohl als echte Spielpartnerin als auch als Unterrichtende.

Der **Modus 7** schließlich führt das Beziehungshandeln auf eine neue Ebene. Gerade im pädagogischen Kontext ist das Hinführen zur Entwicklung eines selbständigen Arbeitens, Erfindens und Erforschens eines der zentralen Ziele. Auch das Gestalten eines Gruppengefüges, das ohne die direkte Einflussnahme der Lehrperson ihre Aufgaben und kreativen Prozesse erledigen kann, ist ein wichtiges Anliegen. Insofern ist das Hauptmerkmal in dieser Form der Beziehungsqualität die selbstständige Ausführung vereinbarter Aufgaben, über die sich Lehrperson und Teilnehmende vorher verständigt haben.

Die Lehrperson ist als Sicherheitsanker oder in (er)klärender Funktion präsent, aber für die Aufgabenausführung aufgrund der bereits durchgeführten adäquaten Vorbereitung nicht mehr nötig.

Da die Sprache an sich ein kommunikatives Medium ist, zeigt sich der Modus 7 in der Sprachskala in etwas abgewandelter Form. Hauptmerkmal ist die Fähigkeit zur sprachlich geäußerten Reflexion. Einerseits wird deutlich, dass die Person sich sprachlich reflektierend über eigenes Erleben und Handeln (Modus 7a) bzw. empathisch über das Befinden des Anderen äußern kann (Modus 7b). Es kann auch die Erzählung einer Geschichte, eines Films oder eines nicht selbst erlebten Inhalts stattfinden, bei dem der Kontakt zum Gegenüber wesentlich ist. Dabei sind der emotionale Bezug zum Gegenüber und zum erzählten Inhalt beobachtbar (Modus 7c). Die Lehrperson ist jedenfalls auch hier Ankerpunkt und ein resonanzgebendes Gegenüber, das der Person Vertrauen in deren eigenes Tun widerspiegelt.

Abschließend soll noch eine Gegenüberstellung der Theorie der Selbstentwicklung nach Daniel Stern mit den daraus entwickelten Modi des EBQ-P-Instruments vorgestellt werden. Die im Folgenden abgebildete Tabelle 4 wurde durch eine Arbeitsgruppe[19] um Karin Schumacher und Thomas Bergmann in Rahmen einer Publikation zu Autismus und Intelligenzminderung erstellt (Bergmann et al., 2011) und vom Autor modifiziert. Die dabei beschriebenen Hauptmerkmale geben nur einen Ausschnitt aus den im endgültigen EBQ-P-Instrument angeführten Kriterien an.

19 Die Arbeitsgruppe bestand aus Thomas Bergmann, Isabel Dziobek, Silke Reimer, Karin Schumacher, Albert Diefenbacher und Tanja Sappok.

Selbstentwicklung nach D. Stern (Entwicklungsalter)	**EBQ-P-Modi**	**Hauptmerkmale**
keine Entsprechung	Modus 0 Kontaktlosigkeit	Isolation, kein Blick, affektiver Ausdruck schwer lesbar
Auftauchendes Selbst (pränatal angelegt)	Modus 1 Sensorischer Kontakt / Kontakt-Reaktion	kurze Reaktion auf Verknüpfung der Sinnes- und Gefühlswahrnehmung
Selbst mit einem regulierenden Anderen	Modus 2 Kontakt zur Affektregulation	hoher, unregulierter Affekt, kontrollierend, funktionalisierend
Kernselbst als Gegenüber des Anderen (beobachtbar ab 2./3. Monat)	Modus 3 Kontakt zu sich selbst – Selbsterleben	Exploration, Wahrnehmung von Selbstwirksamkeit und Urheberschaft
Intersubjektives Selbst (>9 Monate)	Modus 4 Kontakt zum Anderen – Intersubjektivität	geteilte Absicht/ Aufmerksamkeit, Rückversicherung
	Modus 5 Beziehung zum Anderen – Interaktivität	Interaktion, Dialog
	Modus 6 Begegnung – Interaffektivität	Freude an Gegenseitigkeit, Symbolisches Spiel
Verbales Selbst (>18 Monate)	Keine direkte Entsprechung	Sprachentwicklung
Narratives Selbst (>36 Monate)	Modus 7 (Sprachskala) Narration – sprachliche Reflexion	Konstruktion einer eigenen, kohärenten Geschichte („story"), die Teil einer gemeinsamen Geschichte („history") wird

Tabelle 4: Entsprechung von EBQ-P-Modi und Sterns Theorie der Selbstentwicklung (modifiziert nach Bergmann et al., 2011, S. 16)

7.5. Zur Ausformulierung der Merkmalslisten des EBQ-P-Instruments

Die Beschreibung der Beobachtungsschwerpunkte und Merkmale orientiert sich sehr eng am musiktherapeutischen EBQ-Instrument von Schumacher und Calvet (2007) bzw. Schumacher et al. (2013). Manche Beschreibungen wurden direkt aus der Veröffentlichung von 2013 ohne weitere Zitierung übernommen[20], manche paraphrasierend angepasst, einige durch Konkretisierungen und Adaptierungen erweitert, andere völlig neu hinzugefügt, wodurch eine Anpassung an den musik- und tanzpädagogischen Gebrauch ermöglicht wurde.

Die in den Merkmallisten beschriebene „Lehrperson" kann jede Form einer musikpädagogischen Profession darstellen, also eine Elementare Musik- und Bewegungpädagog*in, eine schulische Lehrkraft, eine Instrumentallehrperson, eine Person, die Workshops durchführt, etc.

Mit „Person" werden in Erweiterung des Begriffs „Kind" im ursprünglichen EBQ-Instrument jene Personen bezeichnet, die im Fokus der Beobachtung stehen. Dies können also Vorschulkinder, Schüler*innen, Teilnehmende an Musik- und Tanzgruppen, Workshopteilnehmende oder weitere Personen sein, die in den Unterrichtskontext eingebunden sind. In der Beobachtung und Einschätzung wird die Beziehungsqualität bestimmt, die an der Lehrperson und der beobachteten Person (aus der Gruppe) erkennbar ist.

7.6. Die Anschauungs- und Lehrvideos

Die Merkmallisten des EBQ-P-Instruments werden ergänzt durch Anschauungs- und Lehrvideos, um typische Beispiele für jeden einzelnen Modus zur Hand zu haben. In den jeweiligen Videos können letztlich aber nicht alle Aspekte, die in den Merkmallisten beschrieben sind, wiedergefunden werden, da es sich ja um „echte Unterrichtsausschnitte" handelt und alle Merkmale im Regelfall nicht zur gleichen Zeit auftreten.

Ziel ist es, durch ein Anschauungsvideo einen Eindruck zu gewinnen, wie sich die einzelnen Modi phänomenologisch zeigen und welche Aspekte davon die Einschätzung beeinflussen. Somit kann im Einschätzungsfall die Sicherheit und Eindeutigkeit beim Prozedere erhöht werden. Diese Lehrvideos werden aus datenschutzrechtlichen Gründen nicht der Publikation beigefügt, sind aber in Ausbildungsseminaren zur Veranschaulichung zu sehen.

---

20 Die direkte Übernahme von Textteilen aus den Merkmallisten des therapeutischen EBQ-Instruments wurde mit Karin Schumacher abgesprochen und dient der Vergleichbarkeit. Auf eine Ausweisung der übernommenen Texte bzw. Textbausteine wurde zugunsten der Lesbarkeit und Benutzerfreundlichkeit verzichtet. Im Sinne einer Adaptierung des ursprünglichen Instruments erschien dies als zielführend und zulässig.

7.7. Die Skalen des EBQ-P-Instruments und ihre ausführlichen Merkmalsbeschreibungen

KEBQ-P:
Merkmalliste zur Einschätzung des körperlich-emotionalen Ausdrucks

Beobachtungsschwerpunkte:

1. Beziehung bzw. Intra-/Interpersoneller Körperbezug
Intrapersoneller Körperbezug beschreibt den Entwicklungsstatus des eigenen Körperempfindens, den Kontakt zum eigenen Körper.
Interpersoneller Körperbezug bezeichnet die Fähigkeit, im körperlichen Kontakt bzw. Austausch mit einer anderen Person zu sein.

2. Körperkontakt
Körperkontakt beschreibt die Bereitschaft bzw. den Wunsch der Person, sich berühren zu lassen (in unterschiedlicher Intensität) bzw. selbst aktiv körperlichen Kontakt aufzunehmen. Im pädagogischen Kontext ist die Ausprägung des Körperkontakts je nach Setting und Alter sehr unterschiedlich.

3. Bewegung
Die Bewegungen der Person werden nach Art und Weise von Bewegungsformen sowie deren Ausdrucksqualität mit Hilfe bewegungsrelevanter/tänzerischer Parameter wie Körper (welche Teile, Körperbeherrschung), Kraft (Energie, Gewicht), Bewegungsfluss, Raum (Raumnutzung, Raumwege, Richtungsbewegung), Zeitbeziehung (Dynamik, Phrasierung) und Form eingeschätzt.

4. Affekt
Der Affekt ist anhand mimischer und gestischer bzw. körperlich sichtbarer Phänomene beobachtbar.

5. Blick / Blickkontakt
Die Qualität des Blickes sowie die Art und Dauer des Blickkontaktes bestimmen die Einschätzung.

6. Bewegungsraum
Die Nutzung des Raums für Bewegung, Ausdruck und Spiel werden hier eingeschätzt.

Modus 0: Kontaktlosigkeit

Hauptmerkmal ist das Nichtzustandekommen der sozialen Interaktion. Die Person ist für die Lehrperson nicht zugänglich.

Beziehung / Körperbezug
Eine Beziehung zur eigenen Körperlichkeit ist in der Beobachtung nicht oder schwer festzustellen. Eine Selbstkohärenz und somit eine Intrasynchronisation ist nicht entwickelt. Auf ein interpersonelles Angebot wird nicht reagiert.

Körperkontakt
Die taktilen Angebote durch die Lehrperson führen zu keinerlei Reaktionen der Person.

Bewegung
Auf ein bewegungsmäßiges Angebot wird nicht reagiert. Stattdessen können Stereotypien oder Verhaltensweisen auftreten, die in keinem Bezug zu Angebot oder Aufgabe stehen.

Affekt
Der Affekt ist schwer zu deuten. Ein rascher Wechsel von einem neutralen Affekterleben zu Unruhe kann auftreten.

Blick / Blickkontakt
Die Person zeigt keinen Blickkontakt zur Lehrperson oder zu anderen Teilnehmenden.

Bewegungsraum
Der Raum wird nicht genutzt. Die Person bleibt statisch.

Modus 1: Sensorischer Kontakt / Kontakt-Reaktion

Hauptmerkmal ist das passive Zulassen von Körperkontakt. Kann die Person die koordinierten (Reiz-)Angebote verknüpfen, sind kurze positive Reaktionen zu beobachten.

Beziehung / Körperbezug
Ein Empfinden des eigenen Körpers kann durch die Verbindung verschiedener Sinneseindrücke (intermodale Verknüpfung) entstehen. Die propriozeptive Wahrnehmung dient dabei als Grundlage für die Selbstkohärenz. Eine flüchtige Wahrnehmung des Körperkontaktes kann beobachtet werden.

Körperkontakt
Die Person lässt den Körperkontakt, die körperliche Berührung passiv zu.

Bewegung
Das Wahrnehmen der eigenen Bewegungen bzw. der Bewegungen von anderen kann kurzfristig im Sinne einer Kontakt-Reaktion beobachtet werden.

Affekt
Lässt sich eine Verbindung verschiedener Sinneseindrücke (intermodale Verknüpfung) herstellen, reagiert die Person mit einem kurzen positiven Vitalitätsaffekt.

Blick / Blickkontakt
Die Person zeigt flüchtige, schweifende Blicke, die die Quelle des Reizangebotes suchen. Die Lehrperson wird dabei noch nicht als Person wahrgenommen.

Bewegungsraum
Der Raum wird noch nicht als Spielraum erkannt. Die Person ist mit der Verbindung und Verarbeitung unterschiedlicher Sinneseindrücke befasst.

Modus 2: Kontakt zur Affektregulation

Hauptmerkmal ist eine hohe innere Spannung bzw. Unruhe, die durch Körper und Mimik sichtbar werden. Der Blickkontakt kann eine kontrollierende Qualität annehmen. Die starken Affekte sind vordringlich wahrnehmbar.

Modus 2a: Die Person verweigert den Kontakt aktiv aufgrund hoher innerer Spannung.

Modus 2b: Die Person wird von ihren Affekten überflutet.

Modus 2c: Die Person agiert provokativ und versucht zugleich die Gruppe für ihre Bedürfnisse zu funktionalisieren.

Beziehung / Körperbezug
Die sehr hohe Spannung bzw. Unruhe verweist auf ein nicht kohärentes Körperempfinden. Die Affekte bestimmen den Körperausdruck. Die Lehrperson sollte sich für die Affektregulation zur Verfügung stellen, sich funktionalisieren lassen. Das Spüren des eigenen Körpers ist in den Aktionen herabgesetzt. Durch unkontrollierte Bewegungen können Verletzungen entstehen, die erst später wahrgenommen werden.

Körperkontakt
a) Der Körperkontakt wird gänzlich abgelehnt. Die Person wendet sich ab.
b) Der Körperkontakt ist unreguliert und kann „ambivalent“ zwischen Erwünschtheit und Ablehnung pendeln. Nähe und Distanz sind nicht ausbalanciert. Die Person ist entweder von Aggressionen gegen sich selbst überwältigt oder sie zeigt Fremdaggressionen. Stresszeichen und Übersprungshandlungen können auftreten sowie häufige Versuche zur Selbstregulation.
c) Ein Körperkontakt ist nicht vorhanden oder wendet sich aggressiv-provokativ gegen die Lehrperson oder andere Teilnehmende.

Bewegung

a) In der Bewegung zeigt sich die Ablehnung bzw. Abwendung von der Lehrperson.
b) Die Bewegungsqualität ist unkoordiniert. Durch die hohe Anspannung und Unruhe entstehen große, sehr kraftvolle, intensive bzw. aggressive Bewegungen, die zumeist auch sehr hastig und unvermittelt sind. Die Person kann meist nicht auf einem Platz im Raum bleiben.
c) Die Bewegung führt in hoher Anspannung in Richtung der Lehrperson oder anderer Teilnehmender mit provokativen Gesten.

Affekt

a) Die hohen Affekte führen zu einer Abwendung von anderen Personen (Lehrperson, Teilnehmende). Selbst- und Fremdaggressionen sind möglich. Die Affekte können sich auch in Stereotypien verpackt zeigen.
b) Die Person macht die Erfahrung, dass sie von eigenen hohen Affekten bedroht bzw. überflutet wird. Große Unruhe und übertriebener, verzerrter oder ambivalenter mimischer Ausdruck sind beobachtbar. Der hohe Affekt kann in Auto- oder Fremdaggression münden.
c) Die hohen negativen Affekte führen zwar nicht zu einer Überflutung, sondern richten sich gegen die Lehrperson und können zur Funktionalisierung der Gruppe oder einzelner Teilnehmender für die eigenen Bedürfnisse genutzt werden. Die Person versucht für ihr provokatives Verhalten in der Gruppe Unterstützung zu finden.

Blick / Blickkontakt

a) Der Blick wird von den anderen Personen abgewendet und der Kontakt nicht mehr aufgenommen. Der Blick wird starr oder unbestimmt auf den Boden bzw. einen Gegenstand gerichtet.
b) Bei Autoaggressionen blickt die Person nicht zur Lehrperson bzw. anderen Teilnehmenden. Bei Fremd- bzw. Objektaggressionen verharrt sie mit dem Blick am Gesicht des*der Anderen und kontrolliert damit dessen*deren Reaktionen.
c) Der Blick ist einerseits auf die Lehrperson gerichtet und andererseits wird mit dem Blick versucht, die anderen Teilnehmenden für das eigene emotionale Verhalten zu gewinnen und somit die Gruppe zu funktionalisieren.

Bewegungsraum

Der Raum kann zur Distanzierung oder zum Ausagieren der Unruhe genutzt werden.

Modus 3: Kontakt zu sich selbst / Selbsterleben

Hauptmerkmal ist die Wahrnehmung des eigenen Körpers als Ausgangspunkt für eine Handlung. Die Person wünscht den körperlichen Kontakt, um sich in ihrer Selbstwirksamkeit und Urheberschaft zu erfahren. Sie wirkt aufmerksam und ruhig.

Beziehung / Körperbezug
Die Person kann Beziehung zu sich selbst herstellen, eine Intrasynchronisation ist somit beobachtbar. Sie erlebt sich als Urheberin ihrer Handlungen. Dies ermöglicht Kontakt zu sich selbst und führt zu Selbstkohärenz. Die Gegenwart der Lehrperson, ggfs. auch anderer Teilnehmender, dient der längerfristigen Exploration des eigenen Körpers bzw. des von anderen. Der Kontakt führt manchmal auch zu einer Verarbeitungspause.

Körperkontakt
Der Körperkontakt wird nicht nur akzeptiert, sondern gewünscht. Dies wird sichtbar und deutlich durch die Körperhaltung. Um den eigenen Körper besser empfinden zu können, exploriert und entdeckt die Person die Möglichkeiten und Fähigkeiten des eigenen Körpers und/oder der Körper von Anderen.

Bewegung
Die von der Körpermitte ausgehenden Bewegungen sind koordiniert. Im Sinne der Exploration werden alle Parameter der Bewegung in unterschiedlichen Intensitätsgraden erforscht, wobei die Stimmungslage ausgeglichen ist. Aus dem Agieren der Person können erkennbare Formen von Bewegungsabläufen bzw. auch Tanz entstehen.

Affekt
Eine ruhige, klare, aufmerksame Affektlage ist längerfristig zu beobachten. Die Person möchte eigene Ideen umsetzen.

Blick / Blickkontakt
Der Blick hat eine ruhige beobachtende Qualität und folgt den eigenen Bewegungen und Handlungen. Blicke zu anderen Teilnehmenden sind selten und ohne erkennbare Intention.

Bewegungsraum
Die Exploration der eigenen körperlichen Möglichkeiten führt auch zur Exploration des Raumes als Spiel- und Bewegungsraum.

Modus 4: Kontakt zum Anderen / Intersubjektivität

Hauptmerkmal ist die Fähigkeit zur gemeinsamen Aufmerksamkeit (Inter-Attentionalität, Joint Attention). Die Person zeigt Interesse an Anderen und an einer gemeinsamen Tätigkeit. Der Körper wird zur interpersonalen Erfahrung eingesetzt. Andere Personen werden in die Wahrnehmung eingeschlossen.

Beziehung / Körperbezug
Die Fähigkeit zur Inter-Attentionalität (Joint Attention) entwickelt sich, wodurch auch eine Beziehung zur Lehrperson bzw. anderen Teilnehmenden entsteht. Gemeinsame körperliche Aktivitäten werden möglich. Gemeinsame Wünsche können sich ausbilden (Inter-Intentionalität).

Körperkontakt
Die körperliche Berührung bekommt eine interpersonelle Qualität. Das eigene Körperempfinden kann rückversichert werden. Die Körper von Anderen werden als solche wahrgenommen und adressiert.

Bewegung
Bewegungsmäßige bzw. (auch) tänzerische Abstimmungs- bzw. Koordinationsvorgänge (in den beobachtbaren Parametern) treten auf. Die Bewegungslust wird durch Bestätigung von außen aktiviert bzw. gefördert. Eine größere Form mit Anfang und Ende einer gemeinsamen Aktivität wird von der Person und den Teilnehmenden mitvollzogen.

Affekt
Das Bedürfnis, Andere in das eigene Erleben einzubeziehen, führt zu mehr Selbstkohärenz und Selbstaffektivität. Die Person reguliert sich selbst, indem sie sich mit einer Bezugsperson über den Blickkontakt affektiv austauscht. Affektive Abstimmungsmomente können auftreten. Eine freudig gelöste Gefühlslage ist beobachtbar.

Blick / Blickkontakt
Die gemeinsame Ausrichtung der Aufmerksamkeit auf das körperliche musikalisch-tänzerische Tun wird möglich. Die Person sucht den Blick der Lehrperson oder anderer Teilnehmender, wenn sie etwas Besonderes erlebt hat (soziale Rückversicherung). Auch ein den Anderen Zusehen sowie Blicke zur Kameraperson sind möglich.

Bewegungsraum
Der Bewegungsraum wird mit anderen geteilt. Eine gemeinsame Nutzung wird deutlich.

Modus 5: Beziehung zum Anderen / Interaktivität

Hauptmerkmal ist der von der Person und von Anderen (Lehrperson, Teilnehmende) gewünschte Kontakt mit dialogischem Charakter. Ein regelmäßiger Blickkontakt ist erkennbar.

Beziehung / Körperbezug
Durch eine länger andauernde Aufmerksamkeit auf den*die Anderen (Inter-Attentionalität, Joint Attention) entsteht eine „Verdichtung" der Beziehung, die sich auch in der körperlichen Interaktion zeigt. Die Beziehung ist etabliert und stabil, Person und Lehrperson bzw. andere Teilnehmende reagieren dialogisch aufeinander.

Körperkontakt
Die Person initiiert von sich aus den Körperkontakt zu anderen und kann diesen auch beantworten oder organisch beenden (und somit eine Pause einführen).

Bewegung
a) In der Bewegung wird eine Wechselseitigkeit deutlich. Freie Bewegungen (ohne feste Form) werden imitiert.
b) Die Imitation erfolgt in einer vorgegebenen Form (z. B. Tanzschritte).
c) Die eigenen Bewegungen werden mit Anderen in dialogischer Weise ausgetauscht. Motive werden wechselseitig initiiert und imitiert, auch synchrone Bewegungen treten auf bzw. werden herbeigeführt. Die unterschiedlichen Parameter sowie der Ausdruck werden von den sich Bewegenden wahrgenommen. Eine Form entsteht durch ein bewussteres Bewegen/Tanzen und es kann zu Wiederholungen kommen.

Affekt
Beide Partner*innen befinden sich zunehmend in einem positiven Affekt, der sich in häufigem Lächeln ausdrückt. Die längerfristige Interaktion ist begleitet von positiver Stimmung und zeigt sich in Mit- und Nachmachen bzw. einem Frage-Antwortspiel.

Blick / Blickkontakt
Ein regelmäßiger Blickaustausch in Form eines dialogischen Wechsels kann beobachtet werden. Die Blicke können unterschiedliche Qualitäten einnehmen, wie fragende, auffordernde, konzentrierte Blicke.

Bewegungsraum
Die gemeinschaftliche Nutzung des Raumes wird mit den Anderen ausgehandelt. Der Raum wird für das imitierende bzw. dialogische Handeln genutzt.

Modus 6: Begegnung / Interaffektivität

Hauptmerkmal ist die emotionale Flexibilität und variable Ausdrucksfähigkeit. Die Beziehung ist sicher etabliert. Der Körper dient dem spielerischen, flexiblen Austausch und kann Symbolisches ausdrücken. Ein Als-ob-Handeln ist oft erkennbar.

Beziehung / Körperbezug
Die Beziehung zeigt eine sichere Gebundenheit. Die Person hat Vertrauen in die Reaktionen der Lehrperson bzw. anderer Teilnehmender. Beide sind in der Lage, sich ohne Einschränkung aufeinander zu beziehen und das Nähe-Distanz-Verhältnis zu regulieren.

Körperkontakt
Der Körperkontakt ist spielerisch und zeigt vielfältige Ausdrucksmöglichkeiten. Dabei werden oftmals Rollenspiele durchgeführt. Es tritt ein Als-ob-Handeln auf. Der Körperausdruck kann symbolische Bedeutungen annehmen.

Bewegung
Die Bewegungen sind flexibel und ausdrucksvoll. Der Körper wird als Spiel-Instrument verstanden und verwendet. In den Bewegungen (bzw. im Tanz) zeigt sich eine kongruente emotionale Befindlichkeit der sich gemeinsam Bewegenden (Interaffektivität). Der Raum wird in seinen Dimensionen als Spielraum genutzt. Die Dynamik ist frei und flexibel.

Affekt
Körper und Affekt bilden eine Einheit. Es entsteht ein anhaltender grundsätzlich positiver Affekt, der von der Person (aus)gehalten und mit anderen geteilt wird (Interaffektivität). Die Stimmigkeit und emotionale Flexibilität werden deutlich. Das Annehmen unterschiedlicher Rollen mit ihren entsprechenden Affekten ist möglich.

Blick / Blickkontakt
Im Blickkontakt wird die flexible Ausdrucksfähigkeit ebenso deutlich. Der Blick kann unterschiedliche Affekte transportieren, ohne dass die Beziehung belastet oder gefährdet wird. Dabei treten (rollen)spielerische Elemente in den Vordergrund.

Bewegungsraum
Der Bewegungsraum wird als gemeinsamer Spielraum für gegenseitigen Austausch und spielerische Umsetzung genutzt.

Modus 7: Selbständiges Ausführen von Aufgaben

Hauptmerkmal ist die selbständige Ausführung vereinbarter Aufgaben, über die man sich verständigt hat. Die Teilnahme der Lehrperson ist nicht mehr nötig.

Beziehung / Körperbezug
Die Beziehung ist soweit gesichert und stabil, dass Aufgaben auch ohne direkte Anteilnahme der Lehrperson ausgeführt werden (können).

Körperkontakt
Der Körperkontakt ist flexibel handhabbar.

Bewegung
Die Bewegungen entsprechen den vereinbarten Aufgaben.

Affekt
Das eigene innere Ausdrucksbedürfnis entspricht der Aufgabenstellung. Die Angebote werden angenommen und die Aufgaben erfüllt.

Blick / Blickkontakt
Der Blickkontakt ist interessiert.

Bewegungsraum
Der Raum wird zur selbständigen Erfüllung der Aufgaben genutzt.

KEBQ-P	**0**	**1**	**2**	**3**	**4**	**5**	**6**	**7**
Beziehung / Körperbezug	keine Selbstkohärenz, keine sichtbare Beziehung	Körperempfinden entsteht, kurze Wahrnehmung des Körperkontakts	hoher Tonus, funktionalisierend	Selbstkohärenz, Selbst in Gegenwart des Anderen	Bestätigung der Selbstkohärenz durch Andere, Intersubjektivität	angemessener Tonus, etabliert und dialogisch	sicherer Umgang mit dem eigenen Körper, Nähe-Distanz-Regulation	Aufgaben und eigene Ideen verbinden, selbstständiges Agieren
Körperkontakt	kein	lässt passiv Körperkontakt zu	a) ablehnend b) aggressiv c) gegen Lehrperson	Selbstempfinden durch Körperkontakt	Bestätigung der Körpererfahrung durch Andere	interpersonelle Qualität, wechselseitig	spielerisch	flexibel
Bewegung	keine bzw. kein Bezug	kurzfristige Bewegungswahrnehmung	a) wegbewegend b) unkoordiniert, aggressiv, intensiv c) Richtung LP	koordiniert, Exploration eigener Bewegungen	Abstimmung und Koordination mit Anderen	a) freie Imitation b) Formimitatio c) dialogisch	flexibel	Bewegungen beziehen sich auf Aufgaben
Affekt	schwer zu deuten	kurz positiv erregt, sonst neutral	hoher Affekt	ruhig	Bedürfnis, den Anderen einzubeziehen	längerfristig entspannt und positiv	emotionale Flexibilität	Anpassung an Aufgaben
Blick / Blickkontakt	kein	flüchtig	kein bzw. kontrollierend	aufmerksam	rückversichernd mit Pausen	regelmäßiger Blickaustausch	emotional flexibler Blickaustausch	interessiert
Bewegungsraum	kein	kein	Distanzierung Ausagieren	Exploration	gemeinsames Teilen	gegenseitiges Aushandeln	spielerische Nutzung	entsprechend der Aufgaben

VBQ-P:
Merkmalliste zur Einschätzung des vokalen stimmlichen Ausdrucks

Beobachtungsschwerpunkte:

1. Stimme

Die stimmlichen Äußerungen werden nach Art, Dauer und Ausprägung im Hinblick auf ihre Beziehungsqualität eingeschätzt.

2. Beziehung: intra- und interpersonell

Intrapersonell: Die Beziehung zur eigenen Stimme entsteht durch eine körperlich propriozeptive Rückmeldung der stimmlichen Äußerungen. Diese Wahrnehmung der eigenen Schwingungen wird durch die Resonanz in der Stimme deutlich.
Interpersonell: Der interpersonelle Aspekt stellt die stimmlichen Äußerungen in einen zwischenmenschlichen Kontext. Entwicklungspsychologische Erkenntnisse dienen zur Einschätzung der Art und Weise, wie die eigenen stimmlichen Äußerungen zur Entwicklung einer zwischenmenschlichen Beziehung beitragen.

3. Stimmliche Mittel

Die stimmliche Ausdrucksweise wird durch die Beschreibung der verfügbaren stimmlichen Mittel (Vokalisationstypen, stimmliche Eigenschaften) in ihrer Beziehungsqualität eingeschätzt. Dazu gehört vor allem auch die Aktivität des Singens.

Modus 0: Kontaktlosigkeit

Hauptmerkmal sind fehlende stimmliche Äußerungen.

Stimme
Stimmliche Angebote der Lehrperson werden scheinbar nicht wahrgenommen bzw. haben keinen Aufforderungscharakter. Es sind keine stimmlichen Äußerungen bzw. stimmlichen Reaktionen von Seiten der Person beobachtbar.

Beziehung
Eine Beziehung ist weder intra- noch interpersonell nachweisbar.

Stimmliche Mittel
Stimmliche Mittel sind nicht wahrnehmbar, da keine Äußerungen gemacht werden.

Modus 1: Sensorischer Kontakt / Kontakt-Reaktion

Hauptmerkmal sind kurzfristig auftretende stimmliche Äußerungen, die Ausdruck innerer Bewegung sind.

Stimme
Die kurzfristig auftretenden stimmlichen Äußerungen sind das Ergebnis der Erfahrung innerer Bewegung und zeigen sich als Ausdruck von Vitalitätsaffekten.

Beziehung
Stimmliche Äußerungen, die spontan entstehen, geben eine innere körperliche (propriozeptive) Rückmeldung, wodurch eine intrapersonelle Beziehung zwischen Stimme und Körper entsteht.

Stimmliche Mittel
Vokalartige Laute sind wahrnehmbar. Während stimmhafte Grundlaute und geräuschhafte Laute in der Regel unmoduliert sind, zeigen Vokalisationen größere Resonanz und Modulation. In Überraschungslauten (im Sinne von Vitalitätsaffekten) werden Freude, Staunen, Angst, etc. ausgedrückt.

Modus 2: Kontakt zur Affektregulation

Hauptmerkmal sind stimmliche Äußerungen, die Ausdruck eines hohen Affektes aufgrund innerer Spannungen sind.

Modus 2a: *Die Person verweigert den Kontakt aktiv aufgrund hoher innerer Spannung.*

Modus 2b: *Die Person wird von ihren Affekten überflutet.*

Modus 2c: *Die Person agiert provokativ und versucht zugleich die Gruppe für ihre Bedürfnisse zu funktionalisieren.*

Stimme
a) Die Person verweigert den Kontakt. Dies kann von stimmlichen Äußerungen unter hoher Anspannung begleitet sein, aber auch stimmlos passieren.
b) Stimmliche Äußerungen lassen sich als Ausdruck hoher Spannung, innerer Not und dringender eigener Bedürfnisse wahrnehmen. In manchen Fällen können die Äußerungen auch im Sinne einer versuchten Selbstregulation in stereotyper Weise auftreten.
c) Die Person bringt stimmliche Äußerungen hervor, die das Unterrichtsgeschehen beeinflussen und die Gruppe der übrigen Teilnehmenden für die eigene Aktivität funktionalisieren möchte.

Beziehung
Die intrapersonelle Beziehung (von Stimme und Körper) ist erkennbar. Die interpersonelle Beziehung ist deutlich funktionalisiert, d. h. die Lehrperson, andere Teilnehmende bzw. die gesamte Gruppe wird für die Regulation der Bedürfnisse der Person (Affektentladung, ...) verwendet.

a) Die Person lehnt ein Beziehungsangebot aktiv und mit Nachdruck ab.
b) Die Person nutzt die Lehrperson oder andere Teilnehmende zur Regulierung der hohen Affekte.
c) Die Person versucht mit ihren provokativen stimmlichen Äußerungen das Unterrichtsgeschehen zu beeinflussen.

Stimmliche Mittel
Die stimmlichen Äußerungen zeigen vokalartige Laute, die entweder unmoduliert, gepresst und resonanzarm geäußert werden oder sich in Schreien manifestieren. Der Ausdruck ist an den hohen Affekt gebunden und die hohe emotionale Intensität kann zu entsprechender Lautstärke führen. In manchen Fällen treten auch stereotype monotone stimmliche Äußerungen auf. Es entsteht keine Form.

Modus 3: Kontakt zu sich selbst / Selbsterleben

Hauptmerkmal ist der explorierende Umgang mit der eigenen Stimme. Die Person erlebt sich als Urheberin der stimmlichen Äußerungen.

Stimme
Stimmliche Äußerungen werden als eigene Ausdrucksmöglichkeit wahrgenommen und erkundet. Erste Ansätze des Singens treten auf.

Beziehung
Die stimmliche Äußerung gibt dem Körper eine propriozeptive Rückmeldung, die bewusst wahrgenommen wird (intrapersonelle Beziehung). Das hörbare Ergebnis wird von der Person als eigene Produktion erkannt (Urheberschaft), wodurch ihre vokalen Äußerungen längerfristig anhalten. Die Person möchte eigene Ideen umsetzen. Der Kontakt zu sich führt manchmal zu einer Verarbeitungspause.

Stimmliche Mittel
Die stimmlichen Äußerungen reichen von Atemgeräuschen bis zu vokalartigen Lauten bzw. tonhaften Singstimmenerkundungen, die durch das Sich-selbst-Zuhören moduliert werden. Klangfarbe, Tonhöhen, Rhythmus, Tempo und Dynamik werden exploriert und variiert. Eine Form kann durch pädagogische Unterstützung entstehen.

Modus 4: Kontakt zum Anderen / Intersubjektivität

Hauptmerkmal ist die Wahrnehmung der Lehrperson beim gemeinsamen Vokalisieren bzw. Singen. Der Wunsch der Person nach Gemeinsamkeit und Bestätigung der stimmlichen Äußerungen durch die Lehrperson (Rückversicherung) wird deutlich.

Stimme
Die Person entwickelt das Bedürfnis, das Erleben der eigenen stimmlichen Äußerungen mit der Lehrperson oder anderen Personen in Verbindung zu bringen. Die Stimme wird zur Herstellung von Interaktion eingesetzt.

Beziehung
Die interpersonelle Beziehung wird durch den Wunsch nach Rückversicherung deutlich. Inter-Attentionalität ist durch das gemeinsame Thema, eine stimmliche Äußerung, ein gemeinsames Lied gegeben. Die Inter-Intentionalität drückt sich im Wunsch nach Gemeinsamkeit aus. Eigene Ideen der Lehrperson und anderer Personen werden zugelassen, aber noch nicht imitiert.

Stimmliche Mittel
Klangfarbe, Tonhöhen, Rhythmus und Dynamik werden andeutungsweise mitvollzogen. Eine vorgegebene Form mit Anfang, Pause und Ende wird mitgestaltet. Synchrone Momente können entstehen und werden ausgehalten. Die stimmliche Äußerung wird durch die positive Bestätigung der Lehrperson aktiviert.

Modus 5: Beziehung zum Anderen / Interaktivität

Hauptmerkmal ist die entwickelte Fähigkeit, Vokalisationen zu imitieren sowie Lieder zu erlernen und aktiv mitzugestalten. Im dialogischen Austausch wird das aufeinander Bezug Nehmen deutlich.

Stimme
Die stimmlichen Äußerungen werden eingesetzt

a) zur Imitation (z. B. von lautmalerischen Äußerungen, Tönen, Phrasen, ...),
b) zum Erlernen eines Liedes,
c) zum gegenseitigen dialogischen Austausch von stimmlichen Motiven im Sinne eines Frage- und Antwortspiels.

Beziehung
Eine interpersonelle Beziehung ist durch die aufeinander bezogenen stimmlichen Äußerungen, Vokalisationen bzw. Lieder/Liedteile zu beobachten.

Stimmliche Mittel
Klangfarbe, Tonhöhen, Rhythmus, Melodie, Tempo und Dynamik vokaler Äußerungen werden gegenseitig zur Gänze oder in Teilen imitiert, mitgestaltet, ergänzt bzw. wechselseitig initiiert.

Modus 6: Begegnung / Interaffektivität

Hauptmerkmal ist der gemeinsame, emotional flexible Umgang mit der Stimme in einem spielerischen Kontext.

Stimme
Person und Lehrperson bzw. andere Teilnehmende äußern sich stimmlich in einem gemeinsamen lustvollen Spiel. Oft werden die stimmlichen Äußerungen assoziativ mit Vorstellungsinhalten verknüpft und spielerisch moduliert.

Beziehung
Die Beziehung hat einen spielerischen Charakter und kann vor allem durch Rollenspiele oder Vorstellungsinhalte angeregt werden.

Stimmliche Mittel
Das Auftreten von Nonsenssilben, (Nonsens-)Reimen, (Nonsens-)Liedern und singendes Erzählen (in einer Rolle) ist für den spielerischen Umgang mit der Stimme typisch. Eine Gegenseitigkeit im emotionalen und persönlichen Ausdruck ist beobachtbar. Die Dynamik der vokalen Äußerungen ist durch den spielerischen Affekt bzw. Vorstellungsinhalt bestimmt.

Modus 7: Selbständiges Ausführen von Aufgaben

Hauptmerkmal ist die selbständige Ausführung vereinbarter stimmlicher Aufgaben, über die man sich verständigt hat. Die Teilnahme der Lehrperson ist nicht mehr erforderlich.

Stimme
Das eigene innere stimmliche Ausdrucksbedürfnis wird der Aufgabenstellung angepasst. Die Angebote werden angenommen und die Aufgaben selbständig (auch in Verbindung mit der Gruppe) erfüllt.

Beziehung
Die Beziehung ist soweit gesichert und stabil, dass Aufgaben auch ohne direkte Anteilnahme der Lehrperson ausgeführt werden (können).

Stimmliche Mittel
Die verschiedenen Parameter (Klangfarbe, Tonhöhen, Rhythmus, Tempo und Dynamik) der vokalen stimmlichen Äußerungen sind durch die Aufgabenstellung vorgegeben bzw. kreativ zu gestalten.

VBQ-P	0	1	2	3	4	5	6	7
Stimme	nicht wahr-nehmbar	kurzfristig wahrnehm-bar	funktionalisiert affektabhängig a) auch stimmlos b) hohe Spannung c) funktionalisiert	als Ausdrucks-mittel erkannt und exploriert	zum Rückver-sichern	a) Imitation b) Lied erlernen c) dialogischer Austausch	gemeinsame spielerische stimmliche Äußerungen Assoziationen	entspre-chend der Aufgaben
Bezie-hung	keine erkenn-bare	kurzfristig int-rapersonell	funktionalisiert zu a) Ablehnung b) Affektregulation c) provokative Be-einflussung	Entdeckung der Urheberschaft	inter-intentional, inter-attentional Rückversicherung	dialogische Beziehung	spielerische Be-ziehung Rollenspiele, Phantasie	selbständiges Agieren
Stimm-liche Mittel	treten nicht in Er-scheinung	Vitalitäts-affekte wer-den stimm-lich hörbar	vokalartige Laute alle Parameter sind an einen Affekt ge-bunden bzw. bin-den ihn keine Form	explorative Laute Klangfarbe, Tonhöhe, Rhythmus, Dynamik, Aus-druck werden ex-ploriert Form entsteht durch Lehrperson	andeutungs-weises Mitvoll-ziehen Mitgestaltung Form durch Wahrnehmung von Anfang, Pau-sen und Ende	Imitation, Lie-der, gegenseitiges Übernehmen von Motiven gemeinsame Formfindung	spielerischer Umgang mit Stimme gegenseitiger spielerischer und persönlicher Ausdruck freie Dynamik	Parameter durch Aufga-ben vorgege-ben

IBQ-P:
Merkmalliste zur Einschätzung des instrumentalen Ausdrucks

Beobachtungsschwerpunkte:

1. Instrument

Der Gebrauch von Instrumenten (darunter werden Musikinstrumente, Klangerzeuger und andere Objekte verstanden) sowie die Spielweise werden nach Art und Dauer eingeschätzt.

2. Objektbezug

Auf entwicklungspsychologischer Basis werden die Art und Weise, wie mit Instrumenten (Musikinstrumente, Klangerzeuger und andere Objekte) hantiert wird, wie mit ihnen gespielt wird und wie sie in die zwischenmenschliche Beziehung einfließen, eingeschätzt.

3. Musikalische Mittel

Hier dienen musikalische Parameter wie Klangfarbe, Rhythmus, Melodie, Harmonie, Tempo, Dynamik und Form zur Einschätzung von instrumentaler Spielweise und Ausdrucksqualität.

4. Spielraum

Spiel- und Tonraum auf einem Instrument (Musikinstrumente, Klangerzeuger und andere Objekte) sowie der gemeinsame Spielraum beim Zusammenspiel werden eingeschätzt.

Modus 0: Kontaktlosigkeit

Hauptmerkmal sind fehlende Reaktionen der Person auf Instrumente (Musikinstrumente, Klangerzeuger oder weitere Objekte). Angebote der Lehrperson werden scheinbar nicht wahrgenommen.

Instrument

Instrumente, die sich im Raum befinden, werden scheinbar nicht wahrgenommen. Sie haben keinen Aufforderungscharakter und führen trotz Angeboten von Seiten der Lehrperson zu keiner sichtbaren Reaktion, die zu einem Kontakt führen würde.

Objektbezug

Eine Bezugnahme ist nicht feststellbar. Instrumente können weder als Objekt noch als Klangerzeuger das Interesse der Person wecken.

Musikalische Mittel
Das angebotene Instrumentarium führt zu keiner sichtbaren positiven Reaktion und wird von der Person nicht als Ausdrucksmöglichkeit bzw. Spielobjekt angenommen.

Spielraum
Es entsteht kein Spielraum.

Modus 1: Sensorischer Kontakt / Kontakt-Reaktion

Hauptmerkmal ist die Fähigkeit, verschiedene Sinnesreize zu verknüpfen, wodurch eine Kontakt-Reaktion entsteht.

Instrument
Durch ein (oft auch zufälliges) Hantieren mit einem Instrument wird ein Klangereignis hörbar. Das Spüren und Hören können zu einem kurzen Anschauen des Instrumentes führen (Kontaktreaktion). Diese Erfahrung verändert kurzfristig den affektiven Zustand der hantierenden Person, der in Mimik und Gestik beobachtbar ist.

Objektbezug
Das Instrument wird sensorisch wahrgenommen und für eigene sensorische Bedürfnisse (Tasten, Riechen, Schmecken) genutzt. Es wird nicht als vom eigenen Körper getrennt erlebt und in seiner Funktion als Klangerzeugungsobjekt noch nicht erkannt und somit auch nicht in diesem Sinne bewusst benutzt.

Musikalische Mittel
Ein Klangereignis kann durch das sensorische Verwenden des Instrumentes zufällig entstehen und kurzfristig wahrgenommen werden. Es entsteht noch keine Form.

Spielraum
Es entsteht kein Spielraum aufgrund der unbewussten und zufälligen Klangerzeugung.

Modus 2: Kontakt zur Affektregulation

Hauptmerkmal ist die Verwendung eines Instrumentes für eigene affektive Bedürfnisse.

Modus 2a: *Die Person verweigert den Kontakt aktiv aufgrund hoher innerer Spannung.*

Modus 2b: *Die Person wird von ihren Affekten überflutet.*

Modus 2c: *Die Person agiert provokativ und versucht zugleich die Gruppe für ihre Bedürfnisse zu funktionalisieren.*

Instrument
Das Instrument wird entsprechend des affektiven Zustandes funktionalisiert. Die Behandlung des Instruments kann folgendermaßen erfolgen:
a) stereotyp oder negierend (kein Spiel)
b) destruktiv
c) provokativ bzw. die Gruppe beeinflussend (Instrumentalisierung)

Objektbezug
a) Das (Musik-)Instrument wird in stereotyper Weise zum Klingen gebracht oder das Spiel bzw. das Instrument selbst wird verweigert.
b) Das (Musik-)Instrument wird zwar als Objekt erkannt, wird aber unter einem hohen Affekt gespielt bzw. destruktiv behandelt.
c) Das (Musik-)Instrument wird auf provokative Weise gespielt, sodass das Unterrichtsgeschehen davon beeinflusst wird.

Musikalische Mittel
a) Die Ausdrucksqualität ist meist monoton (stereotyp) oder nicht erkennbar.
b) Klangfarbe, Rhythmus, Tempo und Dynamik sind an einen hohen und unregulierten Affekt gebunden. Die Ausdrucksqualität ist meist laut (aggressiv-destruktiv).
c) Die Ausdrucksqualität ist durch einen hohen Affekt gekennzeichnet, ist aber nicht auf Destruktion gerichtet, sondern auf Provokation bzw. Unterrichtsbeeinflussung.

Es entsteht keine Form, d.h. Anfang und Ende des Spiels sind nicht erkennbar.

Spielraum
Der Spielraum ist sehr begrenzt und kann sich nicht weiterentwickeln. Es gibt keine Alternativen zum Ausdruck des hohen Affekts.

Modus 3: Kontakt zu sich selbst / Selbsterleben

Hauptmerkmal ist der intentionale, explorierende Umgang mit einem Instrument, das in seiner Funktion als resonanz- und klanggebendes Objekt erkannt wird.

Instrument
Das Instrument wird in seiner Funktion als resonanz- bzw. klanggebendes Objekt erkannt und exploriert. Es kann in seiner speziellen Klangqualität beobachtbare emotionale Veränderungen bei den Spielenden auslösen. Die auf das Instrument übertragene Affektlage entspricht dem Instrument und seinen materiellen Eigenschaften. Der Kontakt zu sich führt manchmal auch zu einer Verarbeitungspause.

Objektbezug
Das Objekt wird als „Musik-“ bzw. „Spiel“-Instrument erkannt. Es wird in explorierender Weise zum Klingen gebracht, d.h. unterschiedliche Spielweisen und Arten der Ton- bzw. Geräuscherzeugung und weitere Formen der Auseinandersetzung damit werden erforscht. Die Augen folgen dem eigenen Tun, die Hand-Augen-Koordination ist erkennbar. Der entstehende Klang wird mit der eigenen Aktivität in Zusammenhang gebracht (Urheberschaft). Die Affektlage kann mithilfe des Instruments ausgedrückt werden. Die Person möchte eigene Ideen umsetzen.

Musikalische Mittel
Klangfarbe, Rhythmus, Tonhöhe, Tempo, Dynamik und Ausdruck sind von der eigenen Stimmung geprägt, aber nicht durch sie eingeengt. Rhythmische und melodische Motive können hörbar werden. Eine Form kann zufällig entstehen bzw. durch die Lehrperson herbeigeführt werden, steht aber nicht im Vordergrund.

Spielraum
Durch die Exploration des Instrumentes wird ein Spielraum eröffnet.

Modus 4: Kontakt zum Anderen / Intersubjektivität

Hauptmerkmal ist die Wahrnehmung und die Verbindung zu einem Gegenüber im gemeinsamen Spiel. Die Person zeigt den Wunsch, das Erleben dieses Spiels durch die andere Person bestätigt zu finden (Rückversicherung).

Instrument
Das Instrument wird entsprechend seiner Funktion als Klangerzeuger gespielt und mit dem Spiel einer anderen Person in Zusammenhang gebracht. Das Erleben des gemeinsamen Spiels wird auch im Blickkontakt rückversichert.

Objektbezug
Die Person hat einen positiven Kontakt zu den Instrumenten gefunden. Das gemeinsame Spiel auf Instrumenten führt zur gemeinsamen Aufmerksamkeit (Inter-Attentionalität, Joint Attention). Die Rückversicherung zeigt, dass das Erleben von Gemeinsamkeit mit der Lehrperson oder mit anderen geteilt bzw. danach gesucht wird.

Musikalische Mittel
Gegenseitige rhythmische, klangliche oder tonale Abstimmungen bzw. Einschwingungsvorgänge sind beobachtbar. Das Spiel der Person, die die positive Bestätigung durch eine andere Person bemerkt, wird aktiviert und gewinnt an Ausdruck. Anfang und Ende eines gemeinsamen Spiels werden gemeinsam herbeigeführt und bewusst wahrgenommen.

Spielraum
Der Spielraum wird durch die Wahrnehmung einer anderen Person und durch das Spiel mit Anderen erweitert.

Modus 5: Beziehung zum Anderen / Interaktivität

Hauptmerkmal ist die entwickelte Fähigkeit zum Nachmachen. Im dialogischen Spiel werden der gegenseitige Austausch von Motiven, das aufeinander Bezug Nehmen sowie das Einhalten von Wechselpausen deutlich.

Instrument
Das Instrument wird dialogisch, zum Teil auch in Verbindung mit vokalen Äußerungen, gespielt. Dabei können auftreten:
a) Imitation von Motiven
b) Lückespiel oder Spiel unter Dirigat
c) gegenseitiger Austausch von Motiven im Sinne eines Frage-Antwort-Spiels

Objektbezug
Das Instrument wird bewusst (an)gespielt. Ein länger andauernder Dialog mittels der Instrumente wird möglich.

Musikalische Mittel
a) Rhythmische und melodische Motive bzw. klangliche Gestaltungen werden imitiert.
b) Das Lückespiel bzw. das Dirigat gibt eine musikalische Form vor.
c) Das eigene Spiel wird mit dem Spiel der anderen Person in dialogischer Weise ausgetauscht. Rhythmische und melodische Motive oder klangliche Gestaltungen werden wechselseitig initiiert, imitiert und variiert. Dynamik und Ausdruck werden von beiden Personen wahrgenommen und können musikalisch beantwortet werden. Eine Form entsteht durch ein bewussteres Spiel und kann zu Wiederholungen führen.

Spielraum
Der Spielraum wird mit der anderen Person ausgehandelt und geteilt. Die neuen Aspekte von Imitation, Wiederholung, Variation etc. erweitern den Spielraum.

Modus 6: Begegnung / Interaffektivität

Hauptmerkmal ist das gemeinsame ausdrucksvolle Spiel, das mit einer positiven emotionalen Befindlichkeit der Spielenden einhergeht. Echte Spielfreude ist zu beobachten.

Instrument
Das Instrument wird spielerisch und ausdrucksvoll zum Klingen gebracht, wobei die Art und Weise des Spiels den Eigenschaften des Instruments und der Affektlage der Person entspricht. Hierbei können Assoziationen ausgelöst bzw. Vorstellungsinhalte auf das Instrument übertragen werden.

Objektbezug
Das Instrument wird zum „Spiel"-Instrument. Das Spiel ist von einer positiven emotionalen Befindlichkeit (Freude bzw. Spaß) der Spielenden (Inter-Affektivität) geprägt und kann von einem Vorstellungsinhalt begleitet sein. Die Spielweise und der Ausdruck werden den emotionalen Inhalten des Spiels angepasst.

Musikalische Mittel
Die Dynamik ist „frei" und flexibel. Eine musikalische Form entsteht durch die emotionale Bezogenheit der beiden Spielenden bzw. durch den auftauchenden Vorstellungsinhalt. Musikalisch-formale Aspekte aus anderen Modi werden flexibel miteinbezogen (Imitation, Exploration, Synchronisation, Lücke- bzw. Frage-Antwort-Spiele etc.).

Spielraum
Es entsteht ein gemeinsamer Spielraum, der durch einen fließenden gegenseitigen Austausch gestaltet wird.

Modus 7: Selbständiges Ausführen von Aufgaben

Hauptmerkmal ist die selbständige Ausführung vereinbarter instrumentaler Aufgaben, über die man sich verständigt hat. Die Teilnahme der Lehrperson ist nicht mehr nötig.

Instrument
Das eigene innere Ausdrucksbedürfnis wird der Aufgabenstellung angepasst oder untergeordnet. Die Angebote werden angenommen und die Aufgaben instrumental erfüllt.

Objektbezug
Die Instrumente werden zur adäquaten Erfüllung der Aufgaben bzw. Angebote verwendet.

Musikalische Mittel
Die verschiedenen musikalischen Parameter der instrumentalen Äußerungen werden der Aufgabenstellung selbständig angepasst.

Spielraum
Der Spielraum wird zur Ausführung vorab vereinbarter Aufgaben bzw. zur eigenen Ausdrucksgestaltung genutzt.

IBQ-P	0	1	2	3	4	5	6	7
Instrument	nicht wahrgenommen kein Aufforderungscharakter	kurzfristig wahrgenommen Funktion wird nicht erkannt	funktionalisiert a) stereotyp b) destruktiv c) provokativ	als Musikinstrument exploriert	Klang- oder Geräuscherleben wird rückversichert	dialogisierend gespielt	ausdrucksvoll gespielt Assoziationen können entstehen	entsprechend der Aufgaben
Objektbezug	kein erkennbarer	sensorisch	a) stereotyp b) affekt-abhängig c) funktionalisiert LP und die Gruppe	intentional, explorierend	inter-intentional/ inter-attentional	Instrument dient dem Dialog	Instrument dient dem gem. Spiel/ Ausdruck von Vorstellungsinhalten	zum Erfüllen der Aufgaben
musikalische Mittel	kein Klangereignis	kurzes Klangereignis keine Form	a) keine oder stereotyp b) Klangfarbe, Tempo, Rhythmus und Dynamik sind „gebunden“ c) provokativer Einsatz	melodische/ rhythmische Motive, Klanggestalten Formfindung steht nicht im Vordergrund	klangliche/tonale Abstimmung rhythmische Einschwingungs- und Abstimmungsvorgänge Form entsteht durch Wahrnehmung von Anfang, Pausen und Schluss	gegenseitiges Übernehmen von Motiven a) Imitation b) Lückespiel c) Dialog gemeinsame Formfindung	emotionaler Ausdruck „freie“ Dynamik Form entsteht durch emotionale Bezogenheit bzw. durch Vorstellungsinhalt	Parameter durch Aufgaben vorgegeben
Spielraum	kein	kein	begrenzt	wird eröffnet	erweitert	gegenseitig ausgehandelt	gemeinsam	Ausführung vorab vereinbarter Aufgaben bzw. eigene Ausdrucksgestaltung

SBQ-P:
Merkmalliste zur Einschätzung des sprachlichen Ausdrucks

Beobachtungsschwerpunkte:

1. Beziehung

Es werden die verbalen Äußerungen im zwischenmenschlichen Kontext eingeschätzt. Vor allem die Gerichtetheit der Sprache (zu einer anderen Person oder zu sich selbst) ist von besonderer Bedeutung.

2. Stimmlich-sprachlicher Ausdruck

Zum stimmlich-sprachlichen Ausdruck zählen Affektgebundenheit, emotionale Intensität, stimmliche Aspekte wie Färbung, Modulation, Resonanz, etc. Es erfolgt eine Einschätzung der stimmlich-sprachlichen Qualitäten nach Art und Dauer der Äußerungen, wobei die Prosodie der Sprache und ihre Elemente wie Tempo, Rhythmus und Pausen beachtet werden.

3. Sprachliche Mittel

Die angewendeten sprachlichen Mittel (Ausrufe, Wörter, Sätze) werden nicht anhand ihrer Komplexität, sondern anhand ihres Auftretens, ihrer Intensität und ihrer Inhaltsfülle (nach Maßgabe der Symbolisierungsfähigkeit) eingeschätzt.

4. Blick / Blickkontakt

Hier werden die Qualitäten des Blickes (wie z. B. kontrollierend, rückversichernd), und die Dauer des Blickkontaktes eingeschätzt.

Modus 0: keine sprachliche Äußerung / Kontaktlosigkeit

Hauptmerkmal sind fehlende sprachliche Äußerungen. Auch non-verbal gibt es keine (sichtbaren) direkten Reaktionen auf die sprachlichen Angebote der Lehrperson.

Beziehung

Weder intra- noch interpersonell ist eine Beziehung nachweisbar.

Stimmlich-sprachlicher Ausdruck

Aufgrund fehlender sprachlicher Äußerungen kann kein sprachlicher Ausdruck beurteilt werden. Die Person zeigt keine sprachlichen Äußerungen, obwohl sie angesprochen wurde.

Sprachliche Mittel

Sprachliche Mittel sind nicht wahrnehmbar.

Blick / Blickkontakt

Die Person zeigt keinen Blickkontakt.

Modus 1: kurze sprachliche Äußerung / Kontakt-Reaktion

Hauptmerkmal sind kurze sprachliche Äußerungen, die Ausdruck innerer Bewegung sind. Diese verbalen Äußerungen sind noch nicht in Bezogenheit nach außen auf den Anderen oder ein Objekt gerichtet.

Beziehung
Die sprachlichen Äußerungen sind noch nicht an jemanden oder etwas gerichtet.

Stimmlich-sprachlicher Ausdruck
Die Sprache transportiert den affektiven Gehalt des Erlebten. Der stimmlich-sprachliche Ausdruck ist gekennzeichnet durch eine kurze affektive Äußerung, die positiv gefärbt ist. Sie drückt Überraschung, Staunen oder Freude aus.

Sprachliche Mittel
Sprachliche Mittel sind Konsonant-Vokal-Verbindungen. Als Beispiel gelten sprachliche Ausrufe und einzelne Worte, wie „juhu“ oder „wow“, die nicht an eine andere Person gerichtet sind.

Blick / Blickkontakt
Die Person zeigt flüchtige Blicke in Richtung der Lehrperson. Diese haben aber noch keine interpersonelle bzw. intersubjektive Bedeutung.

Modus 2: Kontakt zur Affektregulation – sprachlicher Ausdruck innerer Spannung

Hauptmerkmal sind sprachliche Äußerungen, die Ausdruck innerer Spannung sind.

Modus 2a): *Sprache mit bzw. zu sich selbst als Ausdruck innerer Spannung. Dies können auch nachgeahmte stereotyp verwendete Äußerungen sein. Auch eine Verweigerung der sprachlichen Auseinandersetzung kann auftreten.*

Modus 2b): *Die innere Not und die Anspannung werden durch Schimpfen im Kontakt mit einer anderen Person oder einem Objekt zum Ausdruck gebracht. Der sprachliche Ausdruck ist an den hohen Affekt gebunden. Die Sprache wird zu funktionalen Zwecken eingesetzt, um dringende eigene Bedürfnisse zu äußern.*

Modus 2c): *Die sprachlichen Äußerungen treten in Form von provokativer Sprache auf.*

Beziehung
Die sprachlichen Äußerungen sind Ausdruck innerer Not oder haben eine isolierende Funktion. Die Person ist in den sprachlichen Äußerungen gefangen und kann in ihrer Aktivität nicht unterbrochen werden.

a) Die Beziehung nach außen ist weniger bis gar nicht nachweisbar. Angebote werden sprachlos, selten auch sprachlich abgelehnt.

b) Die hohen Affekte sind im Sprachgebrauch nachweisbar. Die interpersonelle Beziehung wird für die Affektregulation funktionalisiert.
c) Die hohen Affekte werden zur Provokation und Beeinflussung des Unterrichtsgeschehens genutzt. Eine Funktionalisierung der Lehrperson oder anderer Teilnehmender zur Aktivierung einer Reaktion auf die Provokation wird vollzogen.

Stimmlich-sprachlicher Ausdruck
a) Im Falle eines stereotypen Verhaltens wirkt die Sprachmelodie nachgeahmt im Sinne einer Als-Ob-Sprache. Die sprachlichen Äußerungen wirken zwanghaft. Bei negierendem Verhalten können ablehnende Unmutsäußerungen auftreten.
b) Das Sprechen ist an einen hohen Affekt gebunden und äußert sich in der Intensität von Schimpfen. Die Sprachmelodie ist eher enggeführt, gepresst und kann eine überschlagende Stimme beinhalten. Sie ist unmoduliert und resonanzarm. Diese aufgeladene sprachliche Äußerung dauert an, hat ein schnelles Tempo und kennt kaum Pausen. Die emotionale Intensität kann zu entsprechender Lautstärke führen.
c) Das Sprechen ist emotional aufgeladen. Es kann ähnlich wie in a) gestaltet sein, wobei der Affekt nicht überflutend wirkt. Die provokative Gestaltung kann aber auch eine sehr variantenreiche Sprachmelodie beinhalten.

Sprachliche Mittel
a) Es werden mehrere vollständige Sätze oder Wörter als Satzäquivalente aneinandergereiht. Diese sind direkt nachgeahmt oder ein sinn- und zusammenhangsloses Nachsprechen gehörter Wörter oder Sätze (Echolalie). Bei negierendem Verhalten treten keine oder nur bruchstückhafte Äußerungen auf.
b) Es werden Wörter als Satzäquivalente oder mehrere vollständige Sätze aneinandergereiht. Dabei handelt es sich um Schimpfäußerungen.
c) Es werden Wörter als Satzäquivalente oder mehrere vollständige Sätze aneinandergereiht. Diese dienen der Provokation der Lehrperson oder anderer Teilnehmender.

Blick / Blickkontakt
a) Die Person blickt nicht zur Lehrperson.
b) Die Person blickt direkt und beständig in das Gesicht der Lehrperson oder anderer Teilnehmender und kontrolliert damit deren Reaktion.
c) Die Person blickt in provozierender Form die Lehrperson oder andere Teilnehmende an.

Modus 3: bewusste sprachliche Äußerung / Kontakt zu sich selbst

Hauptmerkmal ist die urheberschaftliche Verwendung eigener sprachlicher Äußerungen, die nur an sich selbst gerichtet sind.

Beziehung
Die intrapersonelle Beziehung wird deutlich. Die sprachliche Äußerung wird von der Person als eigene Produktion erkannt (Urheberschaft) und ist noch nicht an jemanden gerichtet. Es kann beobachtet werden, dass die Person vor sich hin spricht.

Stimmlich-sprachlicher Ausdruck
Die Sprache wird explorierend verwendet, um ihre Ausdrucksmöglichkeiten kennenzulernen. Der stimmlich-sprachliche Ausdruck gibt eine ausgeglichene Stimmungslage wieder. Die stimmlich-sprachlichen Äußerungen sind mit dem Körper verbunden und zeigen mehr Resonanz. Sie sind moduliert und variabel.

Sprachliche Mittel
Die sprachlichen Mittel sind Worte oder vollständige Sätze. Die Person erkennt das Gesprochene als eigenes Produkt (Urheberschaft). Die Sprache kann auch in explorativer Weise verwendet werden, mit Wortabänderungen oder Neuschöpfungen.

Blick / Blickkontakt
Der Blick hat eine ruhige Qualität und ist entweder auf die Beobachtung eines Objektes bzw. von Menschen konzentriert oder in sich gekehrt (in Gedanken sein).

Modus 4: an den Anderen gerichtete, ihn einbeziehende Äußerung – Kontakt zum Anderen

Hauptmerkmal ist, dass die Lehrperson wahrgenommen und die sprachlichen Äußerungen an sie gerichtet sind, ohne jedoch dialogischen Charakter anzunehmen.

Beziehung
Die Person richtet ihre sprachlichen Äußerungen an eine andere Person (Lehrperson oder Teilnehmende), ohne einen Dialog zu erwarten. Die Lehrperson wird als eigene Person wahrgenommen und einbezogen. Inter-Attentionalität ist durch das gemeinsame Thema einer sprachlichen Äußerung gegeben. Inter-Intentionalität im Sinne des Wunsches nach Gemeinsamkeit (z. B. gemeinsames Spiel) wird auch im Sprechen deutlich. Eigene Ideen werden in Bezogenheit zur Lehrperson sprachlich geäußert.

Stimmlich-sprachlicher Ausdruck
Der stimmlich-sprachliche Ausdruck ist gekennzeichnet durch den Wunsch, die eigene sprachliche Äußerung rückzuversichern.

Sprachliche Mittel
Bei den sprachlichen Mitteln werden Einwortsätze ebenso beobachtet wie vollständige Sätze, die jeweils in eine Situation eingebunden und an die Lehrperson gerichtet sind. Rückversichernde Fragen bzw. Ausdrücke können auftreten, wie "Schau mal!" oder "Wirklich?"

Blick / Blickkontakt
Ein Blickkontakt zur Lehrperson oder auch zu anderen Teilnehmenden kann beobachtet werden. Auch die gemeinsame Ausrichtung der Aufmerksamkeit (Joint Attention) auf das gemeinsame Tun ist erkennbar.

Modus 5: sprachlicher Dialog – Beziehung zum Anderen

Hauptmerkmal ist die Fähigkeit, Sprache in dialogischer Form einzusetzen und Wechselpausen einhalten zu können. Die Fähigkeit dem Anderen zuzuhören und auch dessen Themen aufzunehmen wird deutlich.

Modus 5a (dialogische Nachahmung – Imitation): *Eine Wechselseitigkeit wird deutlich und zwischen den Äußerungen werden Pausen eingehalten. Es kommt zu einer sprachlichen Imitation mit entsprechend übernommener Prosodie. Die Abgrenzung zur Echolalie besteht in der sinngebenden Aneignung bei der Imitation und der Bezogenheit des Blickes.*

Modus 5b (Lücken): *Die Person spricht in die im sprachlichen Dialog entstehenden Pausen/Lücken, zumeist als Antwort, und ergänzt so das fehlende Wort.*

Modus 5c (Dialog): *Ein dialogisches Gespräch im Sinne des Austausches von Ideen, Wünschen und Fragen entwickelt sich. Das gegenseitige und inhaltlich adäquate Eingehen auf Themen des Anderen ist nachweisbar. Bei voneinander abweichenden Wünschen kommt es nicht zu einem Beziehungsabbruch, sondern die Beziehung bleibt erhalten.*

Beziehung
Eine interpersonelle Beziehung ist durch aufeinander bezogene sprachliche Äußerungen nachweisbar.

Stimmlich-sprachlicher Ausdruck
Der stimmlich-sprachliche Ausdruck ist durch eine Sprache mit einer abwechslungsreichen Sprachmelodie gekennzeichnet. Es kann sich bei der Prosodie teilweise noch um eine reine Nachahmung handeln (Modus 5a), oder aber auch um einen eigenständigen sprachlichen Ausdruck (Modus 5b, 5c).

Sprachliche Mittel
a) Besonders deutlich im Hinblick auf die sprachlichen Mittel ist, dass die Person die geäußerten Worte der Lehrperson wiederholt, teilweise sogar in gleicher Prosodie (dialogische Nachahmung). Die Wortäußerungen sind in eine Situation eingebunden.

b) Hier steht der dialogische Wechsel mit Einhaltung von Pausen im Vordergrund.
c) In einem Dialog werden Empfindungen, Wünsche, Meinungen, Beobachtungen etc. ausgetauscht.

Blick / Blickkontakt
Der Blickkontakt zur Lehrperson ist ebenso vorhanden wie die Inter-Attentionalität (durch ein gemeinsames Thema). Der dialogische Charakter zeigt sich in einem regelmäßigen Blickkontakt.

Modus 6: Sprachspiel, Assoziation – Begegnung

Hauptmerkmal ist der gemeinsame spielerische Umgang mit den sprachlichen Äußerungen. Gemeinsame Spielfreude – im Sinne der Inter-Affektivität – entwickelt sich.

Beziehung
Es wird auf die sprachlich geäußerten Ideen des Anderen spielerisch eingegangen. Es ist anzunehmen, dass die Dauer der Kontakt- und Beziehungsbereitschaft in diesem Modus länger besteht als in den anderen Modi.

Stimmlich-sprachlicher Ausdruck
Der stimmlich-sprachliche Ausdruck ist durch eine abwechslungsreiche Sprachmelodie gekennzeichnet und entwickelt sich aus dem spielerischen Kontext.

Sprachliche Mittel
Sprachliche Mittel werden spielerisch verwendet. Als sprachliche Mittel werden Konsonanten-Vokal-Verbindungen (wie in Sprachspielen, Nonsensreimen), Einwortsätze, Zweiwortsätze und vollständige Sätze verwendet, wobei auch Worte der Lehrperson aufgegriffen und durch eigene Ideen weitergeführt werden. Die Wortäußerungen sind in eine spielerische Situation eingebunden.

Blick / Blickkontakt
Der spielerische Charakter zeigt sich auch im Blickkontakt, bei dem positive Affekte, wie Freude und Spaß am Sprachspiel, transportiert werden. Dieser positiv emotionale Austausch verdichtet die Beziehung und wird von der Lehrperson gestalterisch reguliert.

Modus 7: Narration – sprachliche Reflexion

Hauptmerkmal ist die Fähigkeit zur sprachlich geäußerten Reflexion. Die Person kann sich sprachlich reflektierend über eigenes Erleben und Handeln bzw. empathisch über das Befinden des Anderen äußern. Vorstellungsinhalte können nachvollzogen werden.

Modus 7a: *Das Kind kann auf die Frage nach seinem Erleben und Verhalten selbst reflektierend antworten. Ein Nachvollziehen von Vorstellungsinhalten und das Nachdenken Können über sich selbst werden erkennbar. Erklärungen über das eigene Handeln bzw. Verhalten oder etwas Erlebtes werden abgegeben – meist auf eine Frage eines Anderen hin. In der sprachlichen Äußerung von Emotionen und Gedanken in Verbindung mit einem Gegenüber ist erkennbar, dass ein Nachdenken über sich und die Welt stattgefunden hat (Reflexion über das Eigene).*

Modus 7b: *Ein Nachempfinden der Gefühle und Handlungen von anderen oder auch ein sich in die Gedankenwelt eines Anderen zu versetzen und dies verbal auszudrücken, lässt sich feststellen (Reflexion über Andere).*

Modus 7c: *Es kommt zu einer Erzählung einer Geschichte, eines Films oder eines nicht selbst erlebten Inhalts, bei dem der Kontakt zum Gegenüber wesentlich ist. Sowohl der emotionale Bezug zum Gegenüber als auch zum erzählten Inhalt sind beobachtbar.*

Beziehung
Ein sprachlicher Austausch des inneren Erlebens ist möglich. Die Reflexion über Gefühle und Handlungen wird in den Äußerungen erkennbar.

Stimmlich-sprachlicher Ausdruck
Der stimmlich-sprachliche Ausdruck entspricht dem inneren Erleben und den Inhalten der sprachlichen Äußerung.

Sprachliche Mittel
Als sprachliche Mittel werden – je nach kognitiven Möglichkeiten – Sätze oder Satzäquivalente verwendet, die einen narrativen Charakter aufweisen.

Blick / Blickkontakt
Der Blickkontakt zeigt die Bezogenheit auf den Anderen. Je nach Inhalt der Narration kann Dauer und Intensität des Blickes variieren (schweifend, konzentriert, fokussiert, etc.).

SBQ-P	0	1	2	3	4	5	6	7
Beziehung	nicht nachweisbar	sprachliche Äußerungen noch nicht an jemanden gerichtet	a) keine Beziehung nach außen b) innere Not wird ausgedrückt, c) Provokation	intrapersonell, noch nicht nach außen, Urheberschaft	inter-attentional: gemeinsames Thema inter-intentional: Wunsch nach Gemeinsamkeit	aufeinander bezogene Äußerungen	spielerische Bezugnahme, längere Kontaktbereitschaft	a) Reflexion über Eigenes b) Reflexion über Andere c) Reflexion von Geschichten
Stimmlich-sprachlicher Ausdruck	keine Äußerungen	kurze affektive Äußerung	a) nachgeahmt, zwanghaft b) hoher Affekt in Sprache (schimpfen), gepresst, eng-geführt c) hoher Affekt mit z.T. abwechslungsreicher Melodie	Experimentieren mit Sprache, ausgeglichene Stimmungslage	Wunsch nach Rückversicherung eigener Aussagen	abwechslungsreiche Sprachmelodie, nachgeahmt oder eigener Ausdruck	abwechslungsreiche Sprachmelodie in spielerischem Kontext	a) inneres Erleben b) Erleben von Empathie c) erzählend
Sprachliche Mittel	nicht wahrnehmbar	Konsonant-Vokal-Verbindung, einzelne Worte	mehrere Worte oder vollständige Sätze a) Als-ob-Sprache b) Schimpfen c) Provokation	Worte oder vollständige Sätze, explorativ, Neuschöpfungen	Einwortsätze, vollständige Sätze, rückversichernde Fragen	a) Imitation der Worte b) Wechselpausen c) echter Dialog mit Austausch von Empfindungen, Wünschen, etc.	Einwortsätze, vollständige Sätze, spielerische Verwendung	Einwortsätze, vollständige Sätze, reflektierende Verwendung
Blick / Blickkontakt	kein Blickkontakt	flüchtige Blicke	a) kein Blick zu LP b) kontrollierender Blick c) provozierender Blick	ruhig, beobachtend oder nach innen	offener Blickkontakt, Joint Attention	regelmäßig	positive Affekte werden transportiert	Variation je nach Inhalt

PBQ:
Merkmalliste zur Einschätzung der pädagogischen Lehrperson, ihres methodischen Vorgehens und der damit verbundenen Beziehungsqualität

Beobachtungsschwerpunkte:

1. Geplante Aktivität und didaktisches Konzept

Die geplante musikalisch-tänzerische Aktivität zielt meist auf eine bestimmte Beziehungsqualität ab oder setzt diese voraus. Eine Einschätzung der geplanten Angebote bezieht sich hier auf die Fokussierung bzw. Flexibilität der didaktischen Vorüberlegungen.

2. Ausgangspunkt

Der Ausgangspunkt ist der momentane „So-Zustand" der Person (aber auch der „So-Zustand" der Gruppe bzw. einzelner adressierter weiterer Personen), d. h. die Situation, bevor eine pädagogische Aktivität stattfindet, eingebettet in den Kontext der Gruppe und ihrer Dynamik.

3. Affektlage der Lehrperson – Reaktionsimpuls

Der So-Zustand der Person führt bei der Lehrperson zu einer bestimmte Affektlage, die mit der beabsichtigten Aktivität in Zusammenhang steht. Die Antizipation der Kompatibilität von So-Zustand und der beabsichtigten bzw. schon in Durchführung befindlichen Aktivität löst bei der Lehrperson einen Reaktionsimpuls aus. (Vor der Umsetzung des Reaktionsimpulses sollte die Lehrperson eine kritische Reflexion bzw. Bewertung durchführen, welches pädagogische Handeln situativ zielführend ist bzw. ob sie dem Reaktionsimpuls nachgeben soll.) Eingeschätzt wird hier die Umgangsweise mit dem Reaktionsimpuls.

4. Pädagogisches Handeln

Die Lehrperson entscheidet sich sowohl auf der Grundlage ihrer bisherigen Interaktionserfahrungen mit der Person und der Gruppe, ihres Wissens zu Diversitätsmerkmalen, ihren didaktischen Methoden und pädagogischen Leitlinien, ihrer empathischen Einstellung bzw. Feinfühligkeit als auch mit Hilfe ihrer Intuition für eine momentane Vorgangsweise. Das beabsichtigte Ziel ist das Zustandekommen eines Beziehungserlebens auf dem weitere (beabsichtigte) Lernschritte aufbauen können.
Das pädagogische Beziehungshandeln wird zudem eingeschätzt nach Vorhandensein und Formen der Spiegelung des Verhaltens der Person durch die Lehrperson einerseits und Resonanz der Lehrperson mit dem So-Sein der Person andererseits.

5. Form des pädagogischen Handelns

Das pädagogische Beziehungshandeln bezieht sich auf einen bestimmten Aspekt des Handelns der Person (wie Stimmung, Bewegung, Affektlage, instrumentaler, vokaler oder sprachlicher Ausdruck). Dabei trifft die Lehrperson eine bewusste

Entscheidung, ob sie im gleichen oder einem anderen Ausdrucksmedium (instrumental, vokal, sprachlich, körperlich oder einer Kombination) handelt.

6. Musikalisch-tänzerische Mittel

Hier wird beobachtet, welche der musikalisch-tänzerischen Mittel (Instrument, Lied, Körper, Bewegung, Tanz, Szene, etc.) im Vordergrund stehen. Eingeschätzt wird der Ausdruck mittels diverser Parameter, sowohl musikalisch (Klang, Rhythmus, Melodie, Harmonie, Tempo, Dynamik, Form und Ausdruck), als auch tänzerisch (Körper, Bewegungsfluss, Raumnutzung, Kraft, Energie, Dynamik, Phrasierung, Form und Ausdruck). Auch die Art und Weise der Anwendung der musikalisch-tänzerischen Mittel nach künstlerisch-pädagogischen Aspekten (experimentell, traditionell, strukturbezogen, ausdrucksbezogen, erfahrungsfokussiert, lernfokussiert) wird miteinbezogen.

7. Bezug der Lehrperson zur Gruppe

Während des pädagogischen Beziehungshandelns mit einer einzelnen Person wird der Bezug der Lehrperson zur Gruppe und zur geplanten Aktivität aufrechterhalten. Eine Einbettung dieses Handelns in den Stundenverlauf, eine Verbindung mit der Dynamik in der Gruppe und mit den geplanten Zielen bzw. anvisierten Prozessen oder Ergebnissen wird in der Regel versucht und mittels Beobachtung eingeschätzt.

8. Pädagogischer Handlungs- und Spielraum

Der pädagogische Handlungs- und Spielraum bezeichnet das entstandene Beziehungsfeld zwischen Lehrperson und Teilnehmenden. In einer skizzenhaften Visualisierung wird deutlich, wie sich die Bezogenheit zwischen Lehrperson, der fokussierten Person und den anderen Gruppenmitgliedern darstellt.

Modus 0: Atmosphäre schaffen / einbetten

Hauptmerkmal des pädagogischen Handelns ist die Akzeptanz des So-Seins der Person, die noch keine Beziehungsangebote annehmen kann. Der künstlerisch-pädagogische Aspekt liegt in der Schaffung von Atmosphäre und dem Einbetten der Person in das Unterrichtsgeschehen als nicht selbst handelnde Person.

Geplante Aktivität und didaktisches Konzept
In der geplanten musikalisch-tänzerischen Aktivität ist ein Freiraum vorgesehen, der keine direkte Teilnahme bzw. Teilgabe (aktives Beitragen) der Person erfordert, sondern eine Einbettung in das übrige Geschehen ermöglicht.

Ausgangspunkt
Ausgangspunkt ist die Person, die entweder keine Kontaktbereitschaft zeigt, das Kontaktangebot nicht annimmt oder eine Pause für sich in Anspruch nimmt.

Affektlage der Lehrperson – Reaktionsimpuls
Die Person zeigt keine Kontaktbereitschaft, keine mimisch-gestischen Zeichen, gibt keine Äußerungen von sich bzw. signalisiert nicht die Wahrnehmung der Angebote oder Aufgaben der Lehrperson. Dadurch fühlt sich die Lehrperson nicht wahrgenommen oder unzulänglich im Bemühen einen Zugang zur Person zu finden. Als Reaktionsimpuls entsteht meist der Wunsch durch vermehrte Aufmerksamkeit bzw. direkte Kontaktaufnahme die Person zu erreichen.

Pädagogisches Handeln
Die Lehrperson akzeptiert, dass die Person zu diesem Zeitpunkt keine Reaktionen (auch in Bezug auf die Aufgabenstellungen) zeigen kann, dass sie aber die Atmosphäre, die durch das Unterrichtsgeschehen entsteht, bemerkt bzw. aufnehmen kann. Die atmosphärischen Gestaltungselemente werden zeitweise mit dem So-Zustand der Person in Resonanz gebracht.

Form des pädagogischen Handelns
Die Lehrperson schafft im Unterricht einen Erfahrungsraum, der die Person in das Geschehen einbettet, aber keine Anforderungen an sie stellt. Das musikalisch-tänzerische Handeln ist in Bezug auf die Person als Umhüllung bzw. Atmosphäre zu beobachten. Die Wahl des Ausdrucksmediums kann unabhängig von der Person erfolgen.

Musikalisch-tänzerische Mittel
Die gewählten Instrumente, Objekte oder Materialien, die Spielweise, der Gebrauch der Stimme oder die Bewegungsweise haben keinen auffordernden oder aktivierenden, sondern einen Resonanz schaffenden Charakter. Meist werden lang klingende und resonanzreiche Instrumente verwendet. Die Bewegungsformen sind oft fließend, kontinuierlich und bedächtig. Die rhythmische Gestaltung ist nicht aktivierend, melodische und harmonische Wendungen zeigen keinen Aufforderungs- oder Überraschungscharakter. Es entstehen keine spannungsgeladenen Pausen.

Bezug der Lehrperson zur Gruppe
Die Aufgabenstellungen für die Gruppe ergänzen bzw. dienen auch direkt zur Gestaltung der Atmosphäre für die Person. Die Wahrnehmung und Einbettung der Person läuft parallel zum bzw. integriert in den Unterricht mit der Gruppe.

Pädagogischer Handlungs- und Spielraum
Die Person wird in die musikalisch-tänzerische Gestaltung eingebettet. Die Lehrperson nimmt die Körperlichkeit, Stimmung oder auch die Handlungen der Person wahr, lässt diese aber nicht in den Mittelpunkt der Aufmerksamkeit (auch der Gruppe) treten, sondern stellt Resonanz dazu her.

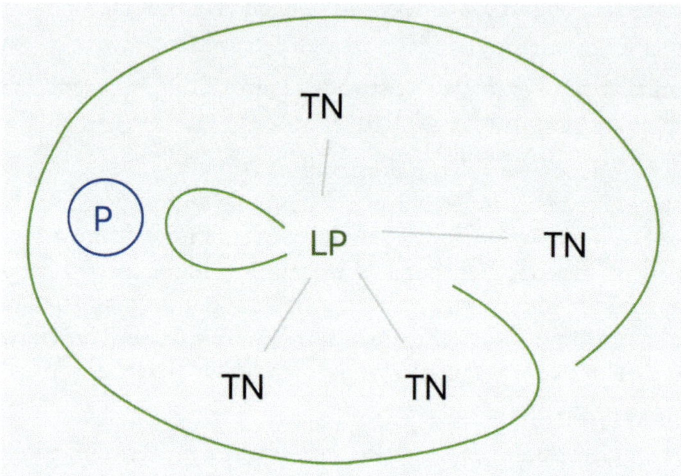

Pädagogischer Handlungs- und Spielraum Modus 0

Legende zu den Grafiken betreffend Pädagogischer Handlungs- und Spielraum

LP	Lehrperson
P	Person (Teilnehmende*r, die im Fokus steht)
TN	Weitere Gruppenteilnehmende
	Pädagogischer Handlungsraum der Lehrperson, ungerichtet
	Pädagogischer Handlungsraum der Lehrperson, gerichtet
	Pädagogischer Handlungsraum der Lehrperson, im Hintergrund
	Spielraum der Person, ungerichtet
	Spielraum der Person, gerichtet
	Spielraum der Person, weniger intensiv
	Bezogenheit von bzw. zu anderen Teilnehmenden ohne besondere Ausprägung
	Bezogenheit von bzw. zu anderen Teilnehmenden, gerichtet
	Teilen des Spielraums von Teilnehmenden und Person

Modus 1: Wahrnehmungsverknüpfung

Hauptmerkmal des pädagogischen Handelns ist die intermodale Verknüpfung, mit der die Sinneseindrücke der Person wie Spüren, Sehen und Hören sowie ihr Körperempfinden in Übereinstimmung gebracht werden.

Geplante Aktivität und didaktisches Konzept
Die geplante Aktivität bietet die Möglichkeit über verschiedene Sinneskanäle eine musikalisch-tänzerische Aktivität zu erleben und sollte durch die Erfahrung von synchronen Momenten eine Verknüpfung der unterschiedlichen Sinneseindrücke ermöglichen.

Ausgangspunkt
Ausgangspunkt sind sensorisch-selbststimulierende Handlungen, stereotype Bewegungen oder die ständige Verlagerung des Aufmerksamkeitsfokus sowie auftretende Stresszeichen bei der Person.

Affektlage der Lehrperson – Reaktionsimpuls
Die Lehrperson versucht, die Person in ihrer Bewegung bzw. in ihrer Körperlichkeit (Körpergewicht und Körperspannung) oder gegebenenfalls auch in ihren Äußerungen genau zu erfassen. Als erste Impulse können bei der Lehrperson der Wunsch bzw. eine Handlung zur Beschwichtigung bzw. Verhinderung weiterer (stimulierender oder stereotyper) Handlungen auftreten.

Pädagogisches Handeln
Durch die Koordinierung der Sinne entsteht bei der Person eine Kontakt-Reaktion, ein kurzes beobachtbares Gewahrwerden der Übereinstimmung der Sinneseindrücke. Die Lehrperson zielt darauf ab, in ihrem Handeln eine Situation hervorzurufen, die eine derartige Koordinierung der Sinnesreize ermöglicht. Damit wird eine positive Körperwahrnehmung erzeugt und die für diesen Modus typischen Handlungen (Stereotypien) bleiben kurzfristig aus.

Form des pädagogischen Handelns
Die Lehrperson integriert die sensorischen Bedürfnisse, stereotypen Bewegungen, die ständige Aufmerksamkeitsverlagerungen bzw. das Vermeidungsverhalten der Person in den Unterrichtsverlauf bzw. ihre Aufgabenstellungen. Die musikalisch-tänzerischen Parameter werden auf die Handlungen der Person abgestimmt. So werden der Rhythmus der Bewegung, wie auch die Intensität, Dynamik etc., welche die Person zeigt, genau aufgenommen und hörbar gemacht. Eine Form entsteht, indem in der Gruppe dieses Vorgehen musikalisch-tänzerisch gestaltet wird. Auch Atemrhythmus oder Verlagerung des Körpergewichts können als Ausgangspunkt dienen. Ziel des pädagogischen Handelns im Sinne der Person ist es, ihr die Verknüpfung der Wahrnehmungsbereiche zu ermöglichen und somit synchrone Erfahrungen zu schaffen.

Musikalisch-tänzerische Mittel
Bei der Gestaltung durch die Lehrperson selbst oder durch die Einbeziehung der Gruppe werden die musikalisch-tänzerischen Mittel so gewählt, dass sie sich direkt auf die Bewegungen, Äußerungen bzw. die Körperlichkeit der Person beziehen. Zur Schaffung einer synchronen Erfahrung ist die genaue Abnahme von Rhythmus und Intensität wichtig. Die Kontakt-Reaktionen der Person sowie die synchronen Erfahrungen sind in der Regel nur sehr kurz.

Bezug der Lehrperson zur Gruppe
Dieses pädagogische Vorgehen kann nicht losgelöst von der Gruppe und auch nicht ununterbrochen an der Person orientiert stattfinden. Die Gruppe kann hier aber auch zur Unterstützung der Wahrnehmungsverknüpfung genützt werden, indem rhythmische, dynamische oder andere Gestaltungsaufgaben an Einzelne oder die gesamte Gruppe vergeben werden, die diesen Prozess mitbefördern.

Pädagogischer Handlungs- und Spielraum
Der pädagogische Handlungs- und Spielraum wird vor allem von der Person (und ihrer Körperlichkeit) ausgehend gestaltet, sodass eine Verknüpfung der Sinneskanäle ermöglicht werden kann.

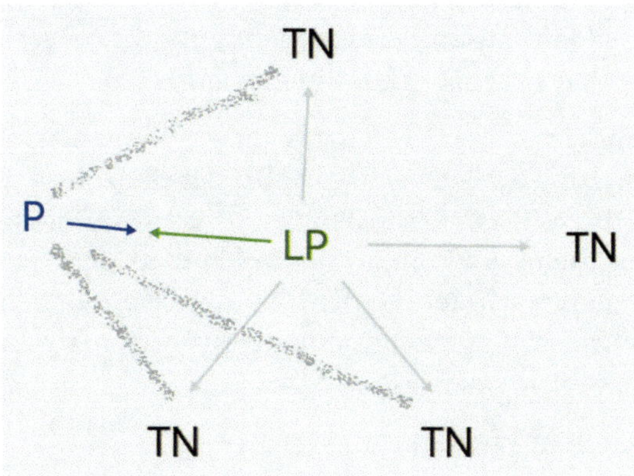

Pädagogischer Handlungs- und Spielraum Modus I

Modus 2: Affektabstimmung / sich Funktionalisieren lassen

Hauptmerkmal des pädagogischen Handelns sind die Affektabstimmung und die Gestaltung der hohen Affekte der Person mit körperlichen, musikalisch-tänzerischen oder auch verbalen Mitteln. Die Lehrperson stellt sich dabei ganz in den Dienst der affektdysregulierten Person und deren Handlungen und fühlt sich in diesem Sinne „funktionalisiert".

Geplante Aktivität und didaktisches Konzept

Das Auftreten von hohen Affekten in Modus 2 erfolgt oft spontan und ungeplant. Sollte aber von vornherein wahrscheinlich sein, dass es zu hohen Affekten in der Unterrichtseinheit kommt, können vorbereitende Maßnahmen helfen in der Situation adäquat zu handeln. Zusatz- oder Alternativaufgaben für die übrige Gruppe können vorbereitet werden und eine Form für das Teilen von Affekten, das für die gesamte Gruppe angemessen scheint, überlegt werden.

Ausgangspunkt

Ausgangspunkt ist ein hoher Affekt mit einer zur Destruktion neigenden Äußerung oder Handlung, eine starke Ablehnung oder ein Provokationsverhalten der Person.

Affektlage der Lehrperson – Reaktionsimpuls

Die hohe Anspannung, die Ablehnung bzw. die Provokation der Person erzeugt bei der Lehrperson eine entsprechend angespannte Affektlage.

a) Sie fühlt sich abgelehnt bzw. ausgeschlossen.
b) Sie fühlt sich bedroht, muss sich und andere Teilnehmende oder das Instrumentarium schützen.
c) Sie fühlt sich herausgefordert und in ihrer Rolle angegriffen.

Eine unmittelbare Reaktion ist nötig („Störungen haben Vorrang"[21]). In all ihren Handlungen wird die Lehrperson von der Person oft genau beobachtet, da diese in der Regel Sanktionen aufgrund ihrer aggressiv-destruktiven Handlungen erwartet. Die Lehrperson fühlt sich durch dieses Verhalten (mit einem meist entsprechenden Blickkontakt) „kontrolliert" und in diesem Sinne „funktionalisiert".

Es entsteht bei der Lehrperson ein Impuls der Mahnung, des in-die-Schranken-Weisens, einer starken Aufforderung bzw. sogar einer Drohung.

21 Diese Leitidee wurde vor allem geprägt durch die Begründerin der Themenzentrierten Interaktion Ruth Cohn (1975, S. 122) „Störungen und Betroffenheiten haben Vorrang, ob Direktiven gegeben werden oder nicht. Störungen fragen nicht nach Erlaubnis, sie sind da: als Schmerz, als Angst, als Zerstreutheit; die Frage ist nur, wie man sie bewältigt."

Pädagogisches Handeln

Tritt bei der Person ein hoher Affekt in Erscheinung, muss sich die Lehrperson diesem Thema widmen und gleichzeitig die Gruppe und ihre Dynamik im Auge behalten. Ein dem Reaktionsimpuls Nachgeben würde die Situation weiter verschärfen. Das pädagogische Handeln ist somit auf die Affektlage des Kindes fokussiert und führt zu einer Unterbrechung oder im besten Falle einer Transformation des Unterrichtsgeschehens. Die Lehrperson muss eigene Gefühle, die hohen Affekte der Person, die Gruppendynamik und die Veränderung des Unterrichtsgeschehens als auch ein affektregulierendes Handeln miteinander verbinden.

Form des pädagogischen Handelns

Erkennt die Lehrperson die frühen Signale von

a) Verweigerung bzw. Vermeidung, die zur Ablehnung weiteren Kontakts führen,
b) Stress bzw. Reizüberflutung, die zu entsprechend aggressivem Verhalten führen,
c) beabsichtigten Normverletzungen, die zu einer (emotionalen) Reaktion bei der Lehrperson und möglicherweise auch bei den Teilnehmenden/Gruppenmitgliedern führen sollen,

dann kann die Lehrperson die hohen Affekte durch Affektabstimmung und Affektgestaltung regulieren. Sie vermittelt der Person, dass sie die hohen Affekte nicht nur aushält, sondern sie durch entsprechende Spielideen kanalisieren hilft. Ziel des pädagogischen Handelns ist, dass die Person die fehlende Erfahrung von Affektregulation erlebt.

Musikalisch-tänzerische Mittel

Bei der Affektabstimmung mit dem Körper, in und durch Bewegung, wird darauf geachtet, dass sich durch die propriozeptive Bewegungswahrnehmung nicht eine Erhöhung des Affektes ergibt, sondern die affektgestaltenden Elemente zu einer Transformation führen. Bei der Affektregulation durch die Stimme wird zusätzlich zur Teilung des Affektes die Stimme zur Gestaltung und Kanalisierung des Affektes verwendet. Wird der Situation musikalisch-tänzerisch begegnet, so sind entsprechend dem hohen Affekt stabile, robuste Musikinstrumente, die durch ein kraftvolles Spiel nicht beschädigt werden können, am geeignetsten. Die Instrumente sollen zudem ein weites dynamisches Spektrum ermöglichen (wie z. B. die Stimme), um den Affektzustand entsprechend ausdrücken, abstimmen und regulieren zu können. Die musikalische Improvisation (Stimme, instrumentaler Ausdruck sowie auch der Text eines improvisierten Liedes) wird dynamisch und rhythmisch genau auf die affektiven Äußerungen der Person abgestimmt (Affektabstimmung) und formal gestaltet (Affektgestaltung). Den anderen Teilnehmenden wird dabei eine mehr begleitende Funktion oder eine gänzlich andere Aufgabe gegeben. Sprachliche Mittel dienen bei der Affektabstimmung bzw. -regulation zumeist als Ergänzung, weniger als Hauptintervention.

Bezug der Lehrperson zur Gruppe
Für den weiteren Unterrichtsverlauf ist in diesem Modus der Bezug zur Gruppe von besonderer Bedeutung. Hohe Affekte lösen in allen Beteiligten weitere Gefühle aus, die möglicherweise ebenfalls einer Regulierung bedürfen. Insofern ist ein beruhigender, Sicherheit gebender, meist auch sprachlich durchgeführter Bezug zur Gruppe nötig. Klare Regeln und ein bestimmtes Handeln geben allen Beteiligten das Gefühl eines sicheren Verlaufs.

Pädagogischer Handlungs- und Spielraum
Der Spielraum ist von hoher Anspannung atmosphärisch erfüllt. Die Spannung zwischen Eingehen auf die Person und Aufrechterhaltung bzw. Schutz der Gruppe bestimmt den pädagogischen Handlungsraum.

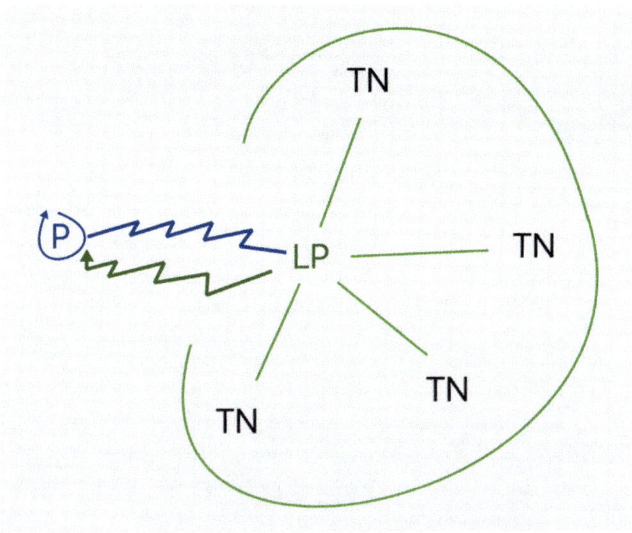

Pädagogischer Handlungs- und Spielraum Modus 2

Modus 3: Selbsterleben / bewusst machen

Hauptmerkmal des pädagogischen Handelns ist die Intention, der Person ihre eigenen Handlungen und Äußerungen bewusst zu machen, damit sie sich als selbstwirksam erleben kann. Die Lehrperson imitiert, begleitet, umspielt, besingt, umtanzt die Äußerungen bzw. Handlungen der Person, um ihr Körper und Bewegungen, Stimme, instrumentales Spiel bzw. eigenes urheberschaftliches Handeln bewusst zu machen.

Geplante Aktivität und didaktisches Konzept
Die geplante musikalisch-tänzerische Aktivität bietet Raum, Gelegenheit und Zeit für ein Explorieren des Instrumentariums, der Materialien oder Bewegungen und zielt darauf ab, die initiierten Handlungen als eigenes Tätigsein zu erleben.

Ausgangspunkt
Ausgangspunkt ist eine Äußerung bzw. Handlung der Person. Diese kann im beobachtbaren bewussten Explorieren, im Äußern einer Idee bzw. im selbstwahrnehmenden Gestalten eines Tuns bestehen.

Affektlage der Lehrperson – Reaktionsimpuls
Die Lehrperson ist grundsätzlich an den Äußerungen und Handlungen der Person interessiert. Weicht das Verhalten der Person von den geplanten Tätigkeiten ab, kann als Reaktionsimpuls der Versuch einer Rückführung auf die Aufgabenstellung auftreten und ein Wunsch nach Verhindern weiterer Explorationshandlungen stattfinden.

Pädagogisches Handeln
Die Lehrperson nimmt die Äußerungen bzw. Handlungen der Person wahr und unterstützt diese in ihrem Explorationsbestreben. Sie schafft Raum für Erfahrungen von Resonanz bzw. bietet eine musikalisch-tänzerische Basis auf der die Exploration stattfinden kann. Dabei fließen auch immer wieder Spiegelungsmomente durch die Lehrperson in die Situation ein.

Form des pädagogischen Handelns
Ein wichtiger Aspekt des pädagogischen Handelns besteht hier in einer besonders feinen Aufmerksamkeit (Hören, Sehen, auch Spüren) in Bezug auf die Handlungen der Person. Aus diesen Wahrnehmungen entwickelt die Lehrperson ihre Anleitungen und Aktionen, die ein unterstützendes Begleiten, Umspielen oder auch Verstärken und Übertreiben der Explorationshandlungen der Person beinhalten. Ist die Person dabei, ihren Körper zu entdecken, werden musikalisch-tänzerisch begleitete körperliche Berührungen sinnvoll sein. Entdeckt sie ihre Stimme, einen neuen Klang oder erfindet sie ein Motiv, wird die Lehrperson durch eine stimmlich-instrumentale Begleitung diese Exploration mitunterstützen. Handlungen können in Form von Situationsliedern beschreibend besungen werden. Ziel ist es, der Person die Erfahrung von Urheberschaft zu ermöglichen und ihre Selbstwirksamkeit zu stärken.

Musikalisch-tänzerische Mittel

Die Lehrperson wählt als Ausdrucksform dieselbe, welche die Person verwendet. Körperliche Äußerungen werden durch Klanggesten und Body Percussion, Körperlieder und Körperspiele, Bewegung und Tanz eingebunden und bewusst gemacht. Situationslieder werden erfunden und beschreiben die momentanen Handlungen der Person und anderer Teilnehmender. Bei stimmlichen oder instrumentalen Äußerungen wird eine ähnliche Klangfarbe verwendet. Auch die musikalischen Parameter Klang, Rhythmus, Melodie, Harmonie, Tempo, Dynamik, Form und Ausdruck bzw. die tänzerischen Parameter wie Körper, Bewegungsfluss, Raumnutzung, Kraft, Energie, Dynamik, Phrasierung, Form und Ausdruck werden aufgegriffen. Eine Form entsteht durch das Einbetten der Äußerungen der Person in eine musikalisch-tänzerisch wiederholbare Spielform.

Bezug der Lehrperson zur Gruppe

Die Lehrperson stellt den Bezug zur Gruppe her, indem sie die Handlungen, Äußerungen und Ideen der Person aufnimmt und in das Gruppengeschehen einbringt bzw. ähnliche Interaktionen auch den anderen Gruppenmitgliedern anbietet. Dabei ist auf ein Gleichgewicht der verschiedenen Beiträge zu achten. Ideen aus der Gruppe, die dem Explorationsbestreben zuwider laufen, werden in kongruente Ideen transformiert, sodass die Explorationsbasis nicht verloren geht.

Pädagogischer Handlungs- und Spielraum

Der Handlungs- und Spielraum ist durch die Äußerungen und Aktionen der Person, der anderer Teilnehmender und die unterstützenden und anleitenden Beiträge der Lehrperson bestimmt.

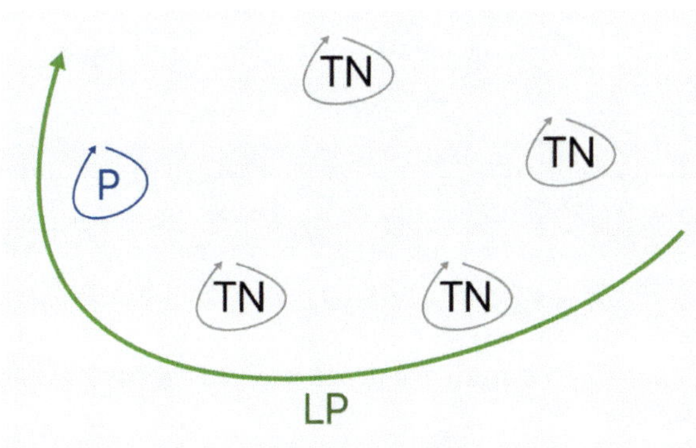

Pädagogischer Handlungs- und Spielraum Modus 3

Modus 4: Intersubjektivität / als Person einbezogen werden

Die Lehrperson nimmt wahr, dass die Idee von Gemeinschaftlichkeit bei der Person entsteht. Die Lehrperson oder andere Teilnehmende werden durch die Person als Mitspielende einbezogen. Hauptmerkmal des pädagogischen Handelns ist es, dem Bedürfnis der Person nach Rückversicherung ihrer Wahrnehmung und Empfindungen nachzukommen.

Geplante Aktivität und didaktisches Konzept

Die geplante musikalisch-tänzerische Aktivität sieht ein gemeinsames Tun vor, bei der alle Beteiligten auch eigene Ideen einbringen können oder sich in gleichzeitiger gemeinsamer Tätigkeit befinden. Ein Mitvollziehen der musikalischen und tänzerischen Formen bzw. Parameter als Vorstufe eines imitativen Lernens ist hier üblich.

Ausgangspunkt

Ausgangspunkt ist die Initiative der Person, die Lehrperson oder auch andere Teilnehmende in das eigene Spiel einzubeziehen. Beobachtbar sind eine von den Spielenden erwünschte Aktion und der rückversichernde Blick bzw. Rückversicherung durch Sprache.

Affektlage der Lehrperson – Reaktionsimpuls

Die Lehrperson nimmt wahr, dass eine gemeinschaftliche Teilnahme und Teilgabe möglich ist und andere Personen einbezogen werden können. Dies führt zu einer positiven Affektlage. Die Möglichkeit, die eigenen künstlerisch-pädagogischen Ideen einbringen zu können und somit auch Anregungen, Aufgabenstellungen und Wissensinhalte zu vermitteln, führt zu einem Gefühl des Angenommen-Werdens der pädagogischen Zielvorstellungen. Es entsteht der Impuls, die Ziele durch weitere Aufgaben und verbale Bestätigungen auszuweiten und neue Aufgaben zu stellen.

Pädagogisches Handeln

Die Lehrperson kann sich nun für und bei allen Teilnehmenden auf etwas Gemeinsames (Inter-Attentionalität) konzentrieren, ohne für Einzelne parallele oder sie integrierende Aufgaben zu entwickeln. Die beabsichtigten Aktivitäten können eingeführt werden, ohne dass die Person aus dem gemeinschaftlichen Kontakt aussteigt. Mögliche Aktionspausen der Person (im Sinne einer Verarbeitungspause, ein zeitweiliges Zurückziehen oder Wegschweifen) werden als solche respektiert. Der Fokus der Aufmerksamkeit der Lehrperson ist weiterhin auf die Äußerungen und Handlungen der Person gerichtet. Das pädagogische Handeln ist durch die Ermöglichung von Resonanz zwischen den Teilnehmenden geprägt. Eindeutige Spiegelungen von Verhalten, aber auch musikalischen und tänzerischen Elementen, verstärken diesen Prozess.

Form des pädagogischen Handelns

Die Lehrperson ist neben ihrer Funktion als An-Leitende der Gruppe auch noch als aktiv Bestätigende in das Geschehen eingebunden. Die Rückversicherung für die Person in Blicken, sprachlichen, aber auch non-verbalen Äußerungen hat eine stabilisierende Funktion für den Kontakt. Sollte die Person zwischenzeitlich Pausen zur Verarbeitung des erlebten Geschehens benötigen, werden diese respektiert. Ziel ist es, der Person in ihrem Bedürfnis nach Rückversicherung zu begegnen, das auch als Bestätigung der urheberschaftlichen Tätigkeiten zu werten ist. Die musikalisch-tänzerischen Ideen der Lehrperson dienen der gemeinsamen Tätigkeit, Anregung, Vermittlung, sind aber noch nicht auf eine dialogische Aktivität gerichtet.

Musikalisch-tänzerische Mittel

Das Bedürfnis nach Rückversicherung der eigenen Wahrnehmungen wird durch die Lehrperson mittels eines deutlichen Aufnehmens, Angleichens bzw. auch Spiegelns der Motive (in allen oder einzelnen Parametern) bzw. Handlungen der Person erfüllt. Improvisationen, Spiel- und Bewegungsformen, Liedgestaltungen etc. entstehen aus einem gemeinsamen Impuls (Inter-Intentionalität), was die Aufmerksamkeit der Spielenden und Bewegenden bindet und miteinander verknüpft (Inter-Attentionalität). Stärkere Kontraste sowie starke Angleichungen (bis zur Synchronizität) können nun in den musikalisch-tänzerischen Mitteln als bewusste Ideen beobachtet werden. Die durch die Teilnehmenden eingebrachten eigenen Motive zeugen von der Wahrnehmung als getrennte Spielpartner*innen.

Bezug der Lehrperson zur Gruppe

Befinden sich alle Teilnehmenden in Modus 4 ist ein gesamt-gemeinschaftliches Agieren mit Einbezug eigener Ideen möglich. Die Person kann in Bezug zur Gruppe gebracht werden und umgekehrt. Die Möglichkeiten von gemeinschaftlichen Aktivitäten erweitern sich, so werden nicht-dialogische Partner*innen-Übungen möglich. Die Rolle als führende Bezugsperson liegt aber weiterhin bei der Lehrperson.

Pädagogischer Handlungs- und Spielraum

Der Handlungs- und Spielraum wird deutlich für Ideen der Lehrperson geöffnet, sodass die Person sich einem gemeinsamen Thema zuwenden kann. Auch die Ideen der anderen Teilnehmenden können zum gemeinsamen Thema werden und in den Spielraum einfließen.

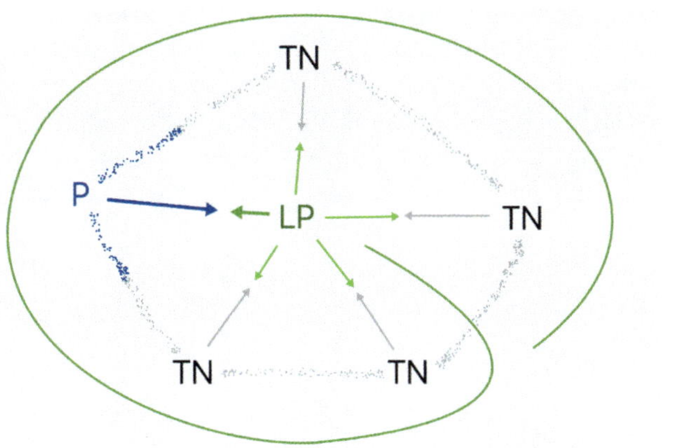

Pädagogischer Handlungs- und Spielraum Modus 4

Modus 5: Der musikalisch-tänzerische Dialog / musikalisch-tänzerisch fragen und antworten

Hauptmerkmal ist der musikalisch-tänzerische Dialog. Die Person, die Lehrperson und die Teilnehmenden werden zu Dialogpartner*innen.

Geplante Aktivität und didaktisches Konzept

Die geplante musikalisch-tänzerische Aktivität besteht in einem dialogischen Prozess. Vor allem methodische Ansätze wie Imitation, Call and Response, Vor- und Nachmachen sowie ein Austausch oder eine Folge von wechselseitigen Ideen finden hier Anwendung.

Ausgangspunkt

Ausgangspunkt ist die Fähigkeit der Person, Motive der Lehrperson oder von anderen Gruppenmitgliedern aufzunehmen und wiederzugeben sowie der spürbare Wunsch nach Austausch.

Affektlage der Lehrperson – Reaktionsimpuls

Die Lehrperson nimmt wahr, dass sie ihren pädagogischen Auftrag der Vermittlung im Austausch mit den Teilnehmenden umsetzen kann. Dies führt zu einer positiven Grundstimmung der Lehrperson, was sich an Mimik und Gestik zeigt. Es entsteht der Impuls in Dialog zu treten bzw. diesen von den Beteiligten zu erwarten.

Pädagogisches Handeln

Die Lehrperson erkennt, dass die Basisfähigkeiten eines dialogischen Beziehungsverhaltens vorhanden sind und sie mit ihren eigenen Vorstellungen, Aufgabenstellungen, fachlichen und methodischen Ideen aber auch Gefühlen und Gedanken in Erscheinung treten kann. Sie geht davon aus, dass ihre musikalisch-tänzerischen Ideen von der Person aufgegriffen bzw. umgesetzt werden. Der Fokus des pädagogischen Handelns liegt dabei zwischen der Idee der Vermittlung und der zwischenmenschlichen Interaktion. Verschiedene Formen der Spiegelung führen zu Rückspiegelungen, Imitationsverhalten und „Spiegelalternativen".

Form des pädagogischen Handelns

Die Umsetzung des Vermittlungs- und Bildungsauftrages wird auf Beziehungsebene vor allem im Dialogisieren, im Wechselspiel von Antworten und Fragen, ermöglicht. Die Lehrperson tritt mit ihren Ideen an die Person heran und gibt Anleitungen, Anregungen, Impulse, Aufträge. In einem kongruenten Beziehungsgeschehen werden diese durch die Person angenommen und adäquat beantwortet bzw. in einem Wechselspiel (weiter)entwickelt. Ziel ist es, die entstehende Interaktivität zu festigen und gleichzeitig dem Bildungs- und Vermittlungsauftrag nachzukommen.

Bezug der Lehrperson zur Gruppe
Aus der gemeinschaftlichen Erfahrung lassen sich nun dialogisierende Bezüge in der Gruppe entdecken bzw. initiieren. Der musikalisch-tänzerische Austausch zwischen den Teilnehmenden, der Lehrperson und der Person wird in Gang gesetzt und unterstützt.

Musikalisch-tänzerische Mittel
Der musikalisch-tänzerische Dialog ist von Ausdrucksphänomenen und Motiven (Bewegungen, Rhythmen, Melodien) gekennzeichnet, die gegenseitig übernommen werden. Imitations- und Lückespiele werden durch ein sich ergänzendes Spiel fortgeführt. Eigenständige Motive werden aufeinander bezogen und führen zu einem musikalisch-tänzerischen Austausch, ähnlich einem wechselseitigen Gespräch.

Pädagogischer Handlungs- und Spielraum
Der Handlungs- und Spielraum wird von den Spielenden, also der Person und der Lehrperson, aber auch den anderen Teilnehmenden, geteilt und ausgehandelt.

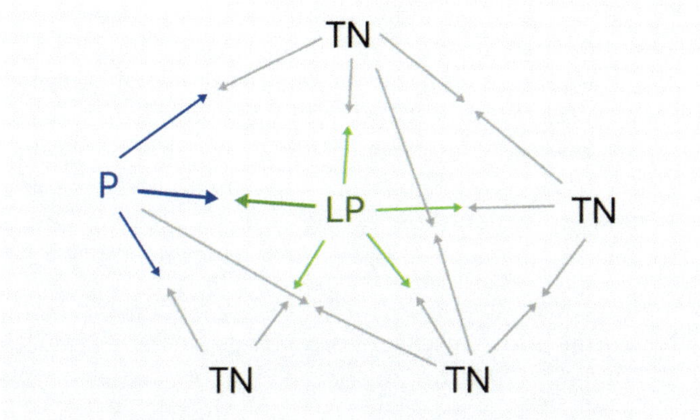

Pädagogischer Handlungs- und Spielraum Modus 5

Modus 6: Der Spielraum – spielen / Spaß haben / phantasieren

> **Hauptmerkmal des pädagogischen Handelns ist es, im gemeinsamen musikalisch-tänzerischen Tun Freude und Spaß zu erleben und Kompetenzen auf- und auszubauen. Die Lehrperson fühlt sich sowohl als echte Spielpartnerin als auch als Unterrichtende.**

Geplante Aktivität und didaktisches Konzept
Die geplante musikalisch-tänzerische Aktivität besteht in der Gestaltung eines freudvollen, zum Teil freien und flexiblen „Spiels“.

Ausgangspunkt
Ausgangspunkt ist die Bereitschaft der Person, sich spielerisch in Beziehung zu begeben bzw. im Spiel auf die pädagogischen Impulse zu reagieren.

Affektlage der Lehrperson – Reaktionsimpuls
Die auftretende Freude und der Spaß am miteinander Spielen führen zu einer freudig, oft humorvoll getönten Affektlage. Bei der Lehrperson entsteht der Impuls dies sprachlich und mimisch auszudrücken.

Pädagogisches Handeln
Die Lehrperson tritt nun auch als Spielpartner*in auf und übernimmt sowohl eine Spiel-Rolle als auch weiterhin die an-leitende Funktion. Ihre spielerischen, musikalisch-tänzerischen oder auch szenischen Handlungen können sehr einfallsreich sein und mit Assoziationen oder Symbolisierungen verbunden werden. Das pädagogische Handeln ist mit den aufkommenden Phantasien und Spielideen verbunden. Die entstandene Freude und der Spaß am Spiel stehen im Fokus.

Form des pädagogischen Handelns
Spiel, Rollenübernahme und -tausch, aufkommende Bilder und Assoziationen sowie szenische als auch musikalisch-tänzerische Handlungsideen werden in ein musikalisch-szenisches Spiel eingebunden. Der Überblick über den Spielverlauf, die Gruppendynamik und die Beiträge der einzelnen Teilnehmenden wird möglichst aufrechterhalten. Ziel ist es, ein Thema bzw. spontan aufkommende Bilder der Person, der Lehrperson oder der Gruppe spielerisch zu gestalten. Die Spielbewegung ist zirkulär, das heißt, die Impulse kommen von allen Beteiligten und wirken auf sie zurück. Das Handlungsfeld der Lehrperson entsteht zwischen eigenem Spiel, gestaltender Leitung und Aufrechterhalten einer Ordnung und wird durch die individuelle Aufgabenverteilung und die anhaltende Motivation in einem positiven Prozess ermöglicht. Resonanz entsteht im Ausfüllen der Rollen und im gemeinschaftlichen Prozess.

Musikalisch-tänzerische Mittel
Das Spielen mit allen Parametern der Musik, das gemeinsame Tanzen und Bewegen, das szenisch-musikalische Rollenspiel sind von persönlichem Ausdruck und einer flexiblen Dynamik geprägt, die von allen Spielenden bestimmt wird. Häufig

tauchen Assoziationen, Bilder bzw. wichtige Themen der Person, aber auch anderer Teilnehmender auf, die nun spielerisch behandelt werden können.

Bezug der Lehrperson zur Gruppe
Die Person und die Teilnehmenden der Gruppe interagieren frei bzw. spielgebunden miteinander. Das Einbringen von Ideen, der Austausch der Gefühle und der Bezug zur Aufgabenstellung durchdringen sich und sind flexibel handhabbar. Die Lehrperson koordiniert die Beiträge aus der Gruppe.

Pädagogischer Handlungs- und Spielraum
Der Spielraum ist ein „echter" Spielraum geworden und wird von den Spielenden gefüllt. Der pädagogische Handlungsraum ist vollkommen in den Spielraum integriert.

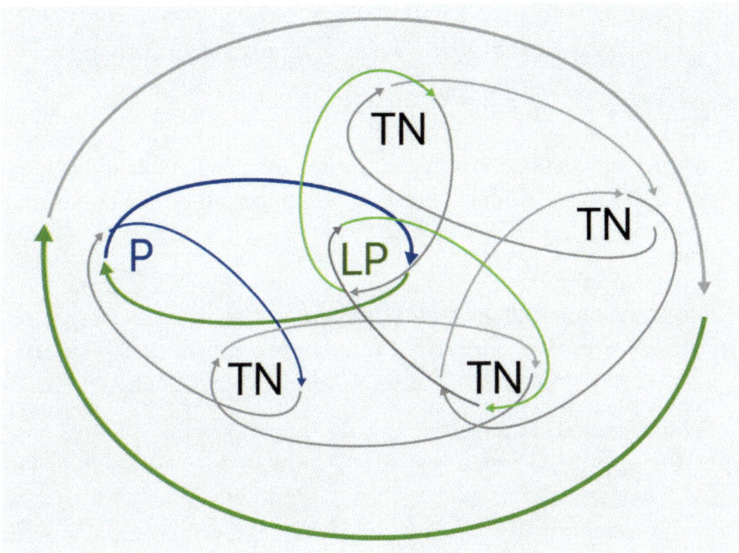

Pädagogischer Handlungs- und Spielraum Modus 6

Modus 7: Aufgaben zur selbständigen Bearbeitung stellen

Hauptmerkmal des pädagogischen Handelns ist das Vertrauen auf die selbständige Ausführung der durch die Lehrperson ausgegebenen Aufgaben. Die Lehrperson ist als Sicherheitsanker oder in (er)klärender Funktion präsent, aber für die Aufgabenausführung aufgrund der bereits durchgeführten adäquaten Vorbereitung nicht mehr nötig.

Geplante Aktivität und didaktisches Konzept

Als Aktivität ist hier die selbständige Bearbeitung einer Aufgabenstellung geplant. Die Rolle der Lehrperson ist zurückhaltend und sie bringt sich nur auf Anfrage ein.

Ausgangspunkt

Ausgangspunkt ist die Fähigkeit der Person, sich flexibel und selbständig mit einem Inhalt auseinanderzusetzen und Aufgabenstellungen durchzuführen, ohne dass eine durchgehende Anwesenheit der Lehrperson erforderlich ist.

Affektlage der Lehrperson – Reaktionsimpuls

Die Lehrperson kann auf die Fähigkeit des selbständigen Arbeitens der Person vertrauen. Dies führt zum Impuls sich nach der Aufgabenstellung zurückzuziehen, sich von Ideen und Impulsen der Person leiten zu lassen oder die Aufmerksamkeit woanders hin zu verlegen.

Pädagogisches Handeln

Die Lehrperson versteht sich nun als Aufgabenstellerin oder Impulsgeberin und nicht mehr als Mitbeteiligte. Sie weiß aber um ihre Funktion als sicherer Bezugspunkt und zeigt somit weiterhin Präsenz, Offenheit, Gruppenleitung.

Form des pädagogischen Handelns

Die Lehrperson vergibt Aufgaben, setzt Impulse zur Weiterbearbeitung und zieht sich aber aus dem Geschehen zurück. Sie bleibt innerlich und äußerlich anwesend und signalisiert Hilfestellungsbereitschaft. Gegebenenfalls bringt sie sich ordnend oder klärend in das Geschehen ein. Nach bearbeiteter Aufgabenstellung gibt sie Rückmeldungen zu den Ergebnissen, aber auch zum prozessualen Geschehen.

Musikalisch-tänzerische Mittel

Die musikalisch-tänzerischen Mittel sollen durch die Gruppe entsprechend einer Aufgabenstellung entwickelt werden, um in selbständigem Arbeiten zu einem Ergebnis zu kommen. Die Lehrperson greift bei der Aufgabenstellung auf das der Gruppe bereits bekannte Repertoire zurück und erwartet dessen selbständige Anwendung.

Bezug der Lehrperson zur Gruppe

Je nach Aufgabenstellung ist ein Bezug zur Gruppe vorhanden oder nicht. Bei Gruppenaufgaben schätzt die Lehrperson die Möglichkeiten der Person und der weiteren Teilnehmenden ein, inwieweit die Aufgabe selbständig bearbeitet werden kann bzw. welche Rolle die Person im Gruppengeschehen einnehmen kann. Bei bestehender Selbständigkeit können von der Person in der Kleingruppe unterschiedliche Funktionen eingenommen werden, wie z. B. Leitung, Gestaltung, Ideengebung, Ausführung, Hilfsdienste etc.

Pädagogischer Handlungs- und Spielraum

Der pädagogische Handlungsraum und der Spielraum existieren ineinander verschränkt, wobei der Spielraum nun vor allem von den Teilnehmenden geteilt wird und der pädagogische Handlungsraum die umgebende Hülle darstellt.

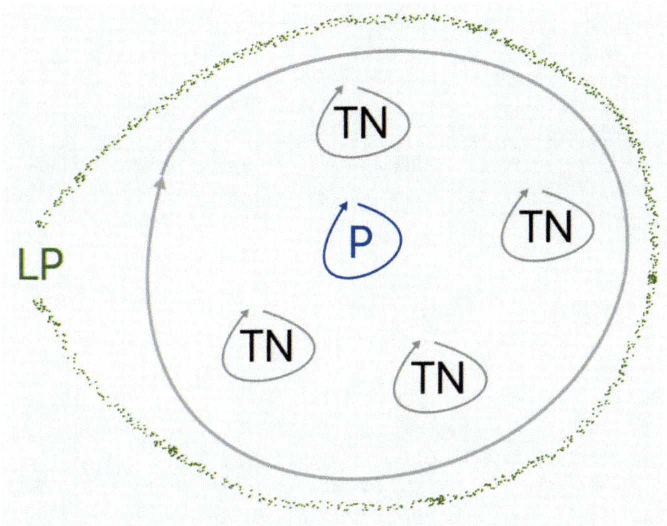

Pädagogischer Handlungs- und Spielraum Modus 7

PBQ	0	1	2	3
Geplante Aktivität / didakt. Konzept	Freiraum für Einbettung	Verknüpfen der Sinne	Alternativen, Affektregulation	Zeit und Raum für Exploration
Ausgangs-punkt	keine Kontakt-bereitschaft	sensorisch-stimul., stereotype Hand-lungen, Stress	hoher Affekt	Exploration
Affektlage LP/ Reaktions-impuls (RI)	nicht wahrgenom-men, unzulänglich,	konzentriert, nüchtern	a) abgelehnt b) bedroht, angespannt, c) herausgefordert	neugierig, aufmerksam
	RI: Kontakt-aufnahme	RI: Beschwichtigung	RI: Mahnung	RI: Aufgaben
Pädagog. Handeln	Akzeptanz So-Sein	Unterstützung der Sinnesverknüpfung	Eingehen auf hohe Affekte	bewusstmachen, spiegeln
Form des pädagog. Handelns	Atmosphäre schaffen einbetten	Verknüpfen der Sinne (intermodal)	Affekt abstimmen, Affekt regulieren, Affekt gestalten Gruppendynamik Transformation des Unterrichtsplans	Aufmerksamkeit, imitieren begleiten umspielen
Musikalisch-tänzerische Mittel	Klang, Fluss, keine Aufforderung	abgestimmter Rhythmus und Intensität	dynamische und rhythmische Abstimmung	Ausdrucksform der Person
Bezug der Lehrperson zur Gruppe	Aufgaben zur Mit-gestaltung der Atmosphäre	Vergeben von Gestaltungs-aufgaben	Schutz, klare Regeln, Regulation	Ideen der Person in die Gruppe bringen
Päd. Hand-lungs- und Spielraum	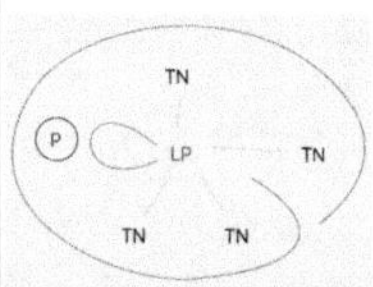	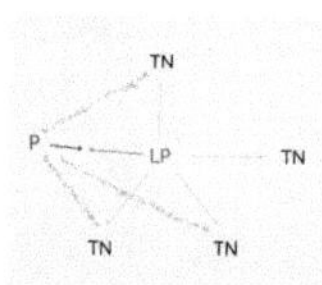	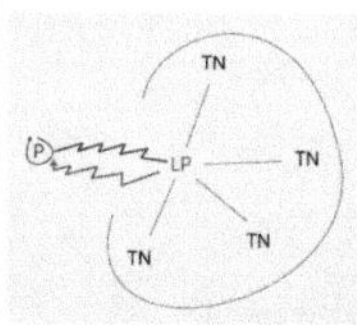	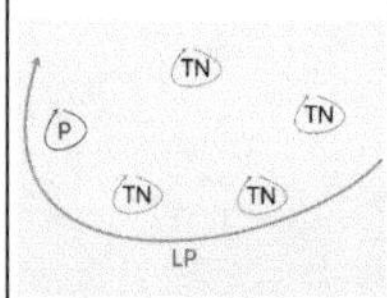

4	**5**	**6**	**7**
gemeinsames Tun	dialogischer Prozess	Spielgestaltung	selbständige Bearbeitung
Interesse an LP und TN, Rückversicherung	gegenseitiger Austausch	spielerische Handlung	Fähigkeit selbständigen Arbeitens
positiv, angenommen sein	positiv, involviert	freudig, humorvoll	Vertrauen
RI: Vermittlung	RI: Dialog schaffen	RI: Freude ausdrücken	RI: Rückzug
Gemeinsamkeit und Resonanz	Vermittlung und Interaktion	Spielpartner*in und Leitung	Präsenz, Leitung
Rückversicherung geben, eigene Ideen ohne Erwartung eines Dialoges	Antworten und Fragen, Dialogisieren	(Rollen)Spiel Überblick verknüpfen v. Affekt und Handlung Rollenverteilung Ordnung	Aufgaben, Impulse, Zurückziehen, Hilfestellungen, Rückmeldungen
eigene Motive und Ideen der TN	gegenseitiges Übernehmen von Motiven	Ausdruck, freie Dynamik, assoz. Gestalten	Demonstration, Entwicklung von Bekanntem
Bezüge zwischen Person, LP, TN herstellen	Dialoge initiieren	freies bzw. spielgebundenes Agieren	Gruppenarbeiten ermöglichen und unterstützen
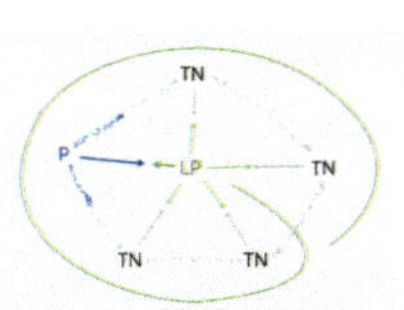	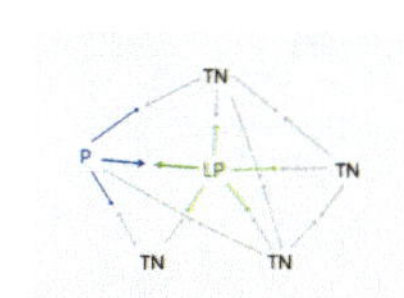	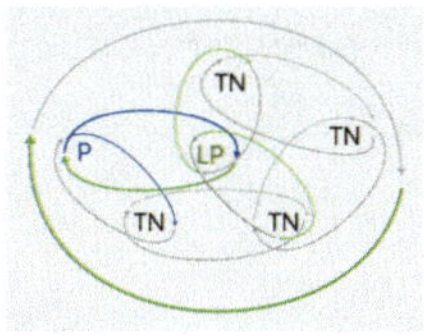	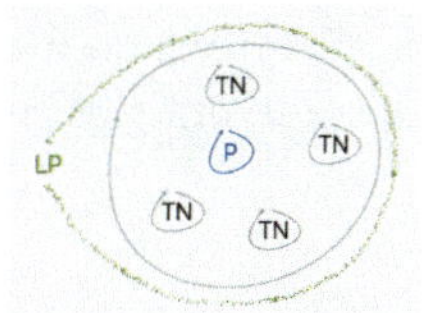

EBQ-P-GA: Gruppenaspekte bei der Anwendung des EBQ-P-Instruments

Die Gruppenaspekte beschreiben Reaktionen der Person auf die Gruppe bzw. in der Gruppe.

Da die Gruppe eine Sonderstellung im Beziehungsgeschehen einnimmt, werden die Gruppenaspekte (als Reaktion der Person auf die Teilnehmenden) nicht als eigene Skala oder als Beobachtungsschwerpunkt betrachtet, sondern als Zusatzaspekte in einer eigenen Liste.

Eine *Modusinkongruenz,* die ab Modus 4 auftreten kann, beschreibt das Beziehungsgeschehen zwischen der Person und anderen Teilnehmenden bei nicht aufeinander abgestimmten Modi. Dabei ist eine Veränderung des Beziehungsmodus der Person beobachtbar.

Modus 0
Ein Kontakt zur Gruppe ist nicht beobachtbar.

Modus 1
Die Gruppe als auch die einzelnen Teilnehmenden werden noch nicht als solche wahrgenommen.

Modus 2
Hohe Affekte können auch durch die Gruppe an sich ausgelöst werden (Reizüberflutung, v.a. durch die Aktivität mehrerer Personen, wie auch durch überfordernde Aufgaben). Gruppenfähigkeit ist oft nicht vorhanden. Kontaktaufnahme zu anderen Teilnehmenden entsteht nur, wenn diese als Auslöser für die affektive Reaktion der Person angesehen werden. Die Erfahrung in der Gruppe kann sowohl zu a) ablehnendem bzw. verweigerndem Verhalten als auch zu b) aggressiv-destruktivem Verhalten führen. In Variante c) kann die Gruppe auch als Hintergrund bzw. als (unterstützendes) Publikum für die Provokationshandlungen der Person instrumentalisiert werden.

Modus 3
Die Gruppenkonstellation wird als „Lebensraum“ akzeptiert und schafft die Voraussetzung zur Exploration. Es gibt aber noch keine bewussten Interaktionen mit anderen Teilnehmenden. Treten Interaktionen mit anderen Teilnehmenden auf, scheinen diese nicht bewusst gesteuert zu sein bzw. noch nicht bewusst erlebt zu werden.

Modus 4
Ab Modus 4 können durch die Wahrnehmung von Anderen auch intersubjektive Gruppenaspekte initiiert werden. Neben der Beziehung zur Lehrperson werden

also auch Beziehungen zu anderen Teilnehmenden aufgenommen und erlangen Bedeutsamkeit und können in analoger Weise eingeschätzt werden.

Modusinkongruenz mit anderen Teilnehmenden:

Kommt es zu keiner Abstimmung der Beziehungsqualität mit der Lehrperson bzw. bei den Akteuren, tritt in Modus 4 eine Suche nach Rückversicherung auf, die an die anderen Teilnehmenden gerichtet ist, zumeist durch Blicke, Körperkontakt oder auch durch Aufsuchen räumlicher Nähe. Ist keine Abstimmung möglich, ist ein Wechsel der Beziehungsqualität nach Modus 3, seltener nach Modus 2 oder Modus 0 zu beobachten.

Modus 5

Die Teilnehmenden der Gruppe werden neben der Lehrperson als mögliche Partner*innen für dialogische Interaktionen wahrgenommen und involviert bzw. die Person lässt sich von ihnen involvieren.

Modusinkongruenz mit anderen Teilnehmenden:

Kommt es zu keiner Abstimmung der Beziehungsqualität mit der Lehrperson bzw. den Akteuren, tritt in Modus 5 (die Person findet keine Dialogmöglichkeiten mit anderen vor – auch nach wiederholten Versuchen) eine Rückkehr zu Modus 4 auf, in der versucht wird andere Teilnehmende einzubinden auch mit „Nachfrage“ bei der Lehrperson. Gelingt auch dies nicht, wird Modus 3 aktiviert und eine Aktion für sich selbst ausgeführt oder ein Rückzug bzw. Kontaktabbruch im Sinne eines Modus 0 tritt auf. Selten lässt sich ein Modus 2 beobachten.

Modus 6

Spielerisch gestaltete Gruppenaktivitäten werden möglich. Die Gruppe wird als Bereicherung und Spielraum empfunden.

Modusinkongruenz mit anderen Teilnehmenden:

Kommt es zu keiner Abstimmung der Beziehungsqualität bei den Akteuren, kommt es in Modus 6 meist zu einem Versuch das Gegenüber auf Modus 5 (durch ein dialogisches Angebot) oder Modus 4 (Einbinden zu einer gemeinsamen Aktivität) zu erreichen. Gelingt dies nicht ist das Auftreten von Modus 3 wahrscheinlich.

Modus 7

Die Person übernimmt Aufgaben und erfüllt sie. Dabei lässt sie sich durch die Gruppe oder einzelne Teilnehmende unterstützen bzw. nicht von der Erfüllung abhalten. Die für die selbständige Zusammenarbeit in der Gruppe nötige Teamfähigkeit ist ausgebildet. Die Person kann in flexibler Weise eigene Ideen mit den Ideen der anderen Teilnehmenden verbinden und so die Aufgaben (in der Gruppe) lösen.

Modusinkongruenz mit anderen Teilnehmenden:

Sind Gruppenaufgaben zu lösen, wird von der Person in Modus 7 versucht auf die jeweiligen Beziehungsqualitäten einzugehen und sie den anderen Teilnehmenden anzubieten, um zu einer Erfüllung der Aufgaben zu gelangen.

7.8. Anwendung des EBQ-P-Instruments

Das EBQ-P-Instrument ist vor allem konzipiert, um in inklusiven Settings das Beziehungsverhalten bzw. die Beziehungsfähigkeit von einzelnen Teilnehmenden einschätzen zu können, um darauf aufbauend weitere didaktische Entscheidungen treffen zu können. Es ist nicht als reine Handlungsempfehlung anzusehen, da dazu weitere Forschungen nötig sind. Die PBQ-Skala beschreibt einen idealtypischen Zustand, wie Lehrpersonen in der jeweiligen Beziehungsqualität handeln würden (– davon ausgenommen ist der Reaktionsimpuls, der die erste unreflektierte Handlungsabsicht darstellt). Diese einführenden Anmerkungen sollten Antworten auf erste Fragen geben, die in der praktischen Arbeit mit dem EBQ-P-Instrument auftreten können.

Das EBQ-P-Instrument ist in seinem Aufbau ein entwicklungsorientiertes Verfahren, das auf die frühkindliche Selbstentwicklung referiert. Wichtig dabei ist, dass diese Entwicklungsorientierung nicht gleichzusetzen ist mit Linearität. Entwicklung folgt meist einem Ablauf, kann aber auch rekursive Prozesse beinhalten. Die Selbstentwicklung ist deshalb nicht in einem Phasenmodell beschrieben, sondern in einem Schichtenaufbau, wodurch sich ältere Schichten auch noch weiterentwickeln können bzw. auf sie zurückgekehrt werden kann. Insofern können „spätere Modi" wie z. B. Modus 4 oder 5 durchaus beobachtbar sein, während in anderen Skalen Modus 3 vorherrschend ist oder zu einem späteren Zeitpunkt dieser wieder auftritt.

Ein weiteres zentrales Moment besteht in der Aussagemöglichkeit des EBQ-P-Instruments, das sich auf das „Wie" der Beziehungsqualität beschränkt und somit keine *Erklärungen* für die Entwicklung bzw. das Auftreten des Verhaltens anbietet. Dafür sind andere Verfahren bzw. zusätzliche Überlegungen aus Bindungstheorie und Entwicklungspsychologie heranzuziehen. In der Anwendung des EBQ-P-Instruments sollte man sich deshalb immer auf die Beobachtung konzentrieren, ohne ein Erklärungsmodell dadurch abzuleiten bzw. dieses verifizieren zu wollen.

Wie auch beim therapeutischen EBQ-Instrument der Fall, ist es bedeutsam, sich in das EBQ-P-Instrument gründlich einzuarbeiten bzw. eine Ausbildung[22] dazu zu absolvieren. Die für die Einschätzung einer Szene benötigte Zeit ist schließlich von dieser Ausbildung und der praktischen Übung abhängig. Die Einschätzung kann sowohl von der unterrichtenden Lehrperson selbst oder von zusätzlichen Expert*innen durchgeführt und in einem Reflexionsgespräch bearbeitet werden.

Meist stellen sich in der Unterrichtspraxis Fragen nach Erreichbarkeit, Motivation, Abgelenktheit, Unterrichtsunterbrechungen oder besonderen Fördermöglichkeiten, die schließlich zum Einsatz des EBQ-P-Instruments veranlassen.

22 Ausbildungen zum EBQ-P-Instrument sind demnächst in Planung.

Für die Anwendung ist es angeraten, ganze Unterrichtseinheiten mitzufilmen, bei größeren oder sich im Raum bewegenden Gruppen am besten mit einer mobilen Kamera und eigenem Kamerapersonal, um bestimmte Teilnehmende konkret zu fokussieren.

Je nach Fragestellung wird aus dem Gesamtmaterial (meist einer Einheit) eine Sequenz von maximal drei Minuten ausgewählt. Je nachdem, ob sich die fokussierte Person körperlich-emotional, vokal, instrumental oder sprachlich ausdrückt bzw. was der Inhalt der aktuellen Aktivität ist, wird die Szene mit einer oder mehreren Skalen des EBQ-P-Instruments analysiert. Zusätzlich wird in jedem Fall auch die PBQ-Skala herangezogen, um das Beziehungsverhalten der Lehrperson einzuschätzen. Beziehung setzt immer ein Gegenüber voraus und wird im EBQ-P-Instrument auch in dieser Zweiheitlichkeit analysiert.

Nach Auswahl der Skala bzw. der Skalen ist eine erste Orientierung an den sogenannten Beobachtungschwerpunkten wichtig. Diese geben einen Überblick, worauf bei der Einschätzung geachtet werden soll (z. B. Körperkontakt, Bewegung, instrumentales Spiel, Eigenschaften der Stimme etc.). Dabei lässt sich auch bald erkennen, welche Modi nicht in der Videosequenz beobachtbar sind und welche zur Einschätzung in Frage kommen. Der Text bezüglich des Hauptmerkmals ist als eine erste Leitlinie hilfreich.

Durch die Aufnahme auf Video ist es möglich, die ausgewählte Szene mehrmals anzusehen. Anhand der ausführlichen Merkmalsbeschreibungen lässt sich nun feststellen, inwieweit die beschriebenen Merkmale in der Videosequenz wiederzufinden sind.

Sind im Video mehrere Ausdrucksformen und somit Skalen präsent, ist jede Skala einzeln einzuschätzen, da sich sowohl Übereinstimmungen als auch Diskrepanzen ergeben können. Tritt ein Modus häufig und gut einschätzbar auf, wird er als „Basismodus“ bezeichnet. Es treten aber auch immer wieder Beziehungsqualitäten nur kurz auf, welche als „Peaks“ bezeichnet werden und eine noch nicht gänzlich konsolidierte Entwicklung darstellen, was für die weitere Planung oft von Bedeutung sein kann.

Erfahrungen und Ergebnisse aus der Musiktherapie zeigen, dass nur bei der Übereinstimmung der Modi von Behandelnden und Behandelten ein konstruktiver Therapieverlauf zu erwarten ist (Mössler et al., 2017). Ein äquivalentes Ergebnis im Sinne von erreichten Unterrichtszielen ist auch für den pädagogischen Bereich anzunehmen. Treten hierbei Diskrepanzen auf, sollten das pädagogische Handeln, das didaktische Vorgehen, die Zielsetzung bzw. die Art der Angebote sowie die angewendeten musikalisch-tänzerischen Mittel kritisch reflektiert und diskutiert werden.

7.8.1. Anwendung im pädagogischen Alltag

Das EBQ-P-Instrument kann als „diagnostisches" Verfahren zur Klärung von Beziehungsfähigkeit bzw. der Ausprägung von Beziehungsqualitäten dienen. Nach einer ersten Einschätzung zur Erhebung eines aktuellen Status quo ist darüber hinaus im pädagogischen Alltag eine kontinuierliche Anwendung hilfreich. Durch eine mehrmalige Anwendung lassen sich Entwicklungsprozesse nachweisen und – für die pädagogisch Praxis vor allem wichtig – die methodische und didaktische Auswahl von Aufgaben, Aufträgen, Anleitungen für eine differenzierte und individualisierte Lernumgebung profunder entscheiden.

Durch die Analyse einzelner Sequenzen wird ersichtlich, welche Beziehungsqualitäten einzelne Teilnehmende einnehmen können. Darauf aufbauend kann die Lehrperson dieser Beziehungsqualität entsprechende Lehr-Lern-Angebote zur Verfügung stellen. Ist eine Person im Unterricht oft mit sich selbst oder mit Instrumenten beschäftigt, ohne sich an einer gemeinsamen Aktivität zu beteiligen, sollte für sie ein für Modus 3 passendes Angebot zur Verfügung stehen, also ein die Urheberschaft und die Selbstwirksamkeit unterstützendes Gefüge. In nachfolgend aufgenommen Videosequenzen kann nun die Wirksamkeit dieser Modus-3-Angebote überprüft werden und somit das EBQ-P-Instrument für eine individualisierte Stundenplanung und Unterrichtsevaluation eingesetzt werden.

7.8.2. Besondere Fragestellungen

Die Frage, welche Szene als relevant für eine Analyse ausgewählt werden soll, richtet sich nach den Besonderheiten, Auffälligkeiten und Fragestellungen, die im Unterrichtsverlauf auftreten können. Dabei ist in erster Linie das Motiv der Lehrperson für eine Klärung zu einem bestimmten wiederkehrenden Verhalten, zu besonderen Momenten, oder zu problematischen Konstellationen ausschlaggebend.

Sind in der Analyse „höhere" Modi beobachtbar, aber immer wieder durch andere Modi unterbrochen, so zeigt sich hier die non-lineare Entwicklung der Selbstempfindungen. Die höheren Modi können durch „brüchige, niedrigere Modi gestört"[23] bzw. in ihrer Stabilität beeinträchtigt werden. Dies ist wichtig in der weiteren Planung von Angeboten, die auch auf die Stärkung der niedrigeren Modi abzielen sollen, um dem Beziehungsbedürfnis der Personen adäquat entgegenzukommen. So bedeutet z. B. die Existenz von dialogischem Verhalten nicht immer, dass dieses auch bereits gut entwickelt ist.

Im Regelfall wird bei der Anwendung des EBQ-P-Instruments der Fokus auf eine Person gelegt und die Lehrperson zusätzlich beobachtet. Oftmals wird es aber auch durch die Gruppenkonstellation zu Anwendungsmöglichkeiten kommen, bei denen mehrere Teilnehmende am Geschehen beteiligt sind. Für die Einschätzung hat sich hier der Abschnitt Gruppenaspekte als grobe zusätzliche Richtschnur bewährt.

---

23 Diese Beschreibung stammt aus einem Gespräch mit Karin Schumacher im Herbst 2018.

Jedoch gibt es auch Fälle, in denen der Fokus auf mehrere Personen gleichzeitig gelegt werden muss. Hier hängt es von der Situation ab, ob jede Person für sich mit dem EBQ-P-Instrument eingeschätzt wird (dies ist meist der Fall), oder ob die Handlungen einer zweiten Person im Sinne eines Ersatzes der Lehrperson fungieren, was in Gruppenarbeiten manchmal auftreten kann. In diesem Fall ist – mit Vorbehalt – auch auf Aspekte der PBQ-Skala zu referieren. Die PBQ-Skala und somit die Einschätzung der Lehrperson sollte aber in jedem Fall angewendet werden, da dies für eine profunde Aussage des Verfahrens nötig ist.

Auftretendes Verhalten fußt im Regelfall auf der aktuell verfügbaren Beziehungsfähigkeit, kann aber manchmal auch durch andere Ursachen bedingt sein. So lässt sich das Auftreten von prä-rhythmischem oder prä-melodischem Material sowohl als Folge der aktuellen Beziehungsqualität beschreiben, in bestimmten Fällen aber durch diverse Beeinträchtigungen erklären. Hier ist eine genaue Kenntnis der Bedingungen, neben der Beobachtung, hilfreich.

7.9. Hinweise zu einzelnen Modi

Modus 0
Anders als im therapeutischen EBQ-Instrument beschreibt Modus 0 im EBQ-P-Instrument die reine Kontaktlosigkeit. Eine Kontaktverweigerung wird dahingegen als bewusster Akt definiert, der aufgrund von inneren Spannungen eine Abwehr auslöst und somit in den Bereich von Modus 2 fällt (dort als 2a definiert).

Modus 1
Wie bereits angeführt treten Modus 0 und Modus 1 im pädagogischen Bereich seltener auf, da sie meist mit tiefgreifenderen Entwicklungsbeeinträchtigungen einhergehen und diese im (auch inklusiven) Unterricht weniger oft zu beobachten sind.

In der SBQ-P-Skala sind die kurzen Vitalitätsaffekte bzw. Kontaktreaktionen von Ausrufen zu unterscheiden, die im Verlauf eines längeren Geschehens beobachtet werden und weiterführende verbale Äußerungen folgen lassen. Die Kontaktreaktion zeigt in der affektiven Äußerung die plötzliche Gewahrwerdung von intermodalen Zusammenhängen, wie einem gleichzeitig gespielten und gefühlten Ton auf. Nach dieser Reaktion lässt sich bei der Person wieder ein Rückzug in das innere Erleben beobachten.

Modus 2
Ein besonderes Merkmal bei Modus 2 ist die Funktionalisierung der Lehrperson für die eigene Affektregulation. Durch das Auftreten hoher Affekte ist sie genötigt bzw. dazu gedrängt, auf die Äußerungen der Person zu reagieren. Es kommt zu Unterrichtsunterbrechungen, möglicherweise sogar zu Disziplinierungsmaßnahmen oder auch schutzgebenden Handlungen. Die Lehrperson wird zur Re-

gulatorin der affektiven Situation der Person. Der Umgang mit den Phänomenen von Verweigerung, Affektüberflutung und Provokation wird hierbei sehr unterschiedlich ausfallen und auch von den künstlerisch-pädagogischen Mitteln der Lehrperson abhängen. Manche Situationen lassen sich über den musikalisch-tänzerischen Prozess beeinflussen, andere wiederum brauchen zusätzliches pädagogisches Handlungsrepertoire.

Für den Modus 2c – provokatives Verhalten – lassen sich in der Anbahnung ankündigende Zeichen beobachten. So z. B. ein Verhalten, das darauf hinweist, dass gerade etwas Unerwünschtes passiert („Siehst Du was ich mache? Es ist nicht das, was gefordert ist.“). Auch die Frage von „Handlungstestläufen“ im Sinne von: „Ich will herausfinden, wie die anderen reagieren, wenn ich X mache“, lassen sich bei erhöhtem Affektniveau in Modus 2c einordnen. Wichtig ist hierbei, dass der Affekt eine starke Ausprägung hat. Oftmals werden auch Anweisungen nicht oder bewusst anders ausgeführt ohne provokatives Verhalten zu zeigen.

Modus 3

In Modus 3 bewirkt das explorative Verhalten der Person ein besonderes Interesse der Lehrperson an deren Aktivitäten. Optimalerweise tritt sie als Unterstützerin für das Explorationsverhalten auf. Wichtig ist dabei, dass dem Explorieren hier genügend Raum und Zeit gegeben und nicht bereits ein dialogisches Verhalten erwartet oder auch angeboten wird. Durch die Möglichkeit zum Explorieren wird dem Entstehen von Selbstwirksamkeit und schließlich auch der Erfahrung von Urheberschaft genügend Entwicklungsmöglichkeit eingeräumt.

Modus 4

Auch in Modus 4 kann der Impuls, vorzeitig in einen Dialog zu wechseln, in der Lehrperson frühzeitig auftauchen, vor allem durch das nun klar erfahrbare Beziehungsangebot der Person, da die Lehrperson nun als eigenständiges Gegenüber wahrgenommen wird. Hier ist wichtig, den Rückversicherungstendenzen der Person entgegenzukommen und gemeinschaftliche Aktivitäten ohne dialogisierende Elemente anzubieten.

Im besonderen Maße zentral für die pädagogische Arbeit ist in Modus 4 auch die Möglichkeit das Vorhandensein von Joint Attention beobachten zu können, welches eine Voraussetzung für eine Vielzahl von Lernprozessen darstellt.

Deshalb sollte sich die Lehrperson verschiedene Fragen stellen, wie: Wer in der Gruppe hat Joint Attention und wer nicht? In welchen Situationen tritt Joint Attention auf oder ist nicht vorhanden? Wer kann von bestimmten Gruppenaktivitäten profitieren, wer ein wenig und wer nicht? (Esterbauer et al., 2018, S. 22)

Um für eine fehlende oder nur teilweise ausgebildete Joint Attention passende Lehrmethoden zu entwickeln, sollte die Lehrperson Spontaneität und Flexibilität sowie Fantasie und methodisches Hintergrundwissen einsetzen. Zur Initiierung, Unterstützung oder Aufrechterhaltung von Joint Attention kann die Lehrperson ihre Aktivitäten, Aufgabenstellungen und Ideen adaptieren und Handlungen sowie die Interessen der Person miteinbeziehen. Ist Joint Attention noch nicht vorhanden, sind Angebote für einen Modus 3 zielführend.

Modus 5

Die Unterteilung des Modus 5 in drei Differenzierungen zeigt in sich eine Entwicklung von dialogischen Fähigkeiten auf. Beginnend mit dem Imitieren von freien Ideen und Handlungen (5a), können darauf aufbauend Imitationsverläufe, die als vorgegebenen Form existieren, gestaltet werden, also fixierte Tanzschritte, Liedmelodien mit oder ohne Text, Choreografien, instrumentale Motive und Harmonieverläufe etc. (5b). Als dritte Form schließlich entsteht ein echter Dialog zwischen den Beteiligten (5c).

Oftmals sollte genau beobachtet werden, ob es sich um Mitmach- oder Nachmach-Aktivitäten handelt. Da Mitmach-Aktivitäten eine andere Form der bewussten Teilhabe darstellen, fallen diese noch in Modus 4, wo die Fähigkeit zur Imitation sich erst ausbildet.

Im sprachlichen Bereich ist auf eine Unterscheidung der Imitation zur Echolalie (SBQ-P Modus 2a), also dem scheinbar sinnentleerten Wiederholen von Wörtern oder Sätzen, das auch kaum unterbrochen werden kann, zu achten. Die Abgrenzung zur Echolalie besteht in der auf den inhaltlichen Sinn gerichteten Wiederholung von Wörtern oder Sätzen und der Bezogenheit des Blickes. In Modus 5a wird also bei Wortimitationen ersichtlich, dass die Person den Sinn der Worte sehr wohl erfasst (im Gegensatz zu Modus 2a).

Der sprachliche Modus 5b ist fast ausschließlich in einem charakteristischen Spielverlauf zu beobachten, in dem die Lehrperson Sätze spricht und sie nicht zu Ende führt, sondern die Ergänzung aus der Gruppe bzw. von einer Person erwartet.

SBQ-P Modus 5c schließlich besteht in einem echten verbalen Dialog, mit Austausch von Gedanken, Gefühlen etc. wobei hier noch darauf geachtet werden muss, ob bei dem sprachlichen Austausch auch Reflexionen stattfinden. In diesem Falle wäre Modus 7 heranzuziehen.

Eine besondere Form stellen Streitgespräche dar. Sofern die Affekte noch reguliert bleiben und das gegenseitige aufeinander Hören stattfinden kann, lassen sich diese in Modus 5c einordnen. Werden die Affekte zu stark und der Dialog wird durch das Affektgeschehen zurückgedrängt, sollte ein Modus 2 vergeben werden.

Beobachtet man Konkurrenzverhalten und kann Aspekte wie Kontrollverhalten oder Provokation dabei ausschließen (die für Modus 2 sprechen würden), so ist auch dies eine mögliche Variante von Modus 5. Konkurrenz ist somit eine Facette des Dialogs, der weniger auf ein Gemeinsames als auf etwas Eigenes abzielt. Auch hier ist auf die Affektstärke zu achten.

Modus 6

In Modus 6 ist ein spielerisches, positiv gestimmtes Miteinander vorherrschend. Vor allem alle möglichen Varianten von Rollenspielen fallen in diese Kategorie. Erfindungsreichtum, Phantasie und kreative, flexible Spielzuordnungen lassen sich beobachten. Wichtig ist in dieser Beziehungsqualität, dass sich Affekt und Handlung der Person organisch miteinander verbinden. Besonders auch die Flexibilität, mit den Ideen anderer umzugehen, spricht für Modus 6. Treten nicht veränderbare Vorstellungen über den Verlauf des gemeinsamen Prozesses bei der Person auf („es muss so und so gespielt werden") bzw. entsteht aus dem Spiel plötzlich ein „echter" Affekt, kann es sich um Modus 2 handeln.

Manche Personen zeigen auch einen Pseudo-Modus 6. Sie scheinen sehr viele Ideen zu produzieren, aber bei genauerer Beobachtung sind diese vielen Ideen letztlich immer dieselben. Oftmals fehlt hier noch ein Entwicklungsraum aus Modus 3 bzw. auch 4, der die eigenen Ideen aufgrund der gemachten Explorationserfahrungen an Diversität zunehmen lässt.

Aus Sicht der Lehrperson ist es von Bedeutung, dass auch die positiven Aspekte der Person nicht überschießen, sondern reguliert bzw. regulierbar bleiben. Dafür eignen sich wiederum musikalisch-tänzerische Gestaltungsmerkmale besonders gut, die die positiven Aspekte in eine Form bringen können.

Modus 7

Der Modus 7 ist ein Spezifikum, das speziell im pädagogischen Bereich auftritt. Die Lehrenden-Lernenden-Beziehung sollte im Entwicklungsverlauf dazu führen, dass die lernende Person Aufgabenstellungen selbständig bearbeiten kann, um dadurch Lerneffekte zu erzielen, Wissen und Kompetenzen zu erwerben und Fähigkeiten zu entwickeln. Diese Beziehungsqualität hat einen unterschiedlichen Grad von Eigenständigkeit als Grundlage. Die Idee eines „Führens in die Selbständigkeit", welche ein Hauptziel in vielen pädagogischen Konzepten darstellt, ist somit als oberste Schicht des Beziehungsverhaltens aus Sicht der Lehrperson zu verstehen. Für die lernende Person stellt diese Qualität ein gereiftes Resultat einer beständigen Selbstentwicklung dar, die natürlich mit mannigfaltigen weiteren Prozessen von Entwicklung einhergeht.

Der Modus 7 in der SBQ-P-Skala hängt zwar damit zusammen, ist aber in seiner Ausprägung etwas unterschiedlich dazu konzipiert. Vor allem aufgrund der Weiterentwicklung des Sternschen Konzepts zum „narrativen Selbst" ist hier die Fähigkeit zur Narration, zur Reflexion und der Perspektivenübernahme zentral.

7.9.1. Mehrere Modi gleichzeitig

Eine besondere Stellung bei der Einschätzung der Beziehungsqualität nimmt das gleichzeitige bzw. sehr zeitnahe Auftreten mehrerer Modi ein. Diese können einerseits in verschiedenen Skalen auftreten, wobei hier auf eine unterschiedliche Entwicklung zu schließen ist und das Lehrangebot entsprechend den angesprochenen Skalenbereichen zu wählen wäre.

Diffiziler wird die Einschätzung, wenn mehrere Modi gleichzeitig in einer Skala beobachtbar sind. Dieses Phänomen wurde von Karin Schumacher als „Zweistimmigkeit“ bezeichnet.[24] Meist ist hier ein Basismodus beobachtbar zu dem parallel ein weiterer Modus auftritt. Beispielhaft sei hier eine angespannte, reizbare oder aggressive Grundstimmung genannt, über der ein dialogisches Spiel stattfindet. In der Literatur wird dies auch als „mixed emotions“ beschrieben (Hargreaves, 2000). Hier werden sowohl der Modus 2 als auch der Modus 5 in der Einschätzung notiert, um für die weitere Planung eine Entscheidungsgrundlage zur Verfügung zu stellen.

Weiters können auch schnelle Wechsel der Beziehungsqualitäten stattfinden, die eine typische Grundeinschätzung nicht ermöglichen, sondern bei der das Fluktuieren zwischen den Qualitäten vorherrschend ist.

Auch Übergänge zwischen Modi sind beobachtbar, wenn z. B. eine Person von Modus 3 in Modus 4 wechselt, also nach einem explorierenden Spiel einen Rückversicherungswunsch zeigt.

Zu guter Letzt gibt es auch Mischformen von einzelnen Modi. Oft tritt dies in der PBQ-Skala auf, wenn z. B. die Lehrperson den Modus wechselt, um die betreffende Person in ihrem aktuellen Modus zu erreichen. So kann die Lehrperson, die gerade eine Gemeinschaftsaktivität wie ein gemeinsames Instrumentalspiel anleitet, bei einer Person, die Modus 2 aufweist, in die Affektabstimmung wechseln, also Modus 2 einnehmen, um dann gemeinsam mit der Person wieder nach Modus 4 zu wechseln.

7.9.2. Gruppenaspekte

Die Merkmalliste zur Beschreibung von Gruppenaspekten dient einer allgemeinen Einordnung von Beziehungsphänomenen, vor allem zwischen den teilnehmenden Personen untereinander. In den niedrigeren Modi ist die Gruppeninteraktion kaum bis gar nicht vorhanden, außer in Modus 2, da die hohen Affekte auch durch andere Gruppenmitglieder ausgelöst werden können.

In den höheren Modi lassen sich neben den üblichen Beziehungsqualitäten, die auch zwischen den Teilnehmenden bestehen können, sogenannte *Modusinkongruenzen*[25] beobachten. Diese zeigen eine Nicht-Übereinstimmung der Beziehungsqualitäten zwischen den Teilnehmenden. Bei einer Inkongruenz der Beziehungsqualitäten, also der Nicht-Beantwortung des aktuellen Beziehungsangebotes, zeigen die Teilnehmenden meist eigene Lösungsstrategien, die in der Regel in der Verlagerung der Beziehungsqualität auf eine andere Stufe oder in der Suche nach anderen Personen mit gleicher Stufe besteht.

24 Aus einem Gespräch mit Karin Schumacher vom Herbst 2018.

25 Charlotte Fröhlich bezeichnet dieses Phänomen in ihrer Arbeit zum EBQ-Instrument als „asymmetrisches Beziehungsverhalten“ (z. B. 2022, S. 60).

7.10. Visualisierung

Bereits zu Beginn der Entwicklung des therapeutischen EBQ-Instruments wurden Ideen zur visuellen Darstellung der Ergebnisse überlegt. In der Publikation von 2013 wurde eine von Silke Reimer und Lada Petrickova entwickelte Visualisierungsform vorgestellt (Schumacher et al., 2013, S. 73–76). Auf dieser Basis wurde im Rahmen der vorliegenden Forschungsarbeit eine Erweiterung, vor allem für Verlaufsdarstellungen, entwickelt.

In dieser Visualisierungsdarstellung sind entlang der y-Achse die Modus-Nummern angegeben. Die beobachteten Modi werden mittels der je nach Skala eingefärbten Punkte in die Grafik eingetragen.

In Abbildung 15 sieht man z. B. die Darstellung einer Einschätzung von Modus 1 in der KEBQ-P-Skala eines Kindes und der von der Lehrperson angebotenen Beziehungsqualität von Modus 4 (links). Rechts ist die Weiterentwicklung der Szene visualisiert, in der ein instrumentales Abwehrverhalten der Person nun durch die Lehrperson in Modus 1 beantwortet wird. Dieser Modus 1 wird schließlich vom Kind angenommen. Dies führt infolge zu einem kurzen Peak in Modus 3. Ein Peak stellt ein kurzfristiges Vorkommen einer noch nicht stabil ausgebildeten Beziehungsqualität dar.

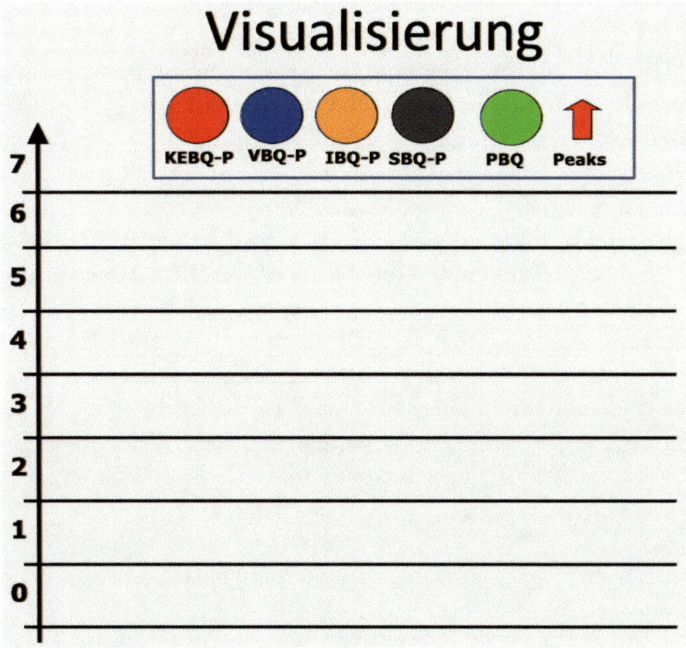

Abbildung 14: Legende zur Visualisierungsvariante 1 des EBQ-P

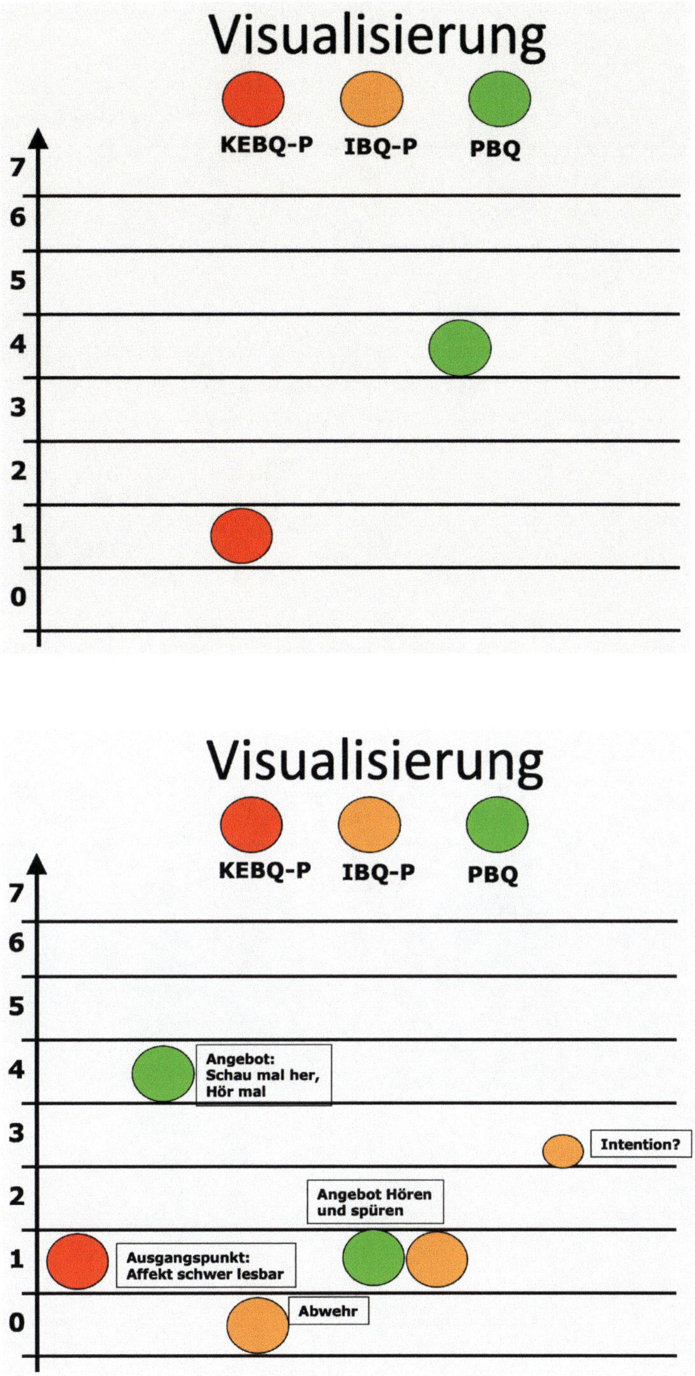

Abbildung 15: Beispiele für Visualisierungen

Diese Visualisierungsform wurde schließlich zu einer Verlaufsdarstellung weiterentwickelt (Abbildung 16), die bei Bedarf auch parallel zur Videowiedergabe animiert werden kann. Bei dieser Variante, die mittels Microsoft PowerPoint durchgeführt wird, lässt sich die Visualisierung sowohl manuell als auch automatisiert steuern. Diese Form ermöglicht es auch, zusätzliche Aspekte wie Diskrepanzen oder Übereinstimmung zu verdeutlichen.

Auch relativ komplexes Geschehen ist in dieser Variante vereinfacht darstellbar.

Weitere Visualisierungsmöglichkeiten, die vor allem für Forschungsarbeiten genutzt werden, wurden bereits von Schumacher et al. vorgestellt. Dafür wurde die Software *Interact* der Firma *Mangold International* verwendet, um mikroanalytische Verlaufsdarstellungen anschaulich zu präsentieren.

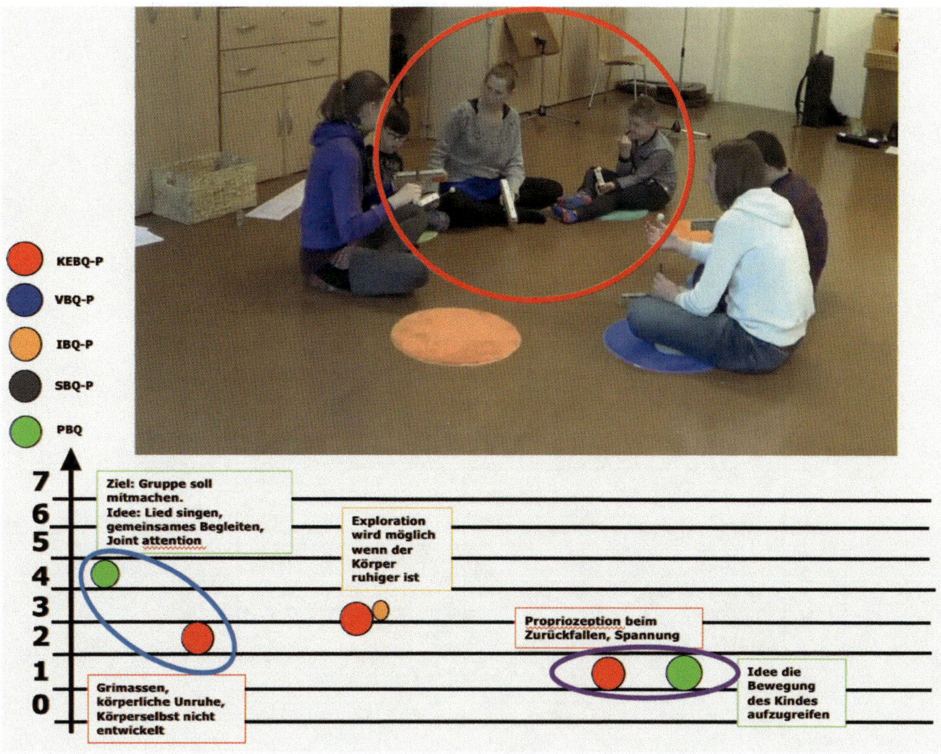

Abbildung 16: Visualisierungsvariante für das EBQ-P mittels Microsoft PowerPoint

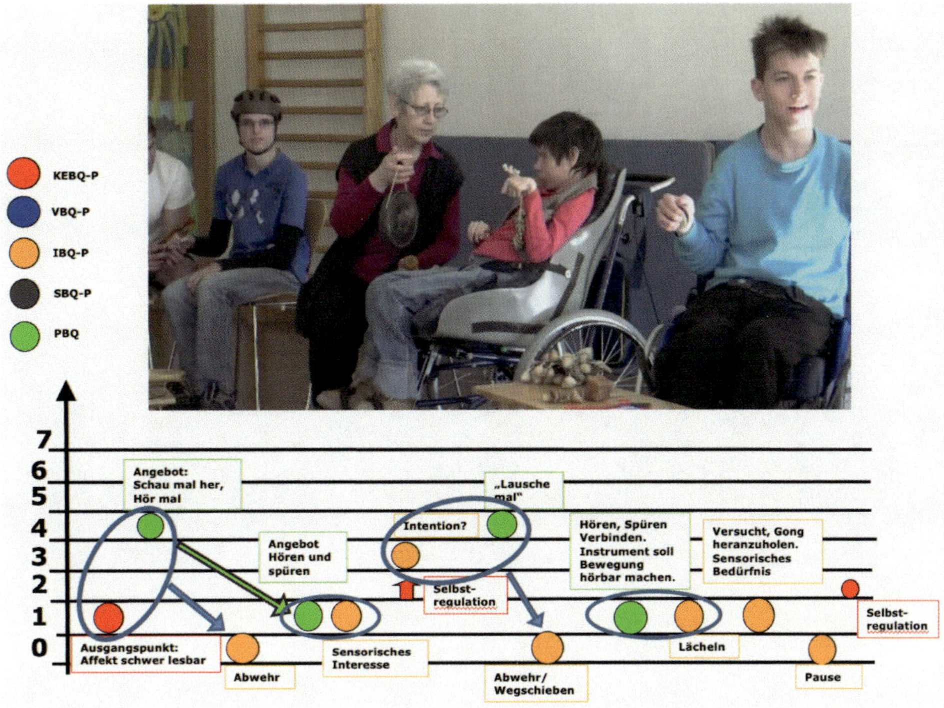

Abbildung 17: Komplexere Verlaufs-Visualisierung

Für die Adaptierung bzw. Erarbeitung des EBQ-P-Instruments wurde die Software MaxQDA der Firma *VERBI* als für die Forschungstätigkeit relevante qualitative mikroanalytische Darstellungsmöglichkeit ausgewählt. In sogenannten Zeitdiagrammen bzw. Codeline-Visualisierungen lassen sich in unterschiedlichem Komplexitätsgrad die Verläufe der beobachteten Beziehungsqualitäten darstellen.

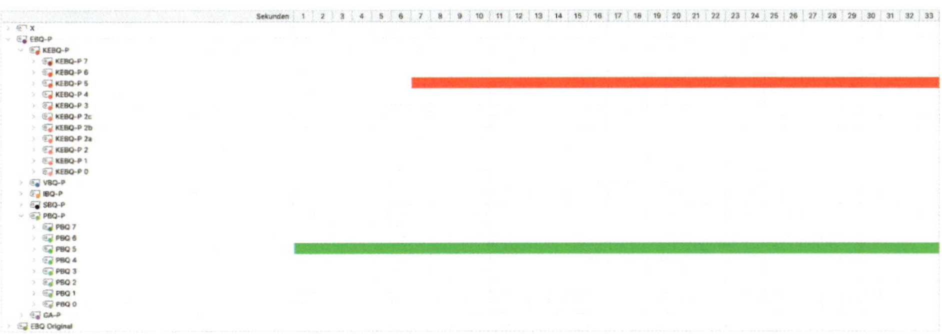

Abbildung 18: Visualisierung einer einfachen Szene mittels MaxQDA-Codeline

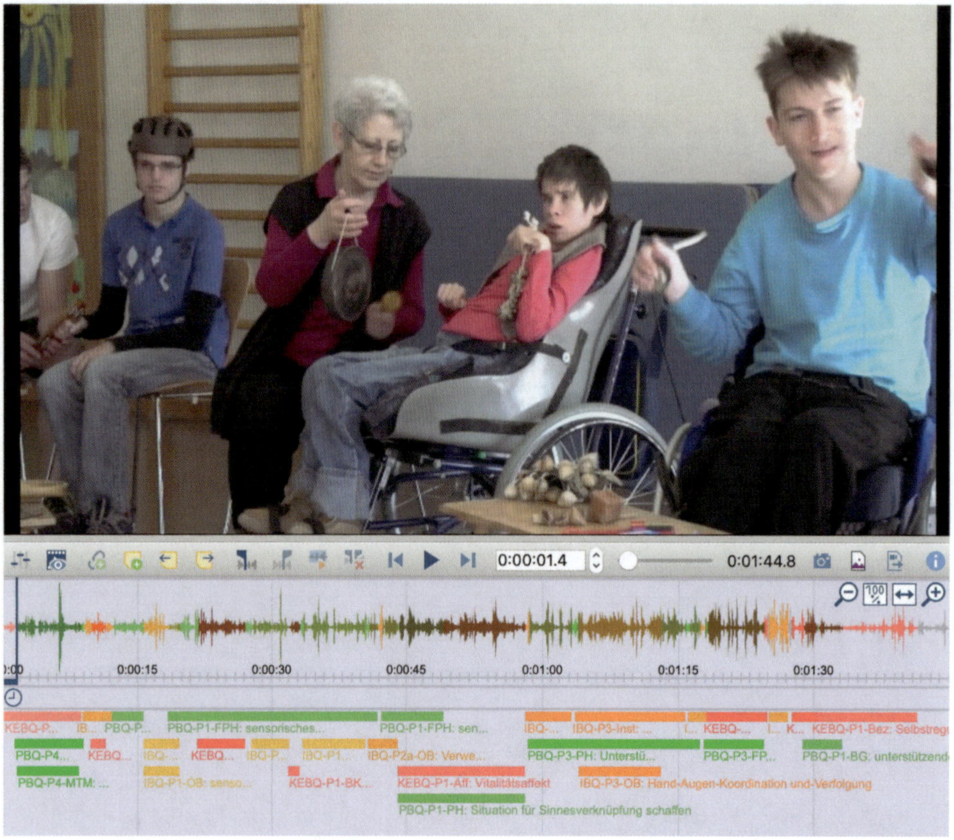

Abbildung 19: Szene aus vorangegangener Abbildung in einem Codierverlauf in MaxQDA

7.11. Begriffsklärungen – Glossar

In den Merkmallisten tauchen häufig Begriffe auf, die aus der theoretischen Hintergrundliteratur (v. a. Sterns Selbstentwicklung) entlehnt sind und die zum besseren Verständnis hier nochmals kurz erläutert werden.

Affektabstimmung

Der gefühlsmäßige Austausch besteht im Grunde aus zwei Komponenten: der Affektspiegelung und der Affektabstimmung.

Bei der Affektspiegelung (Fonagy et al., 2019) wird durch die spiegelnde Bezugsperson ermöglicht, die emotionale Rückmeldung eigener Gefühle in der Interaktion zu erfassen.

Affektabstimmung wird durch ein wechselseitiges Wahrnehmen und Austauschen von Gefühlen mit dem Anderen hervorgerufen (Fonagy et al., 2019; Stern, 2007).

Zusammenfassend stellt Stern fest: „Die Affektabstimmung stellt folglich eine Ausführung von Verhaltensweisen dar, die die Gefühlsqualität eines gemeinsamen Affektzustandes zum Ausdruck bringen, ohne die Verhaltensäußerungen des inneren Zustands exakt zu imitieren" (Stern, 2007, S. 203).

Inter-Affektivität
Stern beschreibt dies als „Entsprechung zwischen dem eigenen, innerlich erlebten Gefühlszustand und dem Gefühlszustand, den er ‚an' oder ‚in' einer anderen Person beobachtet" (Stern, 2007, S. 190).

Inter-Attentionalität
Inter-Attentionalität, auch als Joint Attention bezeichnet, bedeutet die gemeinsame Ausrichtung der Aufmerksamkeit zweier Personen auf denselben Punkt, auf eine gemeinsame Tätigkeit oder auf den Fokus des aktuellen Interesses (Stern, 2007, S. 186).

Inter-Intentionalität
Mit intentionaler Gemeinsamkeit lässt sich ein gegenseitiges Verständnis für gemeinsam erlebte Absichten und Motive (Stern, 2007, S. 188) beschreiben. Es wird dabei der Bezugsperson eine Absicht mitgeteilt und zugleich auch ein Verständnis für diese eigenen Wünsche unterstellt, was zur Erfüllung der Wünsche beitragen sollte.

Intermodale Verknüpfung
Bei der intermodalen Verknüpfung tritt die ursprünglich getrennte Wahrnehmung der Sinne von Hören, Spüren und Sehen in Übereinstimmung, wodurch Synchronizitätserfahrungen geschaffen werden sollen (Lohaus & Vierhaus, 2019, S. 116–118).

Intersynchronisation
Erst nach der Erfahrung und Ausbildung von Intrasynchronisation kann eine Intersynchronisation, also die exakte Übereinstimmung der zeitlichen Strukturen zweier oder mehrerer Personen stattfinden (Schumacher et al., 2013).

Intrasynchronisation
Für das Auftreten bzw. Entstehen von Intrasynchronisation ist die Entwicklung der Selbst-Kohärenz Voraussetzung. Erst dadurch kann es zu einer Abstimmung von zeitlichen Strukturen im eigenen Körper kommen, wobei Gesichtsausdruck (Mimik) und Körper sich in genauer Übereinstimmung bewegen. Neben dem körperlichen Selbstempfinden ist die Regulation von Affekt und sensorischer Wahrnehmung für die Intrasynchronisation von Bedeutung. Tritt weiters auch Sprache in der Situation auf kommt es auch hier zu einer Koordination mit den Körperbewegungen (nach Condon, 1963, zit. nach Schumacher et al., 2013, S. 81).

Modusinkongruenz
Eine Modusinkongruenz bedeutet eine Nicht-Übereinstimmung von beobachteten Beziehungsqualitäten. Diese Modusinkongruenz kann zwischen Person und Lehrperson als auch zwischen verschiedenen Teilnehmenden bestehen. Bei einer Modusinkongruenz von Person und Lehrperson, sollte die Lehrperson versuchen, die Beziehungsqualität der Person einzunehmen, um sie auf dieser Ebene ansprechen zu können und die Beziehungsmodi somit wieder in Übereinstimmung zu bringen. Fröhlich bezeichnet dieses Phänomen in ihrer Arbeit als „asymmetrisches Beziehungsgeschehen“ (2022, S. 60 bzw. S. 114–116).

Im Gruppenkontext gibt es zudem viele Situationen in denen sich Teilnehmende auf einander beziehen (können). Im Abschnitt *Gruppenaspekte* wird beschrieben, wie Teilnehmende untereinander sich bei Modusinkongruenzen in der Regel verhalten werden.

Propriozeption
Bei eigenen körperlichen Handlungen erfährt man in der Regel eine körperliche Rückkoppelung, die bei Handlungen anderer Personen an einem selbst nicht erlebt werden. Dadurch kann unterschieden werden, ob eigene oder fremde Handlungen durchgeführt werden (Stern, 2007, S. 78–79).

Selbst-Kohärenz
Als „Selbst-Kohärenz“ definiert Stern „das Empfinden, ein vollständiges körperliches Ganzes zu sein und sowohl in der Bewegung (Verhalten) als auch im Ruhezustand über Grenzen und ein körperliches Handlungszentrum zu verfügen“ (Stern, 2007, S. 106). Dieses Empfinden des Selbst (aber auch des Anderen) als kohärente Einheit kann aufgegliedert werden in Einheit des Ortes, Kohärenz der Bewegung, Kohärenz der zeitlichen Struktur, Kohärenz der Intensitätsstruktur und Kohärenz der Form.

Stresszeichen
Sogenannte Stress- bzw. Belastungszeichen sind vor allem aufgrund der frühkindlichen Forschung zu einem wichtigen Thema geworden (Derksen & Lohmann, 2013; Ziegenhain, Gebauer, Ziesel, Künster & Fegert, 2016). Diese Stresszeichen, wie marmorierte Haut, starrer Blick, geweitete Augen, Grimassieren etc. lassen sich in bestimmten Ausprägungen auch in späteren Altersabschnitten wiederfinden.

Übersprungshandlung
Bei der Übersprungshandlung (einem Begriff aus der Verhaltensforschung) treten aufgrund widerstreitender Handlungsabsichten unerwartete, keinem unmittelbaren Zweck dienliche Verhaltensweisen auf (Becker-Carus & Wendt, 2017, S. 581). Dadurch wird beim Menschen beispielsweise ein verlegenes Kopfkratzen erklärt.

Vitalitätsaffekt
Vitalitätsaffekte beschreibt Stern als körperliche, innere Empfindungen, wie Arousal- und Aktivierungszustände, Tonus, die motivationale Aktivierung oder Übersättigung. Dabei handelt es sich um eine „gefühlsmäßige“ Art des Erlebens, die durch Begriffe wie „aufwallend, verblassend, flüchtig, explosionsartig, anschwellend, abklingend, berstend (...)“ (Stern, 2007, S. 83, alle Begriffe im Original in Anführungszeichen; siehe auch Stern, 2011) beschrieben werden können.

8. Das EBQ-P-Instrument im pädagogischen Umfeld

Ausgangspunkt der Übertragung des EBQ-Instruments in den musikpädagogischen Bereich war die Annahme, dass eine genaue Einschätzung der Beziehungsfähigkeit bzw. -qualität einer musik- und tanzpädagogischen Situation und eine darauffolgende Reflexion der Unterrichtssituation das Lehrendenhandeln adäquater an die lernende Person anpassbar macht. Durch die Kenntnis des aktuell vorhandenen Beziehungsmodus kann die Lehrperson ihre Aufgaben und Angebote so gestalten, dass auch die im Fokus stehende lernende Person diese Angebote für sich nutzen kann und – je nach aktuellen Möglichkeiten – an den Aktivitäten teilnehmen, teilhaben oder auch teilgeben kann.

Ziel des Einsatzes des EBQ-P-Instruments ist also eine Verbesserung des Lehrendenhandelns auf der Grundlage der Beziehungsfähigkeit und die Erarbeitung einer Unterrichtsgestaltung, die jede beteiligte Person möglichst optimal erreichen kann.

Insofern steht diese Adaptierung zum EBQ-P-Instrument in der Tradition der inklusiven musikpädagogischen Arbeit von Wilhelm Keller bzw. des Orff-Instituts der Universität Mozarteum Salzburg. Keller beschreibt seine eigene Arbeit in ähnlicher Weise, zu welchem Zweck auch die vorliegende Arbeit einen profunden Beitrag leisten möchte:

> „Durch die Möglichkeit einer individuellen Aufgaben- und Rollenverteilung können, im Sinne neuerer Integrationsbestrebungen, auch Behinderte mit Nichtbehinderten, ja Begabten zusammenspielen, ohne dass Mitwirkende über- oder unterfordert werden müssen. Die Anpassung der eingesetzten Mittel und Instrumente an die Zusammensetzung einer Gruppe – und nicht umgekehrt, wie es bei Besetzungsfragen in Bezug auf die Wiedergabe eines Kunstwerks unvermeidlich ist – unter Berücksichtigung ihrer kulturellen Bedingungen ist die wichtigste Aufgabe jeder Adaption des Orff-Schulwerks.“ (W. Keller, 1985, S. 26–27)

Gerade diese Anpassung benötigt grundlegende Kenntnisse des eigentlich Möglichen. Neben vielen individuellen musikalischen und tänzerischen bzw. bewegungsbezogenen Fähigkeiten spielen vor allem die kommunikativen Kompetenzen in einem Lehr-Lernprozess eine wesentliche Rolle. Nicht immer ist es aber eindeutig möglich, die aktuellen Beziehungsfähigkeiten vor Ort zu bestimmen. An dieser Stelle kann nun das EBQ-P-Instrument zu einer wichtigen Klärung der Beziehungsmöglichkeiten beitragen.

Im Bereich der Musikpädagogik lassen sich hierzu kaum vergleichbare Verfahren finden. Jedoch gibt es in angrenzenden Disziplinen ähnliche Ideen, die eine Entwicklungsorientierung als wichtiges Arbeitsprinzip ausweisen.

Einen interessanten Ansatz, der zum Teil mit ähnlichen Fragestellungen arbeitet, ist die Feststellung des emotionalen Entwicklungstandes, wie ihn Anton Došen (1997) vorgestellt hat (siehe dazu in Band 2). Darauf basierend wurden mehrere Verfahren entwickelt, wie das Schema der emotionalen Entwicklung (SEO) (Došen, 2005a, 2005b) oder die Skala der emotionalen Entwicklungs-Diagnostik (SEED) (Sappok, Zepperitz, Barrett & Došen, 2018, 2021; Sappok, Zepperitz, Morisse, Barrett & Došen, 2023). Sowohl das SEO als auch die SEED beschreiben die emotionale Entwicklung in 5 (bzw. 6) Phasen:

Emotionale Entwicklungs-phase	Emotionales Referenzalter	Kognitives Funktionsniveau bei Erwachsenen mit IM	Entwicklungsschritte	Entwicklungsziele
1 Erste Adaption	0–6 Monate	Schwerste IM (F73)	Integration von sensorischen Stimuli und äußeren Strukturen (Ort, Zeit und Menschen)	Integration und Koordination äußerer und innerer Reize, Regulation körperlicher Grundbedürfnisse
2 Erste Sozialisation	6–18 Monate	Schwerste IM (F73)	soziale Bindungen, Bildung einer Vertrauensbasis, Urvertrauen	Sicherheit, Objekt-permanenz, Erkunden der Umgebung, Körper-schema
3 Erste Individuation	18–36 Monate	Schwer-schwerste IM (F72–F73)	Ich-Du Differenzierung, sichere Objektperma-nenz, Kommunikations-fähigkeit bei räum-lichem Abstand, Persönlichkeitsaufbau	Abgrenzung von der nächsten Bezugsperson, Erkennen und Äußern des eigenen Willens
4 Erste Identifikation	4.–7. Lebens-jahr	Mittelgradige-schwere IM (F71–F72)	Ich-Bildung, Ich-Zentriertheit, Lernen aus Erfahrung	Theory of Mind, Beschäftigen/Interagie-ren mit Gleichrangigen, Zusammenspiel, Unterscheidung zwischen Realität und Phantasie
5 Beginnendes Realitäts-bewusstsein	8.–12. Lebens-jahr	Leichte-mittelgradige IM (F70–F71)	Ich-Differenzierung, moralisches Ich, Realitätsbewusstsein, logisches Denken	Moralisches Handeln, Einschätzen der eigenen Fähigkeiten, logisches Denken

IM = Intelligenzminderung

Abbildung 20: Entwicklungsphasen im SEO bzw. SEED (Sappok & Zepperitz, 2016, S. 25)

In der SEED werden diese fünf Phasen um eine weitere, die der „zweiten Individuation“ mit einem Referenzalter vom 13. bis zum 18. Lebensjahr, erweitert.

Vergleicht man diesen Phasenaufbau mit den Modi des EBQ-P-Instruments, so lassen sich die Modi 1 bis 3 in den ersten beiden Phasen wiederfinden. Phase 3 entspricht der Entwicklung der Intersubjektivität und somit etwa Modus 4. Die Modi 5 bis 7 lassen sich in der Phase 4 einordnen, wobei dies nur annähernde Werte sind und sich mit den angegebenen emotionalen Referenzaltern aus anderen Schemata nicht gänzlich decken. Wichtig ist jedoch die Idee hinter diesem Ansatz, wonach der Einbezug des emotionalen Entwicklungsaspekts eine wichtige Grundkomponente bei pädagogisch-therapeutischen Maßnahmen darstellen sollte und somit auch in der Pädagogik ein genaueres Verständnis für das emotionale Entwicklungsalter hilfreich ist. Tanja Sappok und Sabine Zepperitz, zwei der Autorinnen der SEED erläutern dazu:

> „Der emotionale Entwicklungsansatz bezieht nicht nur rein emotionale, sondern auch sensomotorische, soziale und kognitive Aspekte mit ein, die in ihrer Gesamtheit das emotionale Funktionsniveau einer Person ausmachen. ‚Objektpermanenz‘ hat z.B. einen Bezug zu kognitiven, ‚Umgang mit Material‘ zu sensomotorischen, und ‚Umgang mit Bezugspersonen‘ oder ‚Umgang mit Gleichrangigen‘ zu sozialen Aspekten der Entwicklung. (...)
>
> Die Kenntnis des emotionalen Entwicklungsstands ist wichtig, da damit Einblicke in das innere Erleben, die Handlungsmotive und die individuell zur Verfügung stehenden Verhaltensstrategien gegeben werden. (...)
>
> Die Feststellung des aktuellen emotionalen Funktionsniveaus kann Betreuende unterstützen, die Erwartungen individuell anzupassen und Interventionen entsprechend einzusetzen.“ (Sappok & Zepperitz, 2018, S. 47–49).

Thomas Bergmann, zusammen mit Tanja Sappok einer der Autor*innen der Musikbasierten Skala zur Autismus-Diagnostik (MUSAD; Bergmann, Sappok, Dziobek, Ziegler & Heinrich, 2020), beschreibt das therapeutische EBQ-Instrument als besonders geeignet für die nonverbale Diagnostik und vergleicht dies mit den Phasen 1 und 2 der SEED. Ab Phase 3 schlägt Bergmann die Arbeit mit Gruppen vor, da nun der soziale Aspekt eine bedeutsame Rolle gewinnt (Bergmann, 2022). Diese Thematiken sind auch im Musik- und Tanzunterricht von großer Bedeutung. Insofern ist bei der Gestaltung von Unterricht im inklusiven Kontext eine entwicklungsorientierte Vorgangsweise anzuraten.

Laufer und Vogel (2022) formulieren, ausgehend von einem Positionspapier des deutschen Bundesverbands Musikunterricht e.V. (2019), drei Dimensionen von Musikunterricht: zum einen als Unterrichtsgegenstand, zweitens als Mittel spezifischer Entwicklungsförderung und drittens als übergreifendes Prinzip einer Musikalisierung von Schule. Um diesen Dimensionen gerecht zu werden, plädieren sie für eine inklusionsdidaktische Vernetzung von fachorientiertem und entwicklungsbezogenem Lernen. Die von Kahlert und Heimlich (2014) vorgestellten *in-*

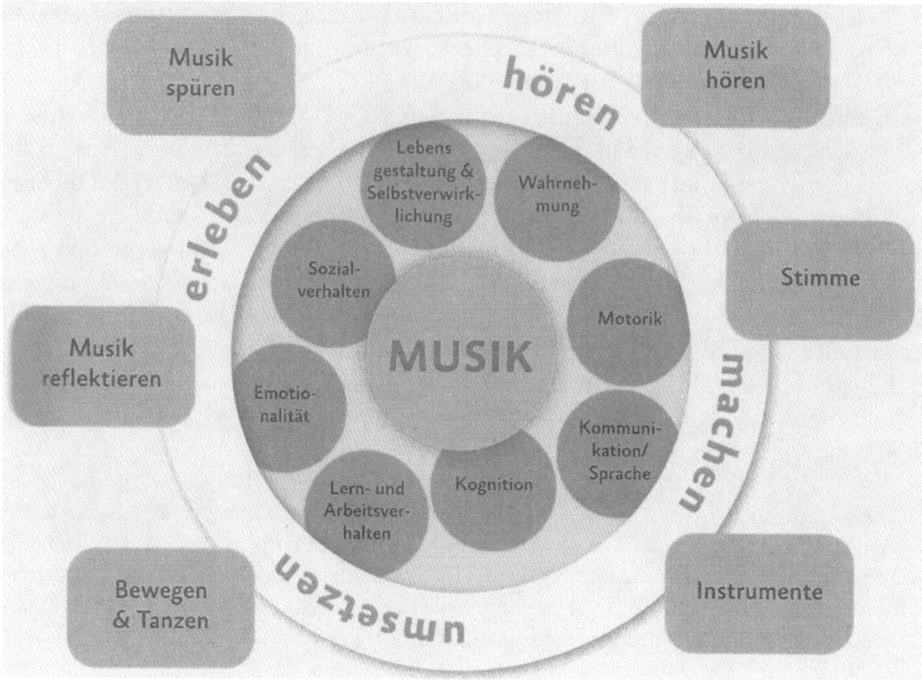

Abbildung 21: Inklusionsdidaktischer Kreis (Laufer & Vogel, 2022, S. 29)

klusionsdidaktischen Netze, greifen die beiden Autorinnen auf und stellen diese Ideen anhand einer konzentrischen Kreisgrafik dar, in der die Umgangsweisen „erleben – hören – machen – umsetzen“ mit verschiedensten Entwicklungsbereichen und Lernfeldern verbunden werden (siehe Abbildung 21). Die Lernfelder (die außen angefügt sind) werden je nach Gruppenzusammensetzung individuell und mit Blick auf die einzelnen Entwicklungsbereiche gestaltet. Auch hier ist zur Umsetzung die Kenntnis der Beziehungsfähigkeit im Einzelnen hilfreich. So weisen die beiden Autorinnen auch auf die Prämisse der Beziehung hin: „Beziehung ist grundlegend für alle folgenden Inhalte, Methoden und möglicherweise anstehenden Konflikte“ (Laufer & Vogel, 2022, S. 222).

Lütje-Klose (2022) betont, dass für inklusiven Musikunterricht dieselben Bedingungen gelten, wie für jedweden anderen Unterricht. Planung, Durchführung und Reflexion unterliegen denselben Qualitätsvorgaben. In Bezug auf die Lernenden merkt sie an, dass „die verschiedenen Lernausgangslagen von Schülerinnen und Schülern mit und ohne unterschiedliche Beeinträchtigungen etwa durch offene und (selbst-)differenzierende Aufgabenstellungen berücksichtigt werden“ sollen (Lütje-Klose, 2022, S. 49). Insbesondere ist dies durch Improvisations-, Erfindungs- und Gestaltungsaufgaben möglich, bei denen für alle eine Teilhabe und Teilgabemöglichkeit geschaffen wird (wie beispielsweise auch Kloth, 2012 erläutert).

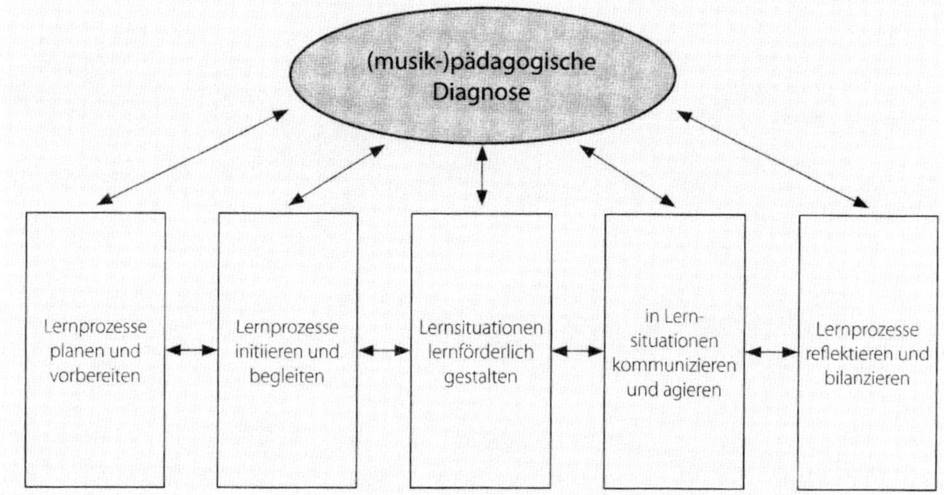

Abbildung 22: Situationen musikpädagogischer Diagnose (Schilling-Sandvoß, 2022, S. 106)

Um dies professionell begründet umsetzen zu können, empfiehlt es sich auf eine spezifische (musik-)pädagogische Diagnostik zurückzugreifen (siehe dazu in Band 2). „Diagnose ist handlungsleitend für alle Phasen des Unterrichtsgeschehens“, bemerkt dazu Katharina Schilling-Sandvoß (2022, S. 106).

Für alle diese Schritte ist als Grundlage die Kenntnis der Beziehungsfähigkeit zentral, auf der basierend der Unterricht erst gestaltet werden kann. Die Heterogenität der Gruppe bestimmt letztlich die Ziele, Methoden und Gestaltungsformen. Inwieweit der Unterricht lernergebnisbezogen oder mehr erfahrungsbezogen aufgebaut wird, ist durch die Diversität der Gruppenzusammensetzung bedingt. Michael Dartsch gibt (insbesondere mit Blick auf die Elementare Musikpädagogik) zu bedenken:

> „Zentral für die inklusive Elementare Musizierpraxis sind die Zielsetzungen: Besteht im Musikunterricht das Ziel darin, Erfahrungen im Umgang mit Musik zu begünstigen, impliziert dies, von vorgegebenen und nachprüfbaren Lernergebnissen Abstand zu nehmen. Ob die angestrebten Erfahrungen gemacht werden hat man als Lehrperson nicht in der Hand. Auch wird jede Person ihre eigenen Erfahrungen sammeln, die an bereits gemachte Erfahrungen anknüpfen. Dass aber Erfahrungen ein legitimes und wertvolles Ziel im Sinne musikalischer Bildung sein können, wird an didaktischen Modellen deutlich, die ästhetische Erfahrungen in den Mittelpunkt stellen (Wallbaum, 1996; Rolle, 1999).“ (Dartsch, 2022, S. 190)

Sofern also die Möglichkeiten der Beziehungsaufnahme und -gestaltung von Teilnehmenden durch die Lehrperson eingeschätzt wurden, lassen sich anhand dieser Ergebnisse individualisierte, zum Teil auch selbstdifferenzierende Unterrichtsaufgaben erarbeiten und Erfahrungsfelder öffnen.

9. Anwendungsbereiche des EBQ-P-Instruments

Die Idee, das therapeutische EBQ-Instrument für den pädagogischen Bereich nutzbar zu machen, entstand aus den Erfahrungen, die in inklusiven Settings in Bezug auf die unterschiedlichen Beziehungsfähigkeiten der Teilnehmenden gemacht wurden. Aufgrund der Auseinandersetzung mit der Arbeitsweise des EBQ-Instruments und den daraus entstandenen qualitativen Verbesserungen in der Musiktherapie, schien eine Übertragung in den inklusiven pädagogischen Kontext ebenso vorteilhaft.

Die direkte Anwendung des therapeutischen Instruments im pädagogischen Bereich zeigte eine grundlegende Durchführbarkeit auf (Salmon, 2012), jedoch wurde auf mehreren Ebenen deutlich, dass eine Adaptierung nötig ist, um das Instrument adäquat verwenden zu können.

Mit der hier vorliegenden neuen Form des *pädagogischen EBQ-P-Instruments* wird die Anwendung für den (elementaren) musik- und tanzpädagogischen Gebrauch in inklusiven Settings, seien sie schulisch oder außerschulisch, nun ohne Beschränkungen möglich.

Im Laufe der Entwicklung und Anwendung des *therapeutischen* EBQ-Instruments zeigte sich, dass dieses für folgende Bereiche im Therapieverlauf genutzt werden kann (Schumacher et al., 2013, S. 65–66):

- Feststellung der Beziehungsfähigkeit im Rahmen der Erst-Diagnostik
- Auswertung einzelner Sequenzen im Prozessverlauf
- Darstellung eines Therapieverlaufs (Dokumentation)
- Evaluation der therapeutischen Maßnahmen (Qualitätssteigerung bzw. -sicherung)
- Generieren von Therapiezielen
- Prognoseerstellung
- Vergleich des Therapieverlaufs von mehreren Fällen
- Forschung

Welche Vorteile bietet nun die Verwendung des neuen EBQ-P-Instruments in der inklusiven künstlerisch-pädagogischen Praxis, im Speziellen in der Elementaren Musik- und Tanzpädagogik, schließlich aber in allen Feldern der Musikpädagogik?

Das *EBQ-P-Instrument* dient in erster Linie zur Einschätzung der Beziehungsqualität und somit insbesondere der Beziehungsfähigkeit einer zu unterrichtenden Person und der darauf abzustimmenden „pädagogischen Beziehungsqualität", also der an die lernende Person angepassten Handlungsweise der Lehrperson (Kontaktaufnahme, beziehungsbedingte Gestaltung von sozialen, emotionalen und kognitiven Inhalten der im Unterricht durchgeführten Lern-, Erfahrungs- oder Erlebniseinheiten).

In inklusiven Lernsettings ist es von Vorteil auf die unterschiedlichen Möglichkeiten und Fähigkeiten sowie (Lern-)Bedürfnisse spezifischer zu achten, da das Erkennen individueller Vorbedingungen, angebotsspezifischer Reaktionen, persönlicher Resonanzen sowie von Über- und Unterforderung den Vermittlungsprozess und den Unterrichtsverlauf (beziehungs-)qualitativ verbessern kann. Gerade in inklusiven Settings, in denen die Heterogenität besonders stark ausgeprägt ist, kann die Einschätzung der Beziehungsfähigkeit zur Klärung der Vorbedingungen für lehrmethodische Herangehensweisen beitragen.

9.1. Diagnostik

Am Beginn eines individualisierten inklusiven Unterrichtens sollte – auch – die Erfassung der Beziehungsmöglichkeiten der beteiligten Personen (also der Teilnehmenden) stehen. Erkenntnisse aus der Entwicklungspsychologie und theoretische Überlegungen sowie empirische Befunde wie auch Analysen mit dem therapeutischen EBQ-Instrument zeigten, dass die intermodale Verknüpfung aller Wahrnehmungsbereiche der menschlichen Sinne, eine erlernte adäquate Affektregulation, ein gereiftes Körperempfinden und die Erfahrung von Selbstwirksamkeit sowie Urheberschaft die Voraussetzungen sind, um die zwischenmenschliche Beziehungsfähigkeit alterstypisch entwickeln zu können. Erst dann kann eine Person in den Austausch mit einer anderen Person treten. In Folge entsteht auch die Fähigkeit der gemeinsamen Aufmerksamkeit auf etwas Drittes (Joint Attention), was die Basis für gemeinsame Aktivitäten, gemeinschaftliches Erleben und in weiteren Schritten für dialogisches Verhalten bietet. Schließlich ist dies auch Grundlage jedweden Lern- bzw. Unterrichtssettings, auch wenn dies in dieser Deutlichkeit selten bewusst beachtet wird.

Ein „diagnostisches" Vorgehen zur Klärung der individuellen Lern-Vor-Bedingungen scheint aus dieser Sicht grundlegend zu sein. Daraus lässt sich für geplante bzw. noch zu planende Aktivitäten und insbesondere Aufgaben die je spezifische Angemessenheit für einzelne Personen erheben.

9.2. „Fähigkeitsebenen"[26]

Bei Einsatz des EBQ-P-Instruments wird anhand der Videosequenzen deutlich, ob es zu Über- aber auch Unterforderungen gekommen ist, die möglicherweise Frustration, Nachlassen der Motivation, der Partizipationsbereitschaft oder der Aufmerksamkeit zur Folge hatten. In einem Gruppesetting ist man als Lehrperson oft

26 Die kritische Betrachtung der Verwendung des Begriffs „Fähigkeiten" und die damit zusammenhängende Diskussion bezüglich „ableism", die vor allem im englischsprachigen Raum geführt wird, ist dem Verfasser sehr wohl bewusst. Dabei ist natürlich eine Konnotierung mit einer Vorrangstellung durch Begabung oder Fähigkeitsbesitz nicht intendiert. Die Verwendung bzw. der Rekurs auf den Begriff „Fähigkeiten" ist hier als ein diversitätsbewusstes Erfassen von Teilnahme-, Teilhabe- und Teilgabemöglichkeiten zu verstehen. Siehe dazu z. B. Buchner, Pfahl und Traue (2015).

verleitet, zu schnell zum Mit- oder Nachmachen oder zum Zusammenspiel aufzufordern bzw. Teilnehmende damit zu „beauftragen“, obwohl sie aktuell eine andere Beziehungsqualität aufweisen. In diesem Fall kann diese Person die Aufgabe nicht erfüllen oder den Prozess mitverfolgen bzw. sich beteiligen. Oftmals entspricht auch die Annahme, dass die Symbolisierungsfähigkeit der Teilnehmenden bereits ausgebildet ist, nicht dem tatsächlichen Entwicklungsstand. Der Einsatz von inneren Vorstellungen, imaginierten Bildern oder symbolischer Sprache ist in diesem Falle nicht für alle Beteiligten passend und erschwert die Zugänglichkeit zur aktuellen Aktivität.

9.3. Unterrichtsgestaltung

Ist eine Einschätzung mit dem EBQ-P-Instrument erfolgt, lassen sich die Inhalte, Vermittlungsstrategien, Lehr- und Lernmethoden, Sozialformen, Aufgabenstellungen, Erfahrungsmöglichkeiten an die Teilnehmenden und somit auch an die gesamte Gruppe anpassen und im Sinne einer „Differentiated Instruction“ den aktuellen Bedürfnissen sowie Fähigkeiten entsprechend planen, gestalten und durchführen. Insbesondere die Zusammenführung von unterschiedlichen Gegebenheiten und Lernvoraussetzungen stellt eine besondere Herausforderung für Lehrpersonen dar. Mit dem EBQ-P-Instrument können alle beteiligten Personen bezüglich ihres aktuellen Beziehungsverhaltens eingeschätzt werden und darauf aufbauend lässt sich eine adäquate Aufgaben-, Rollen- oder Aktivitätsverteilung erarbeiten.

9.4. Reflexion des Lehrendenhandelns

Eine ebenso bedeutsame Anwendungsmöglichkeit des EBQ-P-Instruments liegt in der professionellen Materialerhebung (Videosequenzen aus Unterrichteinheiten) für eine kritische Beurteilung bzw. (Selbst-)Reflexion der Lehrperson und ihres pädagogisch-didaktischen Handelns. Diese kann auf den unterschiedlichsten Ebenen ansetzen, wie der inhaltlichen Auswahl und Aufbereitung, der didaktischen Methoden, Strukturen und Handlungsmöglichkeiten, dem emotionalen Verhaltensrepertoire in unterschiedlichen Situationen, dem eigenen Sozialverhalten, der Wahrnehmung, der Erfahrung und dem Einbringen der eigenen Leiblichkeit in den Unterrichtsprozess, der Interpretation des Verhaltens der Teilnehmenden, der Gruppenführung und weiterer Aspekte des Lehrendenhandelns.

Die Arbeit mit dem EBQ-P-Instrument ermöglicht es, durch die Erkenntnisse der Analyse von einer Einheit zur nächsten Anpassungen beispielsweise in der Unterrichtsmethodik vorzunehmen und im weiteren Verlauf sogleich eine Evaluation dieser Veränderung wieder mit dem EBQ-P-Instrument durchzuführen. So lässt sich feststellen, ob die Anpassung der Beziehungsqualität zwischen einzelnen Teilnehmenden und der Lehrperson geglückt ist, und wie sich dies auf den weiteren Unterrichtsverlauf auswirkt.

9.5. Prognostik und Zielvorstellungen

Das EBQ-P-Instrument bietet anhand des erhobenen Analysematerials und bei mehrmaliger Anwendung im Verlauf von längerdauernden Prozessen auch die Möglichkeit individualisierte Zielvorstellungen zu entwickeln oder auch prognostische Aussagen zu tätigen und somit Zielanpassungen vorzunehmen. Ebenso kann damit eingeschätzt werden, ob bzw. für wen bereits verwendete oder neu geplante Lern- bzw. Arbeitsmaterialien ausreichend angepasst sind. Auch die Auswahl von Musikinstrumenten, Klangerzeugern oder (multi-)sensorischen Objekten für Unterrichtseinheiten lässt sich mit Informationen aus dem EBQ-P-Instrument begründen bzw. vornehmen. In manchen Fällen ist das Spiel auf bestimmten Klangerzeugern eingeschränkt oder – in umgekehrter Weise – ist die Annahme über die Spielmöglichkeiten nicht den tatsächlichen Gegebenheiten entsprechend.

9.6. Gruppengeschehen

Für die Gruppensituation sind Einschätzungen zur Gruppenbereitschaft, Gruppenfähigkeit aber auch Hinweise für die Lenkung der Gruppendynamik möglich. Bei einer genaueren Analyse lassen sich dadurch bereits Vorstufen von dynamischen Prozessen erkennen, die im Unterrichtsgeschehen oftmals erst später bemerkt werden. Werden diese schon frühzeitig identifiziert, kann ein zeitnahes Reagieren darauf bzw. eine rasche Anpassung der Unterrichtssituation oder eine Gestaltung des gruppendynamischen Prozesses ungünstige Entwicklungen vermeiden helfen. Im Falle einer noch nicht ausgebildeten Gruppenbereitschaft zeigt sich sehr bald und deutlich, dass eine Veränderung der Unterrichtssituation erforderlich ist und für diese Person eine adäquate Situation geschaffen werden sollte.

9.7. Entwicklungsdokumentation

Schließlich lässt sich das EBQ-P-Instrument auch zur Dokumentation von Entwicklungsverläufen verwenden – sowohl für den Einzelfall als auch für die gesamte Gruppe. Dabei sollte jedoch nicht nur eine reine Prä-Post-Erhebung stattfinden, sondern mehrmalige Videoaufnahmen von Unterrichtseinheiten durchgeführt werden, da das Auftreten der Beziehungsqualitäten – vor allem, wenn es sich um noch nicht ganz ausgereifte Formen handelt (in der Fachterminologie „Peaks" genannt) – zum Teil situationsspezifisch sein kann.

9.8. Forschung

Weitere Anwendungsmöglichkeiten des EBQ-P-Instruments liegen im großen Forschungspotenzial begründet, welches dieses Verfahren bietet. Sowohl im Bereich der grundlegenden Forschung zur Beziehungsfähigkeit als auch auf allen Gebieten der videobasierten Unterrichtsforschung, der wissenschaftlichen Auseinandersetzung mit musikalischen Angeboten in der Sozialen Arbeit, der Community Music und des Community Dance, aber auch in Feldern der Interkulturalität und Transkulturalität sowie weiteren Grenz- und Transbereichen ist eine Forschungsperspektive mit dem EBQ-P-Instrument möglich und wünschenswert.

Zusammenfassend lässt sich konstatieren, dass durch die Anwendung des neuen *EBQ-P-Instruments* im inklusiven musikpädagogischen Bereich folgende Felder bzw. Tätigkeitsareale profitieren bzw. eine Qualitätssteigerung erfahren könnten (folgende Auflistung ist eine Erweiterung der Grundgedanken aus Esterbauer, 2020b, S. 167):

- Einschätzung der für Unterrichtsschritte nötigen Beziehungsfähigkeit (im Sinne einer aufgabenspezifischen Diagnostik)
- Einschätzung unterschiedlicher Fähigkeitsniveaus bezüglich Interaktion und musikalischem (Vor-)Verständnis
- Erkennen von Über-/Unterforderung durch Aufgabenstellungen (vor und nach dem Unterrichtsprozess)
- Auf Einschätzung basierende Hinweise für die Adaptierung der Lern- bzw. Erfahrungsinhalte
- Einschätzung zur Planung und Durchführung von individuellen Angeboten, Aufgaben sowie kreativen Prozessen mit adäquaten Inhalten für unterschiedliche Bedürfnislagen
- Materialerhebung für die Selbstreflexion der Unterrichtenden auf verschiedenen Handlungs- und Erfahrungsebenen (Inhalte, Didaktik, Strukturen, Emotionalität, Leiblichkeit, …)
- Datengrundlage zum Beziehungsverhalten für die Planung weiterer Einheiten mit größerem Zeithorizont (Lernprognostik)
- Grundlage für die Einführung neuen Materials und zusätzlicher Interaktionsformen
- Einschätzung zur Erfassung und gegebenenfalls Steuerung der Gruppendynamik
- Formulierung von Unterrichtszielen
- Dokumentation von (Entwicklungs-)Verläufen
- Bearbeiten von Forschungsfragen zur Beziehungsqualität in der (Elementaren) Musik- und Tanzpädagogik

9.9. Vorbedingungen der Anwendung

Damit das EBQ-P-Instrument im musik- und tanzpädagogischen Alltag professionell angewendet werden kann sind folgende Vorbedingungen nötig:

1. Gute Kenntnis der EBQ-P-Merkmallisten
   Die in Kapitel 7 beschriebenen Merkmallisten und weiteren Informationen sind das Kernstück des EBQ-P-Instruments. Eine gute Kenntnis ist für die Anwendung unerlässlich. Ebenso ist es ratsam, sich mit den theoretischen, entwicklungspsychologischen und pädagogischen Grundlagen vertraut zu machen.
2. Absolvierung eines Einschulungskurses
   Zur optimalen Anwendung ist der Besuch eines Einschulungskurses dringend empfohlen, da in diesen Ausbildungen die Grundlagen vertieft werden und in der gemeinsamen Einschätzung und Diskussion von – auch selbst erstellten – Videobeispielen die professionelle Anwendung und der präzise Blick geschult werden.
3. Kenntnis der Lehrvideos
   Die in den Ausbildungsseminaren gezeigten Anschauungs- und Lehrvideos dienen als prototypische Beispiele zur Übung und genaueren Bestimmung bei der Einschätzung.
4. Grundkenntnisse zu Videoaufnahmen
   Für die Erstellung von eigenen Videoaufnahmen sind Grundkenntnisse in der Videoerstellung hilfreich, was z. B. Platzierung, Licht- und Tonverhältnisse etc. betrifft.

10. Ausblick

Das EBQ-P-Instrument steht in der Tradition eines entwicklungsorientierten, inklusiven, künstlerisch-pädagogischen Arbeitens, das sich in den letzten einhundert Jahren entwickelt hat. Die mit diesem Verfahren erfassbare Beziehungsfähigkeit stellt eine bedeutsame Komponente im pädagogischen Handeln dar und ist für die Ausgestaltung einer inklusiv eingefassten Entwicklungsorientierung ein wichtiger Meilenstein. Sollte sich also der Einsatz des Verfahrens bewähren, so wären folgende Ideen zur zukünftigen Verbreitung und Weiterentwicklung vorstellbar.

10.1. Implementierung in musikpädagogische Curricula

Das EBQ-P-Instrument ist als fächerquerendes Verfahren für unterschiedliche Bereiche der Musikpädagogik anvisiert worden, stammt aber letztlich aus der Tradition der Elementaren Musik- und Bewegungserziehung. Damit das Verfahren seine Wirksamkeit entfalten kann, wäre eine Implementierung in den verschiedenen musikpädagogischen Curricula wünschenswert. In besonderem Maße trifft dies natürlich auf die Fächer der Elementaren Musik- und Bewegungserziehung, der Rhythmik bzw. der Elementaren Musikpädagogik zu. Auch spezialisiertere Sparten wie Musik in der Sozialen Arbeit, Community Music, Community Dance, Musik mit Menschen mit Behinderung, Inklusive Musikpädagogik etc. würden von der Integration dieses Verfahrens in ihre Ausbildungen profitieren können.

Weiters wäre es im Hinblick auf die Schaffung eines inklusiven Bildungssystems durchaus lohnend, das EBQ-P-Instrument in die Ausbildung der Pflichtschul-Lehrer*innen einzubinden. Die Problematik im Primarstufenbereich liegt sicherlich in der geringen Bedeutsamkeit, die den künstlerischen Fächern aktuell zugestanden wird. Im österreichischen Schulsystem ist mit der Ausbildung von Generalist*innen (jede Lehrperson unterrichtet – beinahe – alles, nur der Religionsunterricht ist generell ausgenommen) nochmals eine Schwelle für einen breiten qualitätsvollen künstlerisch-pädagogischen Unterricht vorhanden. Dies bedeutet, dass es für die Einführung eines zusätzlichen Systems bzw. Arbeitsmittels, wie dem EBQ-P-Instrument, das noch dazu einiges an Ausbildungsaufwand mit sich bringt, dringend nötige Ressourcen bräuchte.

Aber auch für den Sekundarstufenbereich wäre eine Anwendung des EBQ-P-Instruments empfehlenswert und somit eine Implementierung im Curriculum günstig. Gerade bei einer weiteren Differenzierung von Lernzielen und zu erwerbenden Kompetenzen, wiederum auf dem Hintergrund von inklusiv denkenden und handelnden Bildungsinstitutionen, wäre das EBQ-P-Instrument eine unterstützende Praxis für den pädagogischen Alltag, das, bei Erwerb bereits im Studium, für das spätere Unterrichtsleben eine sogleich anwendbare Methode bietet.

Schließlich ließe sich das EBQ-P-Instrument auch in die Ausbildung der Instrumental- und Gesangspädagogik integrieren, wo vermehrt nun auch Schwerpunkte bzw. Spezialisierungen im Bereich von Inklusion und Diversität angeboten werden und der Blick auf die Beziehungsqualitäten eine professionelle Erweiterung für das Handlungsrepertoire ergeben kann.

Insgesamt könnte das EBQ-P-Instrument über die Wirkung eines sozialen und entwicklungsfördernden Transfereffektes, der zum Erwerb grundlegender menschlicher Beziehungskompetenzen beitragen könnte, auch indirekt zur Stärkung der Bedeutsamkeit der musischen Fächer im schulischen Bereich führen – sofern es gelingt die Wirksamkeit der Arbeitsweise mit diesem Verfahren auch an wichtige Entscheidungsträger*innen zu vermitteln

10.2. Implementierung in der Fort- und Weiterbildung

Ebenso wie in den musikpädagogischen Grundausbildungen wäre eine Verbreitung des EBQ-P-Instruments in der Fort- und Weiterbildung von Vorteil. Insbesondere die Auseinandersetzung mit der Thematik von inklusiver Schule und den anvisierten Zielen eines „systemischen Transformationsprozess[es] hin zu einer inklusiven Lehr- und Lernkultur" (Bundesministerium für Soziales, Gesundheit, Pflege und Konsumentenschutz Österreich, 2022, S. 75) erfordert Maßnahmen, um Inklusion im Bildungsbereich Realität werden zu lassen. Das Strategiepapier des Consulting Board für Inklusion und Sonderpädagogik führt dazu weiter aus:

> „Die Weiterentwicklung inklusiver Angebote bedarf nicht nur eines Transfers sonderpädagogischer Kompetenz ins Regelsystem, sondern – und dies ganz besonders – einer „mitwachsenden" (oder auch „nachholenden") inklusionspädagogischen Kompetenz in der Regelschule. Die Struktur der neuen Pädagoginnen- und Pädagogenbildung schafft gute Voraussetzungen für zukünftige Lehrkräfte, da Inklusion ein verbindlicher Teil des Curriculums ist. Darüber hinaus aber gilt es, im Rahmen der Fort- und Weiterbildungen bereits im Schulsystem tätige Pädagoginnen und Pädagogen in das Tätigkeitsfeld der Inklusionsschulen einzuführen." (Bundesministerium für Bildung, Wissenschaft und Forschung, 2021, S. 10)

Insbesondere durch den Einsatz des EBQ-P-Instruments mit seinen vielfältigen Möglichkeiten könnte hier ein Beitrag zu Weiterqualifizierung der Lehrkräfte geschaffen werden.

10.3. Handbuch der Handlungsempfehlungen/-leitlinien für den Musik- und Tanzunterricht

Zusätzlich zu den Ideen zu Anwendungsbereichen und Verbreitungsorten des EBQ-P-Instruments existieren auch Überlegungen zu weiteren Entwicklungen aus dem Verfahren selbst heraus.

Ein interessantes und lohnendes Projekt läge in der Erarbeitung von Handlungsempfehlungen bezogen auf die Beziehungsfähigkeit im (elementaren) Musik- und Tanzunterricht. Mittels Analyse einer Vielzahl von Unterrichtseinheiten aus den unterschiedlichsten Settings und Situationen ließen sich vermutlich grundsätzliche Leitlinien erarbeiten, bei welcher Beziehungsqualitätskonstellation welches Lehrendenhandeln förderlich ist.

Fragestellungen dazu wären etwa: Welche der beschriebenen Vorbedingungen bzw. Interventionen zeigen positive Wirkung auf die Beziehungsqualität und das Verhalten und führen zur Zunahme von Beziehungsfähigkeit und Beziehungsbereitschaft?

Welche spezifischen Vorgehensweisen und künstlerisch-pädagogischen Interventionen erweisen sich als vorteilhaft bzw. förderlich, welche bedingen eher eine Abnahme der Beziehungsbereitschaft?

Aus der Beantwortung dieser Forschungsfragen könnte ein Handbuch entstehen, wie mit den diversen Beziehungsqualitäten in einem künstlerisch-pädagogischen Arbeitsfeld konstruktiv und entwicklungsfördernd umgegangen werden kann.

Dazu wäre eine internationale Arbeitsgruppe, die auch spezifische Diversitätskategorien, unterschiedliche strukturelle Rahmenbedingungen und kulturelle Besonderheiten im Blick hat, zielführend.

10.4. Erweiterung auf weitere künstlerische (Lehr-)Bereiche

Das EBQ-P-Instrument ist aufgrund des künstlerischen Arbeits- und Gestaltungsmediums der Musik auf den ersten Blick auf musikspezifische Bereiche beschränkt. Die Hinzunahme des Bewegungsaspektes (zwar durchaus grundgelegt in der körperlich-emotionalen Ausdrucksskala) durch die Adaptierung für den Elementaren Musik- und Bewegungs- bzw. Tanzunterricht ist mit der integrativen Verbindung von Musik und Bewegung plausibel begründbar. Eine Erweiterung bzw. Anpassung des Konzepts auf weitere künstlerische Bereiche, insbesondere wiederum im Feld der Pädagogik, stellt eine interessante Fragestellung dar. Daniel Stern, auf dessen Forschungen zur Entwicklung des Selbstempfindens das EBQ-P-Instrument beruht, hat in seinen Ausführungen mehrmals auf das Bild des Tanzes zwischen Mutter und Kind als Beschreibung der Beziehungsgestaltung zurückgegriffen (Stern, 1979) und erwähnt in einer späteren Publikation neben Musik und Tanz auch Theater und Film als Träger von sogenannten Vitalitätsformen (Stern, 2011). Diese Vitalitätsformen sind die Interaktionserfahrungen, die eine Person mit anderen macht und somit die tragenden internen Auslöser für die Haltung, die jemandem gegenüber entwickelt wird.

In wieweit das Konzept eines Verfahrens zur Beobachtung und Einschätzung von Beziehungsqualitäten auch in andere Kunstformen übertragbar ist, könnte Inhalt einer Forschungsreihe sein. Aufgrund der nicht musikspezifischen, sondern vor allem entwicklungspsychologischen theoretischen Grundlagen ist eine (vermutlich stark zu modifizierende) Übertragung in andere künstlerisch-pädagogische Fächer, aber auch kunstnahe Therapieformen, durchaus im Rahmen der Vorstellbarkeit. Denn das menschliche Beziehungsverhalten und dessen Entwicklungsbedingungen sind bei allen Begegnungen existent und teilen die gleiche humane Grundlage. Die künstlerischen Aspekte, die eine grundsätzliche emotionale Anmutungsqualität besitzen und somit tiefergehende Schichten der Person berühren können, könnten auch in anderen künstlerischen Feldern eine Einschätzung von Beziehungsqualitäten eröffnen.

Stellt man das EBQ-P-Instrument als Impulsgeber in das vielfältige Feld des Themenkomplexes Kunst – Pädagogik – Therapie, könnte dies – ausgehend von einer in dieser Arbeit in mehreren Varianten wiedergegebenen grafischen Darstellung der Schnittfelder zwischen Musikpädagogik und Musiktherapie, basierend auf Björn Tischlers Illustration von 1983 (siehe dazu Band 2) – illustrierender Weise so aussehen (Grafik erstmals veröffentlicht in Esterbauer, 2020b, S. 169):

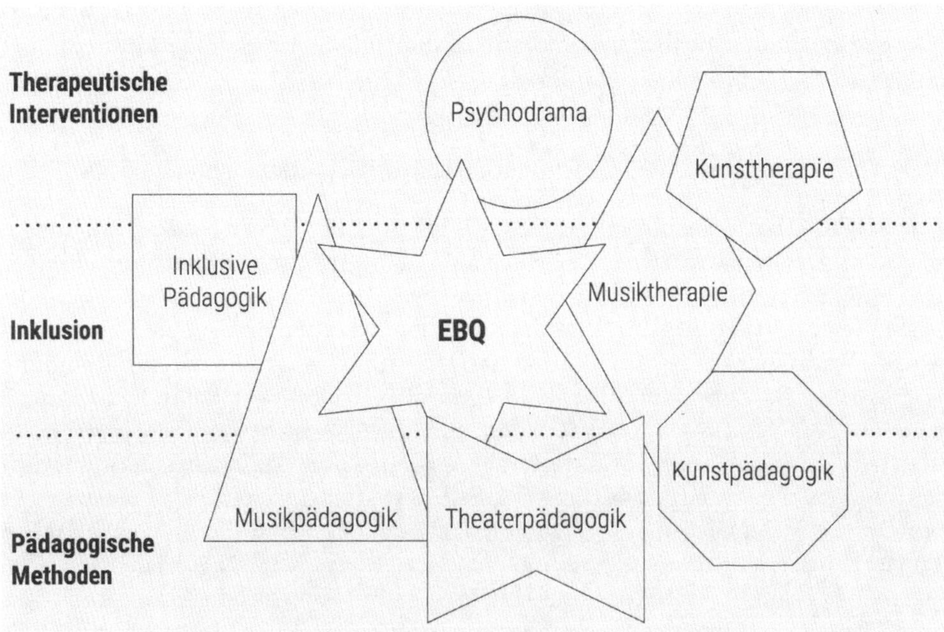

Abbildung 23: Das EBQ-P-Instrument als Schnittstelle und Impulsgeber im Grenzbereich Kunst – Pädagogik – Therapie

10.5. Forschungsanwendungen

Ein letztes Visionenfeld, welches sich bei der zukünftigen Einordnung des EBQ-P-Instruments aufbreitet, ist jenes der Forschung. Neben der nun logisch anschließenden Anwendungs- und Wirksamkeitsforschung bezüglich des EBQ-P-Instruments in unterschiedlichen Kontexten, der ebenso sinnvollen Verfolgung einer Entwicklungsperspektive in der Lehrendenausbildung („Was trägt das EBQ-P-Instrument zu Verbesserung im praktischen Handeln der Lehrpersonen bzw. der noch in Ausbildung stehenden Studierenden bei?") und der erweiterten Perspektive auf die Lehrenden-Lernenden-Beziehungsqualität bietet das EBQ-P-Instrument genügend Möglichkeiten diverseste Forschungsansätze zu begleiten.

Ob dies nun Projekte mit dem EBQ-P-Instrument als zentrales Forschungsverfahren sind – wie Einzelfall- oder Gruppenstudien –, oder ob es als Zusatzverfahren in qualitativen oder Mixed-Methods-Studien eingesetzt wird: das EBQ-P-Instrument kann sowohl vorbereitende Funktionen erfüllen, wie z. B. Gruppeneinteilungen zu begründen, es kann zur Status quo-Erhebung für die Beziehungsfähigkeit eingesetzt werden, aber es lässt sich auch als Evaluationsinstrument für die Wirksamkeit von angepassten individuellen Angeboten heranziehen. Dies sind nur einige Ideen, die aktuell auf einer möglichen Forschungsagenda für das neue Verfahren stehen.

10.6. Fokus inklusives künstlerisch-pädagogisches Unterrichten

Diese weiterhin in Entwicklung stehende, längerfristig angelegte Forschungsarbeit aktuell zusammenfassend, können folgende Hauptaussagen getroffen werden:

Das hier bearbeitete und für den inklusiven musik- und tanzpädagogischen Gebrauch adaptierte neue pädagogische *EBQ-P-Instrument* dient zur Einschätzung der grundlegenden Beziehungsfähigkeiten und Beziehungsqualitäten, die in diesem Feld auftreten können und beobachtbar sowie erfassbar sind.

Durch diese Einschätzung kann sowohl die aktuelle Beziehungsbereitschaft einzelner Lernender als auch die Beziehungsqualität der Lehrperson erhoben werden, und eine Aussage darüber getätigt werden, ob sich diese Beziehungsqualitäten auf gleicher Ebene befinden.

Bei einer Passung der Beziehungsqualitäten sollte ein positiver Fortgang des Unterrichtsgeschehens bemerkbar sein. Bei fehlender Passung ist ein Nicht-Erreichen des Lernenden wahrscheinlich, wodurch eine Änderung im Lehrendenverhalten erforderlich wird.

Das *EBQ-P-Instrument* soll in einem reflexiven Prozess die künstlerisch-pädagogisch tätigen Personen dazu befähigen, einen den Möglichkeiten und Fähigkeiten der beteiligten Personen entsprechenden Unterricht bzw. Lern- und Erfahrungsangebote zu machen, künstlerisch-kreative Prozesse zu entfachen und die individuellen Schritte und Abläufe dafür in adäquater Weise an die aktuellen Bedürfnisse anzupassen.

Somit könnte das hier neu erarbeitete und adaptierte *EBQ-P-Instrument* vor allem in der inklusiven (Elementaren) Musik- und Tanzpädagogik, dem Grundgedanken der inklusiven Bildung entsprechend und einem humanistischen und demokratischen Leitbild folgend, das Bewusstsein für die Bedeutsamkeit unterschiedlicher Beziehungsfähigkeiten schaffen und den Pädagog*innen Handlungsmöglichkeiten eröffnen, um einen Unterricht bzw. künstlerisch-pädagogische Angebote für ALLE zu gestalten.

11. Literaturverzeichnis

Achhammer, B., Büttner, J., Sallat, S. & Spreer, M. (2016). *Pragmatische Störungen im Kindes- und Erwachsenenalter*. Stuttgart: Georg Thieme Verlag. https://doi.org/10.1055/b-004-129684

Ainsworth, M. D. S. (1973). The development of infant-mother attachment. In B. M. Caldwell & H. M. Riciutti (Hrsg.), *Review of child development research* (Bd. 3, S. 1–94). Chicago: University of Chicago Press.

Ainsworth, M. D. S. (2015). Feinfühligkeit versus Unfeinfühligkeit gegenüber den Mitteilungen des Babys. In K. E. Grossmann & K. Grossmann (Hrsg.), *Bindung und menschliche Entwicklung. John Bowlby, Mary Ainsworth und die Grundlagen der Bindungstheorie* (4. Aufl., S. 414–421). Stuttgart: Klett-Cotta.

Ainsworth, M. D. S., Blehar, M. C., Waters, E. & Wall, S. (1978). *Patterns of attachment. A psychological study of the strange situation*. Hillsdale NJ: Lawrence Erlbaum Associates.

Ainsworth, M. D. S. & Wittig, B. A. (1969). Attachment and the exploratory behavior of one-year olds in a strange situation. In B. M. Foss (Hrsg.), *Determinants of infant behavior* (S. 113–136). London: Methuen.

Alemzadeh, M. (2008). *Frühkindliches Selbstempfinden. Daniel N. Sterns Entwicklungstheorie und seine Bedeutung für die Frühpädagogik*. Marburg: Tectum Verlag.

Als, H. (1982). Toward a synactive theory of development. Promise for the assessment and support of infant individuality. *Infant Mental Health Journal*, *3*(4), 229–243. https://doi.org/10.1002/1097-0355(198224)3:4<229::AID-IMHJ2280030405>3.0.CO;2-H.

Als, H. (1986). A Synactive Model of Neonatal Behavioral Organization: Framework for the Assessment of Neurobehavioral Development in the Premature Infant and for Support of Infants and Parents in the Neonatal Intensive Care Environment. In J. K. Sweeney (Hrsg.), *The High-risk neonate. Developmental therapy perspectives* (S. 3–53). New York: Haworth.

Als, H., Butler, S., Kosta, S. & McAnulty, G. (2005). The Assessment of Preterm Infants' Behavior (APIB). Furthering the understanding and measurement of neurodevelopmental competence in preterm and full-term infants. *Mental retardation and developmental disabilities research reviews*, *11*(1), 94–102. https://doi.org/10.1002/mrdd.20053.

Als, H., Lester, B. M., Tronick, E. Z. & Brazelton, T. B. (1982). Manual for the assessment of preterm infant behavoir (APIB). In H. E. Fitzgerald, B. M. Lester & M. W. Yogman (Hrsg.), *Theory and research in behavioral pediatrics. Vol. 1* (S. 35–63). New York: Plenum.

Anzieu, D. (1991). *Das Haut-Ich*. Frankfurt a. M.: Suhrkamp.

Arezina, C. H. (2011). *The Effect of Interactive Music Therapy on Joint Attention Skills in Preschool Children with Autism Spectrum Disorder*. Masterthesis. University of Kansas, Kansas City. Verfügbar unter: https://kuscholarworks.ku.edu/handle/1808/10010.

Arfelli Galli, A. (2017). Die Entwicklungspsychologie von Daniel N. Stern und ihre Beziehung zur Gestaltpsychologie. *Gestalt Theory*, *39*(1), 54–63. https://doi.org/10.1515/gth-2017-0001.

Auch-Johannes, I. (2020). *Klangbrücken. Beziehungsentwicklung bei Menschen mit Demenz und ihren pflegenden Angehörigen durch ambulante Musiktherapie*. Dissertation. Hochschule für Musik und Theater Hamburg, Hamburg. Verfügbar unter: https://ediss.sub.uni-hamburg.de/bitstream/ediss/8642/1/Dissertation%20IAJ.%20pdf.pdf.

Baer, U. & Koch, C. (2020). *Pädagogische Beziehungskompetenz. Grundlagen für Erzieher*innen und Lehrer*innen*. Berlin, Mülheim an der Ruhr: Cornelsen.

Baldwin, D. A. (1995). Understanding the link between joint attention and language. In C. Moore & P. J. Dunham (Hrsg.), *Joint attention. Its origins and role in development* (S. 131–158). Hillsdale, NJ: Lawrence Erlbaum Associates.

Bateson, M. C. (1975). Mother-infant exchanges: the epigenesis of conversational interaction. *Annals of the New York Academy of Sciences, 263*, 101–113. https://doi.org/10.1111/j.1749-6632.1975.tb41575.x

Bauer, J. (2014). *Prinzip Menschlichkeit. Warum wir von Natur aus kooperieren* (7. Aufl.). München: Wilhelm Heyne Verlag.

Bauer, J. (2016). *Warum ich fühle, was du fühlst. Intuitive Kommunikation und das Geheimnis der Spiegelneurone* (Heyne, Bd. 61501, 24. Auflage, Aktualisierte Neuausgabe 2016). München: Heyne.

Bauer, J. (2019). Einfühlung, Zuwendung und pädagogische Führung: Die Bedeutung der Beziehung für Lehren und Lernen. Eine neurobiologisch fundierte Perspektive. In U. Herrmann (Hrsg.), *Pädagogische Beziehungen. Grundlagen – Praxisformen – Wirkungen* (S. 35–41). Weinheim: Beltz Juventa.

Becker-Carus, C. & Wendt, M. (2017). *Allgemeine Psychologie. Eine Einführung* (2. Aufl.). Berlin, Heidelberg: Springer.

Bender, S. (2020). *Grundlagen der Tanztherapie. Geschichte, Menschenbild, Methoden* (Forum Körperpsychotherapie, Band 9). Gießen: Psychosozial-Verlag.

Bender, S. (2021). *Die psychophysische Bedeutung der Bewegung. Ein Lehrbuch der Laban Bewegungsanalyse und des Kestenberg Movement Profiles* (4., überarbeitete Auflage). Berlin: Logos Verlag.

Bergmann, T. (2022). Hören – Sehen – Bewegen – Spielen. Musik in der sozialen und emotionalen Entwicklung. In S. Zepperitz (Hrsg.), *Was braucht der Mensch? Entwicklungsgerechtes Arbeiten in Pädagogik und Therapie bei Menschen mit intellektuellen Beeinträchtigungen* (S. 233–248). Bern: Hogrefe.

Bergmann, T., Dziobek, I., Reimer, S., Schumacher, K., Diefenbacher, A. & Sappok, T. (2011). Jenseits des Dialogs: Beziehungsqualität in der Musiktherapie bei Menschen mit Autismus und Intelligenzminderung. *Medizin für Menschen mit geistiger oder mehrfacher Behinderung, 8*(1), 14–20.

Bergmann, T., Sappok, T., Dziobek, I., Ziegler, M. & Heinrich, M. (2020). *MUSAD. Musikbasierte Skala zur Autismus-Diagnostik. Manual*. Bern: Hogrefe.

Bergmann, T., Sappok, T. & Reimer, S. (2015). Affektregulation bei erwachsenen Menschen mit schwerer Intelligenzminderung – Entwicklungspsychologische Perspektiven und musiktherapeutisches Potenzial. *Medizin für Menschen mit geistiger oder mehrfacher Behinderung, 12*(2), 7–14.

Berk, L. (2011). *Entwicklungspsychologie* (5., aktualisierte Aufl.). München: Pearson Studium.

Bernieri, F. & Rosenthal, R. (1991). Interpersonal coordination: Behavior matching in interactional synchrony. In R. S. Feldman (Hrsg.), *Fundamentals of nonverbal behavior* (S. 401–432). Cambridge: Cambridge University Press.

Bockmann, A.-K., Sachse, S. & Buschmann, A. (2020). Sprachentwicklung im Überblick. In S. Sachse, A.-K. Bockmann & A. Buschmann (Hrsg.), *Sprachentwicklung. Entwicklung – Diagnostik – Förderung im Kleinkind- und Vorschulalter* (S. 3–44). Berlin, Heidelberg: Springer.

Bowlby, J. (1958). The Nature of the Child's Tie to His Mother. *International Journal of Psycho-Analysis, 39*, 350–373.

Bowlby, J. (1960a). Grief and Mourning in Infancy and Early Childhood. *Psychoanalytic Study of the Child, 15*, 9–52.

Bowlby, J. (1960b). Separation Anxiety. *International Journal of Psycho-Analysis, 41*, 89–113.

Bowlby, J. (1969). *Attachment and loss. Vol. 1: Attachment.* New York: Basic Books.

Bowlby, J. (1979). *The making and breaking of affectional bonds.* London: Tavistock Publications.

Bowlby, J. (1995). *Mutterliebe und kindliche Entwicklung* (Beiträge zur Kinderpsychotherapie, Bd. 13, 3. Aufl.). München: Ernst Reinhardt Verlag (Original erschienen 1951).

Bowlby, J. (2006a). *Bindung* (Bindung und Verlust, Band 1). München: Ernst Reinhardt Verlag (Original erschienen 1969).

Bowlby, J. (2006b). *Verlust. Trauer und Depression* (Bindung und Verlust, Band 3). München: Ernst Reinhardt Verlag (Original erschienen 1980).

Bowlby, J. (2018a). *Bindung als sichere Basis. Grundlagen und Anwendung der Bindungstheorie* (4. Auflage). München: Ernst Reinhardt Verlag (Original erschienen 1988).

Bowlby, J. (2018b). *Trennung. Angst und Zorn* (Bindung und Verlust, Band 2, 2. Auflage). München: Ernst Reinhardt Verlag (Original erschienen 1973).

Brazelton, T. B. (1973). *Neonatal Behavioral Assessment Scale.* Philadelphia: Lippincott.

Brazelton, T. B., Koslowski, B. & Main, M. (1974). The origins of reciprocity. The early mother-infant interaction. In M. Lewis & L. A. Rosenblum (Hrsg.), *The effect of the infant on its caregiver* (S. 49–76). New York: John Wiley & Sons.

Bretherton, I. (2015). Die Geschichte der Bindungstheorie. In G. Spangler & P. Zimmermann (Hrsg.), *Die Bindungstheorie. Grundlagen, Forschung und Anwendung* (7. Aufl., S. 27–49). Stuttgart: Klett-Cotta.

Bretherton, I. & Munholland, K. A. (2008). Internal working models in attachment relationships. Elaborating a central construct in attachment theory. In J. Cassidy & P. R. Shaver (Hrsg.), *Handbook of attachment: Theory, research, and clinical applications* (2. Aufl., S. 102–127). New York: Guilford Press.

Brezinka, W. (1978). *Metatheorie der Erziehung. Eine Einführung in die Grundlagen der Erziehungswissenschaft, der Philosophie der Erziehung und der Praktischen Pädagogik* (Gesammelte Schriften, Bd. 7, 4., vollständig neu bearbeitete Aufl.). München: Ernst Reinhardt Verlag.

Brezinka, W. (1990). *Grundbegriffe der Erziehungswissenschaft. Analyse, Kritik, Vorschläge* (Gesammelte Schriften, Bd. 4, 5., verbesserte Auflage). München: Ernst Reinhardt Verlag.

Brezinka, W. (2015). Die „Verwissenschaftlichung“ der Pädagogik und ihre Folgen. Rückblick und Ausblick. *Zeitschrift für Pädagogik*, *61*(2), 282–294.

Brisch, K. H. (2011). *Bindungsstörungen. Von der Bindungstheorie zur Therapie* (11. Aufl.). Stuttgart: Klett-Cotta.

Brodin, M. & Hylander, I. (2002). *Wie Kinder kommunizieren. Daniel Sterns Entwicklungspsychologie in Krippe und Kindergarten* (Edition sozial, Bd. 2). Weinheim: Beltz.

Broschmann, D. & Fuchs, T. (2020). Zwischenleiblichkeit in der psychodynamischen Psychotherapie. *Forum der Psychoanalyse*, *36*(4), 459–475. https://doi.org/10.1007/s00451-019-00350-z.

Bruner, J. S. (1997). *Sinn, Kultur und Ich-Identität. Zur Kulturpsychologie des Sinns*. Heidelberg: Carl Auer.

Buber, M. (1979). *Ich und Du* (10. Aufl.). Heidelberg: Lambert Schneider (Original erschienen 1923).

Buber, M. (1999). *Reden über Erziehung*. Gütersloh: Gütersloher Verlagshaus (Original erschienen 1953).

Buchner, T., Pfahl, L. & Traue, B. (2015). Zur Kritik der Fähigkeiten: Ableism als neue Forschungsperspektive der Disability Studies und ihrer Partner_innen. *Zeitschrift für Inklusion-online*, *9*(2), o. S. Verfügbar unter: https://www.inklusion-online.net/index.php/inklusion-online/article/view/273/256.

Bundesministerium für Bildung, Wissenschaft und Forschung. (2021). *Inklusive Bildung und Sonderpädagogik. Strategie- und Positionspapier des Consulting Board*. Wien: BMBWF. Verfügbar unter: https://www.bmbwf.gv.at/dam/jcr:870e31c0-e5ba-4092-a86c-93de670aa4d2/cb_inklusion_210324_2.pdf.

Bundesministerium für Soziales, Gesundheit, Pflege und Konsumentenschutz Österreich. (2022). *Nationaler Aktionsplan Behinderung 2022–2030. Österreichische Strategie zur Umsetzung der UN-Behindertenrechtskonvention*. Wien: Sozialministerium. Verfügbar unter: https://www.sozialministerium.at/dam/jcr:97c546c6-166b-4990-9efb-79d3ed4f3797/2022-07-06%20NAP%20Behinderung%202022-2030.pdf.

Bundesverband Musikunterricht e.V. (2019). *Inklusion. BMU-Positionen zur Inklusion im Musikunterricht*. Mainz: o.V. Verfügbar unter: https://www.bmu-musik.de/fileadmin/Medien/BV/Positionen/00_BMU_Positionen_Inklusio_13-5-2019_4.pdf.

Butterworth, G. (2003). Joint visual attention in infancy. In A. Slater & J. G. Bremner (Hrsg.), *Theories of infant development* (S. 317–354). Malden, MA: Blackwell.

Calvet-Kruppa, C. (2001). Feinfühligkeit als Interaktionsqualität: ein Leitfaden entwicklungspsychologischer Interventionen. *Psychoanalyse. Texte zur Sozialforschung*, *5*(9), 153–156.

Calvet-Kruppa, C., Ziegenhain, U. & Derksen, B. (2005). Kinder mit Down-Syndrom: Entwicklungspsychologische Elternberatung. In J. Kühl (Hrsg.), *Autonomie und Dialog – kleine Kinder in der Frühförderung* (Beiträge zur Frühförderung interdisziplinär, Bd. 5, 2. Aufl., S. 80–86). München: E. Reinhardt.

Carpenter, G. (1974). Mother's face and the newborn. *New Scientist*, *61*, 207–210.

Carpenter, M., Nagell, K. & Tomasello, M. (1998). Social cognition, joint attention, and communicative competence from 9 to 15 months of age. *Monographs of the Society for Research in Child Development*, *63*(4), 1–143.

Cassidy, J. & Shaver, P. R. (Hrsg.). (2008). *Handbook of attachment: Theory, research, and clinical applications* (2. Aufl.). New York: Guilford Press.

Cochrane, T. (2009). Joint Attention to Music. *The British Journal of Aesthetics*, *49*(1), 59–73. https://doi.org/10.1093/aesthj/ayn059.

Cohn, R. C. (1975). *Von der Psychoanalyse zur themenzentrierten Interaktion. Von der Behandlung einzelner zu einer Pädagogik für alle*. Stuttgart: Klett.

Colonnesi, C., Stams, G. J. J., Koster, I. & Noom, M. J. (2010). The relation between pointing and language development: A meta-analysis. *Developmental Review*, *30*(4), 352–366. https://doi.org/10.1016/j.dr.2010.10.001.

Condon, W. S. (1963). *Synchrony units and the communicational hierarchy. Paper presented at WPIC*, Pittsburgh, PA.

Condon, W. S. (1975). Speech makes babies move. In R. Lewin (Hrsg.), *Child Alive* (S. 81–90). London: Temple Smith.

Condon, W. S. (1977). A primary phase in the organization of infant responding behavior. In H. R. Schaffer (Hrsg.), *Studies in mother-infant interaction* (S. 153–176). New York: Academic Press.

Condon, W. S. & Sander, L. W. (1974). Synchrony Demonstrated between Movements of the Neonate and Adult Speech. *Child Development*, *45*(2), 456–462. https://doi.org/10.2307/1127968

Crittenden, P. M. (1979–2005). *CARE-Index: Infant Coding Manual. Unveröffentlichtes Manuskript erhältlich bei der Autorin.*

Crittenden, P. M. (1996). Entwicklung, Erfahrung und Beziehungsmuster: Psychische Gesundheit aus bindungstheoretischer Sicht. *Praxis der Kinderpsychologie und Kinderpsychiatrie*, *45*, 147–155.

Crittenden, P. M. (2000). A dynamic-maturational approach to continuity and change in pattern of attachment. In P. M. Crittenden & A. H. Claussen (Hrsg.), *The organization of attachment relationships. Maturation, culture, and context* (S. 343–357). Cambridge: Cambridge Univ. Press.

Crittenden, P. M. & Spieker, S. J. (2018). Dynamic-maturational model of attachment and adaptation versus abc+d assessments of attachment in child protection and treatment. Reply to van Ijzendoorn, Bakermans, Steele, & Granqvist (2018). *Infant Mental Health Journal*, *39*(6), 647–651. https://doi.org/10.1002/imhj.21750

Damásio, A. R. (1994). *Descartes' Irrtum. Fühlen, Denken und das menschliche Gehirn.* München: List.

Damásio, A. R. (2000). *Ich fühle, also bin ich. Die Entschlüsselung des Bewusstseins*. München: List.

Dartsch, M. (2022). Inklusive Potenziale Elementarer Musikpraxis. In H. Klingmann & K. Schilling-Sandvoß (Hrsg.), *Musikunterricht und Inklusion. Grundlagen, Themen- und Handlungsfelder* (S. 183–192). Esslingen: Helbling.

DeHart, G., Sroufe, L. A. & Cooper, R. G. (2004). *Child development. Its nature and course* (5th ed.). Boston: McGraw-Hill.

Derksen, B. & Lohmann, S. (2013). *Baby-Lesen. Die Signale des Säuglings sehen und verstehen* (2., aktualisierte Aufl.). Stuttgart: Hippokrates.

Dornes, M. (1993). *Der kompetente Säugling. Die präverbale Entwicklung des Menschen*. Frankfurt a. M.: Fischer-Taschenbuch-Verlag.

Dornes, M. (2001). *Die emotionale Welt des Kindes* (2. Aufl.). Frankfurt am Main: Fischer-Taschenbuch-Verlag.

Došen, A. (1997). *Psychische Störungen bei geistig behinderten Menschen*. Stuttgart: G. Fischer.

Došen, A. (2005a). Applying the developmental perspective in the psychiatric assessment and diagnosis of persons with intellectual disability: part I – assessment. *Journal of Intellectual Disability Research*, *49*, 1–8.

Došen, A. (2005b). Applying the developmental perspective in the psychiatric assessment and diagnosis of persons with intellectual disability: part II – diagnosis. *Journal of Intellectual Disability Research*, *49*, 9–15.

Eberhard-Kaechele, M. (2007): Tabellarische Arbeitshilfen zur Diagnostik und Interventionsplanung mit dem KMP. In S. C. Koch & S. Bender (Hrsg.), *Movement Analysis – Bewegungsanalyse. The Legacy of Laban, Bartenieff, Lamb and Kestenberg* (S. 65–86). Berlin: Logos.

Eberlein, U. (Hrsg.). (2016). *Zwischenleiblichkeit und bewegtes Verstehen. Intercorporeity, movement and tacit knowledge* (KörperKulturen). Bielefeld: Transcript.

Emde, R. N. (1991). Die endliche und die unendliche Entwicklung. I. Angeborene und motivationale Faktoren aus der frühen Kindheit. *Psyche*, *45*(9), 745–780.

Esterbauer, E. (2016). Erfassung von Beziehungsaspekten im (Musik- und Tanz-) Unterricht. *Orff-Schulwerk heute*, (95), 22–27. Verfügbar unter: https://www.orff-schulwerk-forum-salzburg.org/_files/ugd/8289b4_e408eec54b974fea8e0aa61e15c63eb0.pdf.

Esterbauer, E. (2019). Assessment of the quality of relationship in music lessons – a new approach. Joint (ad)venture of music therapy and music pedagogy. In M. Oebelsberger, A. Bernhofer & G. Sammer (Hrsg.), *Joint (Ad)Venture Music. Networking as a Challenge for Music Teachers* (European Perspectives on Music Education, Bd. 8, S. 123–134). Innsbruck: Helbling.

Esterbauer, E. (2020a). Einschätzung von Beziehungsqualität als Grundpfeiler inklusiven Arbeitens. Das EBQ-Instrument in der Praxis. In H. Henning (Hrsg.), *All inclusive?! Aspekte einer inklusiven Musik- und Tanzpädagogik* (Innsbrucker Perspektiven zur Musikpädagogik, Bd. 2, S. 67–78). Münster: Waxmann.

Esterbauer, E. (2020b). Seeing is believing? Qualitative Videoanalyse im künstlerisch-pädagogischen Feld. In E. Esterbauer & A. Bernhofer (Hrsg.), *Ist Kunst ein Sonderfall? Qualitative Forschungsansätze in den künstlerisch-pädagogischen Fächern* (Einwürfe, Bd. 7, S. 147–174). Wien: LIT.

Esterbauer, E., Salmon, S. & Schumacher, K. (2018). Einschätzung der Beziehungsfähigkeit mit Hilfe des „EBQ-Instruments" im inklusiven Musikunterricht. *Diskussion Musikpädagogik*, *20*(79), 18–23.

Ettrich, K. U. (2004). *Bindungsentwicklung und Bindungsstörung*. Stuttgart: Thieme.

Fonagy, P. (2003). *Bindungstheorie und Psychoanalyse*. Stuttgart: Klett-Cotta.

Fonagy, P. (2018). *Bindungstheorie und Psychoanalyse* (4. Aufl.). Stuttgart: Klett-Cotta.

Fonagy, P., Gergely, G., Jurist, E. L. & Target, M. (2019). *Affektregulierung, Mentalisierung und die Entwicklung des Selbst* (7. Aufl.). Stuttgart: Klett-Cotta.

Fragkouli, A. (2012). *Music therapy for children with psychological disorders in special education*. Dissertation. Nationale und Kapodistrias-Universität Athen, Athen.

Freitag, C. (2017). Säuglingsforschung. In M. A. Wirtz (Hrsg.), *Dorsch – Lexikon der Psychologie* (18., überarbeitete Auflage, S. 1352). Bern: Hogrefe.

Frischenschlager, O. (2007). Inneres Arbeitsmodell. In G. Stumm & A. Pritz (Hrsg.), *Wörterbuch der Psychotherapie* (S. 312). Wien: Springer.

Fröhlich, A. D. (Hrsg.). (1991). *Pädagogik bei schwerster Behinderung* (Handbuch der Sonderpädagogik / hrsg. von Heinz Bach, Band 12). Berlin: Edition Marhold im Wissenschaftverlag Volker Spiess.

Fröhlich, C. (2017). Kind – Spiel – Musik im Wechselspiel. *Bildung Schweiz*, *162*(10), 36–37.

Fröhlich, C. (2022). *Improvisation und Beziehungsqualität. Zur Anwendung des EBQ-Instruments in der inklusiven musikalischen Bildung*. Wiesbaden: Reichert.

Fröhlich-Gildhoff, K. (2009). Ausgangspunkt der Entwicklung: Das Selbst als handlungsleitende Struktur. In K. Fröhlich-Gildhoff, C. Mischo & A. Castello (Hrsg.), *Entwicklungspsychologie für Fachkräfte in der Frühpädagogik* (Grundlagen der Frühpädagogik, Bd. 2, S. 30–40). Kronach: Carl Link.

Fuchs, T. (o. J.). *Non-verbale Kommunikation: Phänomenologische, entwicklungspsychologische und therapeutische Aspekte*. Verfügbar unter: https://www.klinikum.uni-heidelberg.de/fileadmin/zpm/psychatrie/pdf/non_verbal.pdf.

Fuchs, T. (2013). Interpersonalität – Grundlage der Entwicklung von Geist und Gehirn. In J. Krautz & J. Schieren (Hrsg.), *Persönlichkeit und Beziehung als Grundlage der Pädagogik. Beiträge zur Pädagogik der Person* (S. 29–44). Weinheim u. a.: Beltz Juventa.

George, C., Kaplan, N. & Main, M. (1985–1996). *Adult attachment interview (Third edition)*. Unveröffentlichtes Manuskript, Berkeley.

Gesell, A. (1940). *The first five years of life. A guide to the study of the preschool child*. New York: Harper & Brothers Publishers.

Gloger-Tippelt, G. (Hrsg.). (2016). *Bindung im Erwachsenenalter. Ein Handbuch für Forschung und Praxis* (3., unveränderte Aufl.). Bern: Hogrefe.

Gloger-Tippelt, G. & König, L. (2016). *Bindung in der mittleren Kindheit. Das Geschichtenergänzungsverfahren zur Bindung 5- bis 8-jähriger Kinder (GEV-B)* (Praxismaterial, 2., überarbeitete Auflage). Weinheim: Beltz.

Gloger-Wendland, K. & Reekers, H. (2014). *Ressourcenorientierte Videoarbeit in der KiTa*. Osnabrück: Niedersächsisches Institut für Frühkindliche Bildung und Entwicklung.

Glüer, M. (2013). *Beziehungsqualität und kindliche Kooperations- und Bildungsbereitschaft. Eine Studie in Kindergarten und Grundschule*. Wiesbaden: VS Verlag für Sozialwissenschaften. Verfügbar unter: http://dx.doi.org/10.1007/978-3-531-19316-8.

Grossmann, K. & Grossmann, K. E. (2012). *Bindungen. Das Gefüge psychischer Sicherheit* (5., vollst. überarb. Aufl.). Stuttgart: Klett-Cotta.

Grossmann, K. E. & Grossmann, K. (1993). Emotional organization and concentration on reality from an attachment theory perspective. *International Journal of Educational Research, 19*, 541–554.

Grossmann, T., Oberecker, R., Koch, S. P. & Friederici, A. D. (2010). The developmental origins of voice processing in the human brain. *Neuron, 65*(6), 852–858.

Hargreaves, A. (2000). Mixed emotions: teachers' perceptions of their interactions with students. *Teaching and Teacher Education, 16*(8), 811–826. https://doi.org/10.1016/S0742-051X(00)00028-7.

Harnoncourt, N. (1995). *Was ist Wahrheit? Zwei Reden*. Salzburg: Residenz Verlag.

Hartewig, W. (2007). *Kinästhetische Konfrontation. Lesarten der Bewegungstexte William Forsythes* (Aesthetica Theatralia, Bd. 3). Zugl.: Bochum, Univ., Diss., 2006. München: epodium.

Hautamäki, A. (Hrsg.). (2014). *The Dynamic-Maturational Model of Attachment and Adaptation – theory and practice*. Helsingfors: Svenska social- och kommunalhögskolan vid Helsingfors universitet.

Hechler, O. (2018). *Feinfühlig unterrichten. Lehrerpersönlichkeit – Beziehungsgestaltung – Lernerfolg* (Fördern lernen – Prävention, Band 20). Stuttgart: Kohlhammer.

Hellrung, U. (2019). *Sprachentwicklung und Sprachförderung. Beobachten – verstehen – handeln*. Freiburg, Basel, Wien: Herder.

Hollerer, L., Schirgi, S. & Palezek, L. (2021). Entwicklungsaufgabe Emotionsregulation – ein pädagogisch-psychologischer Auftrag. *Psychologie in* Österreich, *41*(1), 20–27.

Hutchinson Guest, A. (1983). *Your Move: A New Approach to the Study of Movement and Dance*. London: Gordon and Breach.

Hüther, G. (2004). Ebenen salutogenetischer Wirkungen von Musik auf das Gehirn. *Musiktherapeutische Umschau, 25*(1), 16–26.

Hüther, G. (2009a). Die Bedeutung von Musikerfahrung für Kinder. *Kinderleicht!?*, (1), 4–6.

Hüther, G. (2009b). Ergebnisse der Hirnforschung zur Bedeutung der Familie: Die Bedeutung emotionaler Sicherheit für die Entwicklung des kindlichen Gehirns. In B. Nacke (Hrsg.), *Fokus Familie. Ein Kongress der Caritas* (S. 31–52). Erkelenz: Altius Verlag.

Hüther, G. (2009c). The significance of exposure to music for the formation and stabilisation of complex neuronal relationship matrices in the human brain: implications for the salutogenetic effects of intervention by means of music therapy. In R. Haas & V. Brandes (Hrsg.), *Music that works. Contributions of biology, neurophysiology, psychology, sociology, medicine and musicology* (S. 119–141). Wien: Springer.

Jacoby, M. A. (2011). *Auf den Spuren des Selbstempfindens – von einem spielerischen Umgang mit Empfindungen*. Diplomarbeit. Universität Wien, Wien. Verfügbar unter: https://core.ac.uk/download/pdf/11593323.pdf.

Jeschke, C. (2011). *Tanz als BewegungsText. Analysen zum Verhältnis von Tanztheater und Gesellschaftstanz (1910–1965)* (Theatron, Bd. 28, Reprint d. Ausg. 1999). Tübingen: Niemeyer (Original erschienen 1999).

Jordan, A.-K. (2016). *Weiterentwicklung der Skalen zur Einschätzung der Beziehungsqualität im musiktherapeutischen Setting mit Fokus auf den sprachlichen Ausdruck. Analyse von Audio- und Videosequenzen einer musiktherapeutischen Langzeitbehandlung eines Jungen mit Autismus-Spektrum-Störung*. Masterarbeit. Universität der Künste, Berlin.

Jordan, A.-K. (2018). Einzelmusiktherapie in Schulen – eine Videovergleichsstudie mit Fokus auf der Beziehungsqualität. In A.-K. Jordan, E. Pfeifer, T. Stegemann & S. Lutz Hochreutener (Hrsg.), *Musiktherapie in pädagogischen Settings. Impulse aus Praxis, Theorie und Forschung* (S. 147–165). Münster: Waxmann.

Jordan, A.-K. & Esterbauer, E. & Schumacher, K. (2024). Einschätzung der verbalen Beziehungsqualität – die Sprachskala des EBQ-Instrumentes. *Musiktherapeutische Umschau, 45*(3), 273–294.

Julius, H. (2009a). Bindung und familiäre Gewalt-, Verlust- und Vernachlässigungserfahrungen. In H. Julius, B. Gasteiger-Klicpera & R. Kißgen (Hrsg.), *Bindung im Kindesalter. Diagnostik und Interventionen* (S. 13–26). Göttingen: Hogrefe.

Julius, H. (2009b). Bindungsgeleitete Interventionen in der schulischen Erziehungshilfe. In H. Julius, B. Gasteiger-Klicpera & R. Kißgen (Hrsg.), *Bindung im Kindesalter. Diagnostik und Interventionen* (S. 293–316). Göttingen: Hogrefe.

Julius, H. (2009c, 16. Oktober). *Bedingungsfaktoren für pädagogisches Handeln. Vortrag an der Tagung „erkennen – handeln – begleiten“*, Salzburg.

Julius, H., Gasteiger-Klicpera, B. & Kißgen, R. (2009). Einführung. (Zu Teil III Interventionen). In H. Julius, B. Gasteiger-Klicpera & R. Kißgen (Hrsg.), *Bindung im Kindesalter. Diagnostik und Interventionen* (S. 225–232). Göttingen: Hogrefe.

Jungmann, T. & Reichenbach, C. (2013). *Bindungstheorie und pädagogisches Handeln. Ein Praxisleitfaden* (3. Aufl.). Dortmund: Borgmann Media.

Kahlert, J. & Heimlich, U. (2014). Inklusionsdidaktische Netze – Konturen eines Unterrichts für alle (dargestellt am Beispiel des Sachunterrichts). In U. Heimlich & J. Kahlert (Hrsg.), *Inklusion in Schule und Unterricht. Wege zur Bildung für alle* (Praxis Heilpädagogik: Handlungsfelder, 2. Aufl., S. 153–190). Stuttgart: Kohlhammer.

Kannengieser, S. (2019). *Sprachentwicklungsstörungen. Grundlagen, Diagnostik und Therapie* (4., aktualisierte Auflage). München: Elsevier.

Kaplan, F. & Hafner, V. V. (2006). The challenges of joint attention. *Interaction Studies*, *7*(2), 135–169.

Keller, H. (2021). *Mythos Bindungstheorie. Konzept – Methode – Bilanz* (2., aktualisierte Aufl.). Kiliansroda: das netz.

Keller, W. (1985). Zeugenaussage über C. O. und sein Werk. In H. Leuchtmann (Hrsg.), *Carl Orff. Ein Gedenkbuch* (S. 9–32). Tutzing: Schneider.

Kennedy, A. (2013a). 1. Teil: Bewegtes Wissen - eine praktische Theorie. In A. Kennedy (Hrsg.), *Bewegtes Wissen. Laban/Bartenieff-Bewegungsstudien verstehen und erleben* (2., überarb. Aufl., S. 1–188). Berlin: Logos Verlag.

Kennedy, A. (2013b). Laban based analysis and notation of body movement. In C. Müller, A. Cienki, E. Fricke, S. Ladewig, D. McNeill & S. Tessendorf (Hrsg.), *Body – Language – Communication. An international handbook on multimodality in human interaction* (Handbücher zur Sprach- und Kommunikationswissenschaft, Band 38.1, S. 941–958). Berlin: De Gruyter Mouton.

Kestenberg, J. S. (1977). *The Role of Movement Patterns in Development. Vol. 1.* New York: Dance Notation Bureau Press (Original erschienen 1967).

Kestenberg, J. S. & Sossin, K. M. (1979). *The Role of Movement Patterns in Development. Vol. 2.* Epilogue and Glossary. New York: Dance Notation Bureau Press.

Kestenberg Amighi, J., Loman, S., Lewis, P. & Sossin, K. M. (1999). *The meaning of movement: Developmental and clinical perspectives of the Kestenberg Movement Profile.* New York: Brunner-Routledge.

Kim, J., Wigram, T. & Gold, C. (2008). The effects of improvisational music therapy on joint attention behaviors in autistic children. A randomized controlled study. *Journal of Autism and Developmental Disorders, 38*(9), 1758–1766. https://doi.org/10.1007/s10803-008-0566-6.

Klein, G., Barthel, G. & Wagner, E. (2011). *Choreografischer Baukasten.* Bielefeld: Transcript.

Klinnert, M. D., Sorce, J. F., Emde, R. N., Stenberg, C. & Gaensbauer, T. J. (1984). Continuities and change in early emotional life: Maternal perceptions of surprise, fear and anger. In R. N. Emde & R. J. Harmon (Hrsg.), *Continuities and Discontinuities in Development* (S. 339–354). New York: Plenum.

Kloth, A. (2012). Ein Recht auf musikalische Bildung: Auswirkungen von Inklusion auf Musikunterricht. In T. Greuel & K. Schilling-Sandvoß (Hrsg.), *Soziale Inklusion als künstlerische und musikpädagogische Herausforderung* (Musik im Diskurs, Bd. 25, S. 93–113). Aachen: Shaker.

Knappe, N. (o. J.). *Synchronisation. Ein grundlegendes Element des Rhythmikunterrichts.* Diplomarbeit. Universität der Künste Berlin, Berlin. Verfügbar unter: https://www.musikbewegung.de/fileadmin/pdf/Hausarbeiten_PDF/Diplomarbeit_Nicola_Knappe.pdf.

Koch, C. (2016). *Die Bedeutung der Bindungstheorie für die Schule und den Unterricht.* Verfügbar unter: https://paedagogisches-institut-berlin.de/bindung-und-lernen/die-bedeutung-der-bindungstheorie-fuer-die-schule-und-den-unterricht/bindung-und-lernen/.

Koch, S. C. (2010). Entwicklungsdiagnostik mit dem Kestenberg Movement Profile (KMP). *Motorik, 33*(1), 19–25.

Körber, A. (2009). *Beziehungsqualität in der Musiktherapie mit Psychotherapiepatienten. Vergleichende Untersuchung interpersonalen Verhaltens in Fremd- und Selbsteinschätzungen (EBQ; OPD-2; IIP) anhand von musikalischen Spielszenen.* Saarbrücken: VDM Verlag Dr. Müller.

Kowal-Summek, L. (2018). *Neurowissenschaften und Musikpädagogik. Klärungsversuche und Praxisbezüge* (Edition Centaurus - Psychologie, 2., korrigierte und erweiterte Auflage). Wiesbaden: Springer. https://doi.org/10.1007/978-3-658-21004-5.

Kuhl, P. K. & Meltzoff, A. N. (1982). The bimodal perception of speech in infancy. *Science, 218*, 1138–1141.

Kupski, G. & Schultz-Venrath, U. (2014). "Let´s beat the drum…" „Yes, but tell me how…" – Interventionen in der Musiktherapie mit Borderline-Patienten aus der Sicht des Mentalisierungsmodells. In Deutsche Musiktherapeutische Gesellschaft e.V. (Hrsg.), *Jahrbuch Musiktherapie / Music Therapy Annual. Band 10 (2014). Mentalisierung und Symbolbildung in der Musiktherapeutischen Praxis / Mentalization and Symbol Formation in Music Therapy Practice* (S. 165–195). Wiesbaden: Reichert Verlag.

Kupski, G. & Schultz-Venrath, U. (2017). Musiktherapie mit Borderline-Patienten aus Sicht des Mentalisierungsmodells. In S. Leikert & A. Niebuhr (Hrsg.), *Von der Musik zur Sprache und wieder zurück* (Jahrbuch für Psychoanalyse und Musik, Bd. 1, S. 179–202). Gießen: Psychosozial-Verlag.

Laban, R. (1928). *Schrifttanz. Methodik, Orthographie, Erläuterungen.* Wien: Universal Edition.

Laban, R. (1981). *Der moderne Ausdruckstanz in der Erziehung.* Wilhelmshaven: Heinrichshofen (Original erschienen 1948).

Laban, R. (1988). *Die Kunst der Bewegung.* Wilhelmshaven: Florian Noetzel (Original erschienen 1950).

Langer, J. (2018). *Bindung in der Schule* (Perspektiven sonderpädagogischer Forschung). Bad Heilbrunn: Verlag Julius Klinkhardt.

Laufer, D. & Vogel, C. (2022). *Musikunterricht inklusiv. Grundlagen und Praxisideen für die Klassen 1-6.* Innsbruck, Esslingen, Bern-Belp: Helbling.

Lazarus, R. S. (1999). *Stress and emotion. A new synthesis.* New York: Springer Publishing Company.

Leopold, A. (2014). *Joint Attention zwischen Mutter und Kind in Abhängigkeit vom Bildungsstand der Mutter.* Diplomarbeit. Universität Wien, Wien.

Lichtenberg, J. D. (1983). *Psychoanalysis and infant research.* Hillsdale, N.J.: Analytic Press.

Lohaus, A. & Vierhaus, M. (2019). *Entwicklungspsychologie des Kindes- und Jugendalters für Bachelor* (Springer-Lehrbuch, 4. Aufl.). Berlin, Heidelberg: Springer.

Lütje-Klose, B. (2022). Inklusion im (Musik-)Unterricht – Grundlagen aus sonderpädagogischer Sicht. In H. Klingmann & K. Schilling-Sandvoß (Hrsg.), *Musikunterricht und Inklusion. Grundlagen, Themen- und Handlungsfelder* (S. 35–51). Esslingen: Helbling.

Mahler, M. S., Pine, F. & Bergman, A. (1975). *The psychological birth of the human infant. Symbiosis and individuation.* New York: Basic Books.

Main, M. (2015). Desorganisation im Bindungsverhalten. In G. Spangler & P. Zimmermann (Hrsg.), *Die Bindungstheorie. Grundlagen, Forschung und Anwendung* (7. Aufl., S. 120–139). Stuttgart: Klett-Cotta.

Main, M. & Goldwyn, R. (1984–1994). *Adult attachment scoring and classification system.* Unveröffentlichtes Manuskript, Berkeley.

Main, M., Hesse, E. & Hesse, S. (2011). Attachment theory and research: Overview, with suggested applications to child custody. *Family Court Review, 49*, 426–463.

Main, M. & Solomon, J. (1986). Discovery of a new, insecure-disorganized/disoriented attachment pattern. In M. Yogman & T. B. Brazelton (Hrsg.), *Affective development in infancy* (S. 95–124). Norwood, NJ.: Ablex.

Markowitsch, H. J. & Welzer, H. (2006). *Das autobiographische Gedächtnis. Hirnorganische Grundlagen und biosoziale Entwicklung* (2. Aufl.). Stuttgart: Klett-Cotta.

Meinel, K. & Schnabel, G. (2015). *Bewegungslehre – Sportmotorik. Abriss einer Theorie der sportlichen Motorik unter pädagogischem Aspekt* (12., erg. Aufl.). Aachen: Meyer & Meyer.

Meins, E., Fernyhough, C., Arnott, B., Vittorini, L., Turner, M., Leekam, S. R. et al. (2011). Individual Differences in Infants' Joint Attention Behaviors with Mother and a New Social Partner. *Infancy*, *16*(6), 587–610. https://doi.org/10.1111/j.1532-7078.2010.00065.x.

Meltzoff, A. N. & Borton, R. W. (1979). Intermodal matching by human neonates. *Nature*, *282*, 403–404.

Meltzoff, A. N. & Moore, M. K. (1977). Imitation of facial and manual gestures by human neonates. *Science*, *198*, 74–78.

Meltzoff, A. N. & Moore, M. K. (1997). Explaining facial imitation: a theoretical model. *Early Development and Parenting*, *6*, 179–192.

Merkt, I. (2012). Kulturelle Bildung, Musik und Inklusion. In T. Greuel & K. Schilling-Sandvoß (Hrsg.), *Soziale Inklusion als künstlerische und musikpädagogische Herausforderung* (Musik im Diskurs, Bd. 25, S. 23–39). Aachen: Shaker.

Merleau-Ponty, M. (1966). *Phänomenologie der Wahrnehmung* (Phänomenologisch-psychologische Forschungen, Bd. 7). Berlin: de Gruyter.

Moore, T. W. (1975). Exclusive early mothering and its alternatives. The Outcome to Adolescence. *Scandinavian Journal of Psychology*, *16*(1), 255–272. https://doi.org/10.1111/j.1467-9450.1975.tb00192.x.

Morales, M., Mundy, P., Delgado, C. E., Yale, M., Messinger, D., Neal, R. et al. (2000). Responding to Joint Attention Across the 6- Through 24-Month Age Period and Early Language Acquisition. *Journal of Applied Developmental Psychology*, *21*(3), 283–298. https://doi.org/10.1016/S0193-3973(99)00040-4.

Mößle, R. & Leopthien, T. (2014). Selbst. In M. A. Wirtz (Hrsg.), *Dorsch - Lexikon der Psychologie* (17. Aufl., S. 1389). Bern: Hogrefe.

Mössler, K., Gold, C., Aßmus, J., Schumacher, K., Calvet, C., Reimer, S. et al. (2017). The Therapeutic Relationship as Predictor of Change in Music Therapy with Young Children with Autism Spectrum Disorder. *Journal of Autism and Developmental Disorders*, *47*, 1–15.

Muthesius, D. & Sonntag, J. (2019). Kann man da was falsch machen? *Musiktherapeutische Umschau*, *40*(4), 393–404. https://doi.org/10.13109/muum.2019.40.4.393.

O'Connor, E. & McCartney, K. (2006). Testing associations between young children's relationships with mothers and teachers. *Journal of Educational Psychology*, *98*(1), 87–98. https://doi.org/10.1037/0022-0663.98.1.87.

Owens, R. E. (2020). *Language Development – An Introduction*. Hoboken, NJ: Pearson.

Papousek, M. (2001). Intuitive elterliche Kompetenzen. *Frühe Kindheit*, *4*, 4–10.

Papousek, M. (2018). Bindungssicherheit und Intersubjektivität. In K. H. Brisch & T. Hellbrügge (Hrsg.), *Kinder ohne Bindung. Deprivation, Adoption und Psychotherapie* (5. Aufl., S. 61–90). Stuttgart: Klett-Cotta.

Pauen, S. (2000). *Säuglingsforschung*, Spektrum Akademischer Verlag. Verfügbar unter: https://www.spektrum.de/lexikon/psychologie/saeuglingsforschung/13350.

Pauen, S. & Rauh, H. (2008). Frühe Kindheit: Das Säuglingsalter. In M. Hasselhorn & R. K. Silbereisen (Hrsg.), *Entwicklungspsychologie des Säuglings- und Kindesalters* (Enzyklopädie der Psychologie, Serie V, Band 4, S. 67–126). Göttingen: Hogrefe.

Pauls, R. (2010). Einführung. In S. Salmon & C. Kallós (Hrsg.), „Zwischen Freiraum und Ritual". Ausdrucksmöglichkeiten mit Musik und Bewegung für Menschen mit Behinderung, 4–5 [Themenheft]. Salzburg: Universität Mozarteum Salzburg, Abteilung für Musik- und Tanzpädagogik – Orff-Institut (DVD-Booklet).

Petermann, F. & Gust, N. (2016). *Emotionale Kompetenzen im Vorschulalter fördern. Das EMK-Förderprogramm*. Göttingen: Hogrefe.

Piaget, J. (1974). *Der Aufbau der Wirklichkeit beim Kinde*. Einleitung von Hans Aebli. Stuttgart: Klett (Original erschienen 1937).

Piaget, J. (2009). *Nachahmung, Spiel und Traum. Die Entwicklung der Symbolfunktion beim Kinde* (6. Aufl.). Stuttgart: Klett-Cotta (Original erschienen 1945).

Piaget, J. & Inhelder, B. (2009). *Die Psychologie des Kindes* (10. Aufl.). München: dtv (Original erschienen 1972).

Port, R. F., Cummins, F. & McAuley, J. D. (1998). Naive time, temporal patterns, and human audition. In R. F. Port & T. van Gelder (Hrsg.), *Mind as motion. Explorations in the dynamics of cognition* (S. 339–437). Cambridge, Mass.: MIT.

Rauh, H. (1987). Verhaltensausstattung und erste Anpassungsleistungen des Säuglings. In C. Niemitz (Hrsg.), *Erbe und Umwelt. Zur Natur von Anlage und Selbstbestimmung des Menschen* (S. 174–199). Frankfurt a. M.: Suhrkamp.

Rauh, H. (2002). Vorgeburtliche Entwicklung und frühe Kindheit. In R. Oerter & L. Montada (Hrsg.), *Entwicklungspsychologie* (5., vollst. überarb. Aufl., S. 131–208). Weinheim: Beltz PVU.

Rauh, H. & Calvet, C. (2004). Ist Bindungssicherheit entwicklungsfördernd für Kinder mit Down-Syndrom? *Kindheit und Entwicklung*, *13*(4), 217–225. https://doi.org/10.1026/0942-5403.13.4.217.

Rauh, H. & Ziegenhain, U. (1994). Nonverbale Kommunikation von Befindlichkeit bei Kleinkindern. In K.-F. Wessel & F. Naumann (Hrsg.), *Kommunikation und Humanontogenese* (Berliner Studien zur Wissenschaftsphilosophie & Humanontogenetik, Bd. 6, S. 172–218). Bielefeld: Kleine.

Reimer, S. (2016). *Affektregulation in der Musiktherapie mit Menschen mit schwerster Mehrfachbehinderung* (Zeitpunkt Musik). Wiesbaden: Reichert.

Ribke, J. & Dartsch, M. (2002). Vorwort. In J. Ribke & M. Dartsch (Hrsg.), *Facetten elementarer Musikpädagogik. Erfahrungen, Verbindungen, Hintergründe* (ConBrio-Fachbuch, Bd. 9, S. 9–13). Regensburg: ConBrio.

Rizzolatti, G. & Arbib, M. A. (1998). Language within our grasp. *Trends in Neurosciences*, *21*(5), 188–194. https://doi.org/10.1016/S0166-2236(98)01260-0.

Rizzolatti, G., Fogassi, L. & Gallese, V. (2001). Neurophysiological mechanisms underlying the understanding and imitation of action. *Nature Reviews Neuroscience*, *2*(9), 661–670. https://doi.org/10.1038/35090060.

Rizzolatti, G., Luppino, G. & Matelli, M. (1998). The organization of the cortical motor system: new concepts. *Electroencephalography and clinical neurophysiology*, *106*(4), 283–296. https://doi.org/10.1016/s0013-4694(98)00022-4.

Rolle, C. (1999). *Musikalisch-ästhetische Bildung. Über die Bedeutung ästhetischer Erfahrung für musikalische Bildungsprozesse* (Perspektiven zur Musikpädagogik und Musikwissenschaft, Bd. 24). Kassel: Bosse.

Saarni, C. (2002). Die Entwicklung von emotionaler Kompetenz. In M. von Salisch (Hrsg.), *Emotionale Kompetenz entwickeln. Grundlagen in Kindheit und Jugend* (S. 3–30). Stuttgart: Kohlhammer.

Salmon, S. (2012). Die Einschätzung der Beziehungsqualität bei Menschen mit Schwerstbehinderung in einem musikpädagogischen Setting. In G. Enser & M. Oebelsberger (Hrsg.), *Vernetzung als Chance für die Musikpädagogik* (Musikpädagogische Forschung Österreich: Reihe 1: Tagungsberichte, Bd. 4, S. 133–148). Wien: Universal Edition.

Salmon, S. (2016). How the Orff Approach can support Inclusive Music Teaching. In D. VanderLinde Blair & K. A. McCord (Hrsg.), *Exceptional music pedagogy for children with exceptionalities. International Perspectives* (S. 39–60). Oxford: Oxford University Press.

Salmon, S. & Kallós, C. (Hrsg.). (2010). „Zwischen Freiraum und Ritual" [Themenheft]. Salzburg: Universität Mozarteum Salzburg, Abteilung für Musik- und Tanzpädagogik – Orff-Institut (DVD-Booklet).

Sander, L. W. (2008). Infant and caretaking environment: Investigation and conceptualization of adaptive behavior in a system of increasing complexity. In L. W. Sander, G. Amadei & I. Bianchi (Hrsg.), *Living systems, evolving consciousness, and the emerging person. A selection of papers from the life work of Louis Sander* (Psychoanalytic inquiry book series, Bd. 26, S. 89–114). New York: Analytic Press.

Sappok, T. & Zepperitz, S. (2016). *Das Alter der Gefühle. Über die Bedeutung der emotionalen Entwicklung bei geistiger Behinderung*. Bern: Hogrefe.

Sappok, T. & Zepperitz, S. (2018). Emotionale Entwicklung als Schlüssel zum Verständnis von Verhalten bei Personen mit geistiger Behinderung. *Behinderte Menschen*, *41*(1), 47–52.

Sappok, T., Zepperitz, S., Barrett, B. F. & Došen, A. (2018). *SEED. Skala der emotionalen Entwicklung – Diagnostik: ein Instrument zur Feststellung des emotionalen Entwicklungsstands bei Personen mit intellektueller Entwicklungsstörung: Manual*. Bern: Hogrefe.

Sappok, T., Zepperitz, S., Barrett, B. F. & Došen, A. (2021). *SEED. Ein Instrument zur Feststellung des emotionalen Entwicklungsstands bei Personen mit intellektueller Entwicklungsstörung: Manual*. Bern: Hogrefe.

Sappok, T., Zepperitz, S., Morisse, F., Barrett, B. F. & Došen, A. (2023). *SEED-2. Skala der Emotionalen Entwicklung – Diagnostik 2. Manual*. Bern: Hogrefe.

Scaife, M. & Bruner, J. S. (1975). The capacity for joint visual attention in the infant. *Nature*, *253*, 265–266.

Schilling-Sandvoß, K. (2022). Heterogenität und Musikunterricht – Begriffliche Orientierung und schulbezogene Aspekte. In H. Klingmann & K. Schilling-Sandvoß (Hrsg.), *Musikunterricht und Inklusion. Grundlagen, Themen- und Handlungsfelder* (S. 93–108). Esslingen: Helbling.

Schore, A. N. (2009). *Affektregulation und die Reorganisation des Selbst* (2. Aufl.). Stuttgart: Klett-Cotta.

Schumacher, K. (1994). *Musiktherapie mit autistischen Kindern. Musik-, Bewegungs- und Sprachspiele zur Integration gestörter Sinneswahrnehmung* (Praxis der Musiktherapie, Bd. 12). Stuttgart: Gustav Fischer.

Schumacher, K. (1999). *Musiktherapie und Säuglingsforschung. Zusammenspiel. Einschätzung der Beziehungsqualität am Beispiel des instrumentalen Ausdrucks eines autistischen Kindes* (Europäische Hochschulschriften Reihe 6, Psychologie, Bd. 630). Hochschule für Musik und Theater, Diss.-Hamburg, 1998. Frankfurt am Main: Peter Lang.

Schumacher, K. (2001). Beziehungsqualitäten des Zusammenspiels – Zur Indikation der Musiktherapie. In S. Salmon & K. Schumacher (Hrsg.), *Symposion Musikalische Lebenshilfe. Die Bedeutung des Orff-Schulwerks für Musiktherapie, Sozial- und Integrationspädagogik* (S. 95–105). Hamburg: Books on Demand.

Schumacher, K. (2002). Die körperlich-emotionale Entwicklung schwer kontaktgestörter Kinder in der Musiktherapie. In Karajan Centrum (Hrsg.), *Vortragsreihe Musik – Emotion – Therapie 2002* (S. 37–45). Wien: Karajan Centrum.

Schumacher, K. (2004). *Musiktherapie und Säuglingsforschung. Zusammenspiel. Einschätzung der Beziehungsqualität am Beispiel des instrumentalen Ausdrucks eines autistischen Kindes* (Europäische Hochschulschriften Reihe 6, Psychologie, Bd. 630, 3., durchges. Aufl.). Zugl.: Hamburg, Hochsch. für Musik und Theater, Diss, 1998. Frankfurt am Main: Peter Lang (Original erschienen 1999).

Schumacher, K. (2012). Fragen zur Symbolisierungsfähigkeit am Beispiel des Krankheitsbildes Austismus. In H. U. Schmidt & T. Timmermann (Hrsg.), *Symbolisierungen in Musik, Kunst und Therapie. Präverbal, nonverbal, verbal, transverbal* (Zeitpunkt Musik, S. 167–176). Wiesbaden: Reichert.

Schumacher, K. (2017). *Musiktherapie bei Kindern mit Autismus. Musik-, Bewegungs- und Sprachspiele zur Behandlung gestörter Sinnes- und Körperwahrnehmung: mit DVD zum EBQ-Instrument* (Zeitpunkt Musik). Wiesbaden: Reichert Verlag.

Schumacher, K. & Calvet, C. (2007). Entwicklungspsychologisch orientierte Kindermusiktherapie: Am Beispiel der ‚Synchronisation' als relevantes Moment. In U. Stiff & R. Tüpker (Hrsg.), *Kindermusiktherapie. Richtungen und Methoden* (S. 27–61). Göttingen: Vandenhoeck & Ruprecht.

Schumacher, K. & Calvet, C. (2008). *Synchronisation. Musiktherapie bei Kindern mit Autismus* [DVD]. Göttingen: Vandenhoeck & Ruprecht.

Schumacher, K., Calvet, C. & Reimer, S. (2013). *Das EBQ-Instrument und seine entwicklungspsychologischen Grundlagen* (2. Aufl.). Mit 10 Abb., 5 Tab. und einer DVD mit 28 Praxisbeispielen. Göttingen: Vandenhoeck & Ruprecht.

Schumacher, K., Calvet, C. & Stallmann, M. (2005). ‚Zwischenmenschliche Beziehungsfähigkeit': Ergebnisse der Reliabilitätsprüfung eines neu entwickelten Instrumentes zum Wirkungsnachweis musiktherapeutischer Arbeit. In B. Müller-Oursin (Hrsg.), *„Ich wachse, wenn ich Musik mache". Musiktherapie mit chronisch kranken und von Behinderung bedrohten Kindern* (Beiträge zur Musiktherapie, Bd. 8, S. 75–104). Wiesbaden: Reichert.

Schumacher, K. & Calvet-Kruppa, C. (1999). Musiktherapie als Weg zum Spracherwerb: Evaluierung von Musiktherapie anhand des stimmlich-vorsprachlichen Ausdrucks eines autistisch-sprachgestörten Kindes. *Musiktherapeutische Umschau, 20*(3), 216–230.

Schumacher, K. & Calvet-Kruppa, C. (2001). Die Relevanz entwicklungspsychologischer Erkenntnisse für die Musiktherapie. In H.-H. Decker-Voigt (Hrsg.), *Schulen der Musiktherapie* (S. 102–124). München: Ernst Reinhardt.

Schumacher, K. & Calvet-Kruppa, C. (2008). „Untersteh dich!“ – Musiktherapie bei Kindern mit autistischem Syndrom. In C. Plahl & H. Koch-Temming (Hrsg.), *Musiktherapie mit Kindern. Grundlagen – Methoden – Praxisfelder* (Musiktherapie, 2., aktual. Aufl., S. 285–295). Bern: Huber.

Seemann, A. (2011a). Introduction. In A. Seemann (Hrsg.), *Joint attention. New developments in psychology, philosophy of mind, and social neuroscience* (S. 1–15). Cambridge, MA: MIT Press.

Seemann, A. (Hrsg.). (2011b). *Joint attention. New developments in psychology, philosophy of mind, and social neuroscience*. Cambridge, MA: MIT Press.

Seiffge-Krenke, I. (2006). Kindliche Entwicklung. Wissenswertes für Psychotherapeuten. *PiD - Psychotherapie im Dialog*, *7*(01), 3–8. https://doi.org/10.1055/s-2005-915413.

Shahar-Levy, Y. (2016). Emotorics. A Psychomotor Model for the Analysis and Interpretation of Emotive Motor Behavior. In S. Chaiklin & H. Wengrower (Hrsg.), *The art and science of dance/movement therapy. Life is dance* (2. Aufl., S. 285–315). New York, N.Y.: Routledge.

Sherborne, V. (2001). *Developmental movement for children. Mainstream, special needs and pre-school* (2. Aufl.). London: Worth (Original erschienen 1990).

Sherrod, L. R. (1981). Issues in cognitive-perceptual development: the special case of social stimuli. In M. E. Lamb & L. R. Sherrod (Hrsg.), *Infant Social Cognition. Empirical and Theoretical Considerations* (S. 11–36). Hillsdale, NJ: Lawrence Erlbaum Associates.

Skrzypek, H. (2017). *Körper, Bewegung und Musik als Partitur für künstlerische Psychotherapien*. Dissertation. Universität Augsburg, Augsburg.

Skrzypek, H. (2019). *Körper, Bewegung und Musik als Partitur für künstlerische Therapien. Ein Lehr- und Arbeitsbuch*. Riga: Lehrbuchverlag.

Spanier, G. B. (1976). Measuring dyadic adjustment: New scales for assessing the quality of marriage and similar dyads. *Journal of Marriage and the Family*, *38*, 15–28.

Spektrum Akademischer Verlag. (2000a). *Beziehung*. Verfügbar unter: https://www.spektrum.de/lexikon/psychologie/beziehung/2323.

Spektrum Akademischer Verlag. (2000b). *Zwischenmenschliche Beziehung*. Verfügbar unter: https://www.spektrum.de/lexikon/psychologie/zwischenmenschliche-beziehungen/17392.

Sroufe, L. A. (1997). *Emotional development*. Cambridge: Cambridge University Press.

Sroufe, L. A., Egeland, B., Carlson, E. A. & Collins, W. A. (2005). *The development of the person*. New York: Guilford Press.

Stadler Elmer, S. (2015). *Kind und Musik. Das Entwicklungspotenzial erkennen und verstehen*. Berlin, Heidelberg: Springer.

Stangl, W. (2022). *Beziehungsfähigkeit – Online Lexikon für Psychologie und Pädagogik*. Verfügbar unter: https://lexikon.stangl.eu/8073/beziehungsfahigkeit.

Stern, D. N. (1979). *Mutter und Kind – die erste Beziehung*. Stuttgart: Klett-Cotta.

Stern, D. N. (1985). *The interpersonal world of the infant. A view from psychoanalysis and developmental psychology*. New York: Basic Books.

Stern, D. N. (1998). Das narrative Selbst. In P. Buchheim, M. Cierpka & T. Seifert (Hrsg.), *Das Narrativ – aus dem Leben Erzähltes* (Lindauer Texte, Bd. 8, S. 1–13). Berlin u. a.: Springer.

Stern, D. N. (2000). *The interpersonal world of the infant. A view from psychoanalysis and developmental psychology* (1st paperback ed.). New introduction by the author. New York: Basic Books.

Stern, D. N. (2007). *Die Lebenserfahrung des Säuglings* (9., erweiterte Aufl.). Mit einer neuen Einleitung des Autors. Stuttgart: Klett-Cotta.

Stern, D. N. (2011). *Ausdrucksformen der Vitalität. Die Erforschung dynamischen Erlebens in Psychotherapie, Entwicklungspsychologie und den Künsten*. Frankfurt am Main: Brandes & Apsel.

Stokowy, M. & Sahhar, N. (Hrsg.). (2018). *Bindung und Gefahr. Das Dynamische Reifungsmodell der Bindung und Anpassung* (2. Aufl.). Gießen: Psychosozial-Verlag.

Stone, L. J., Smith, H. T. & Murphy, L. B. (Hrsg.). (1973). *The Competent Infant. Research and Commentary*. New York: Basic Books.

Striano, T. & Stahl, D. (2005). Sensitivity to triadic attention in early infancy. *Developmental Science*, *8*(4), 333–343. https://doi.org/10.1111/j.1467-7687.2005.00421.x.

Tippelt, R. (2013). Bildung und Bindung – eine ambivalente, unsicher-vermeidende oder sichere Beziehung? *Zeitschrift für Pädagogik*, *59*(6), 858–867.

Tippelt, R. & Schmidt-Hertha, B. (2013). Inklusion im Hochschulbereich. In H. Döbert & H. Weishaupt (Hrsg.), *Inklusive Bildung professionell gestalten. Situationsanalyse und Handlungsempfehlungen* (S. 203–230). Münster: Waxmann.

Tomasello, M. (1995). Joint attention as social cognition. In C. Moore & P. J. Dunham (Hrsg.), *Joint attention. Its origins and role in development* (S. 103–130). Hillsdale, NJ: Lawrence Erlbaum Associates.

Tomasello, M. (2003). *Constructing a language. A usage-based theory of language acquisition*. Cambridge, MA: Harvard University Press.

Tomasello, M. (2010). *Die Ursprünge der menschlichen Kommunikation*. Frankfurt am Main: Suhrkamp.

Tracy, F. (1899). *Psychologie der Kindheit. Eine Gesamtdarstellung der Kinderpsychologie für Seminaristen, Studierende und Lehrer*. Mit Erlaubnis des Verfassers nach der vierten neubearbeiteten Auflage des Originals aus dem Englischen übertragen von Dr. J. Stimpfl zu Bamberg. Leipzig: Ernst Wunderlich.

Trautmann-Voigt, S. & Moll, M. (2011). *Bindung in Bewegung. Konzept und Leitlinien für eine psychodynamisch fundierte Eltern-Säuglings-Kleinkind-Psychotherapie* (Therapie & Beratung). Gießen: Psychosozial-Verlag.

Trevarthen, C. (1979). Communication and cooperation in early infancy: A description of primary intersubjectivity. In M. Bullowa (Hrsg.), *Before speech. The beginning of interpersonal communication* (S. 321–347). Cambridge, NY: Cambridge University Press.

Van Ijzendoorn, M. H., Bakermans, J. J. W., Steele, M. & Granqvist, P. (2018). Diagnostic Use of Crittenden's Attachment Measures in Family Court is not Beyond a Reasonable Doubt. *Infant Mental Health Journal*, *39*(6), 642–646. https://doi.org/10.1002/imhj.21747.

Vygotskij, L. S. (2017). *Denken und Sprechen. Psychologische Untersuchungen* (3., neu ausgestattete Auflage). Weinheim: Beltz (Original erschienen 1934).

Wallbaum, C. (1996). Ästhetische Wahrnehmung. Zur Ästhetik Martin Seels. *Musik und Unterricht*, *38*, 37–38.

Warme, B. (2005). *Musiktherapie als Gruppenpsychotherapie mit an Demenz erkrankten Menschen – Darstellung relevanter Interventionstechniken*. Diplomarbeit. Universität der Künste, Berlin.

Warme, B. (2007). Musiktherapie als Gruppenpsychotherapie mit an Demenz erkrankten Menschen. Darstellung relevanter Interaktionstechniken. *Musiktherapeutische Umschau*, *28*(4), 329–339.

Warme, B. & Steinert, C. (2011). Beziehungsqualität in der Musiktherapie mit Menschen mit Demenz. In T. Wosch (Hrsg.), *Musik und Alter in Therapie und Pflege. Grundlagen, Institutionen und Praxis der Musiktherapie im Alter und bei Demenz*. Stuttgart: Kohlhammer.

Welzer, H. (2005). *Das kommunikative Gedächtnis. Eine Theorie der Erinnerung*. München: C.H. Beck.

Wendlandt, W. (2017). *Sprachstörungen im Kindesalter. Materialien zur Früherkennung und Beratung* (8., überarbeitete und erweiterte Auflage). Stuttgart: Thieme.

Werner, H. (1959). *Einführung in die Entwicklungspsychologie* (4. Aufl.). München: Barth (Original erschienen 1926).

Widmer, M. (2021). *Musikalische Sozial- und Heilpädagogik (MTSI)*. Verfügbar unter: https://orff-schulwerk.de/lexikon/musikalische-sozial-und-heilpaedagogik-mtsi/.

Wirtz, M. A. (Hrsg.). (2017). *Dorsch – Lexikon der Psychologie* (18., überarbeitete Auflage). Bern: Hogrefe.

Ziegenhain, U., Gebauer, S., Ziesel, B., Künster, A. K. & Fegert, J. M. (2010). *Lernprogramm Baby-Lesen. Übungsfilme für Hebammen, Kinderärzte, Kinderkrankenschwestern und Sozialberufe*. Stuttgart: Hippokrates Verlag.

Ziegenhain, U., Gebauer, S., Ziesel, B., Künster, A. K. & Fegert, J. M. (2016). *Lernprogramm Baby-Lesen. Übungsfilme mit Begleitbuch für die Beratung von Eltern* (2., aktualisierte Auflage). Stuttgart: Hippokrates Verlag.

Ziegenhain, U. & Gloger-Tippelt, G. (2013). Bindung und Handlungssteuerung als frühe emotionale und kognitive Voraussetzungen von Bildung. *Zeitschrift für Pädagogik*, *59*(6), 793–802.

Zimmermann, J. (2009). *Beziehungskonzepte und der Umgang mit begrenzten Bedürfnissen*. Dissertation. Universität Kassel, Kassel.

12. Abbildungsverzeichnis

13. Tabellenverzeichnis